Aletha J. Solter
Spielen schafft Nähe – Nähe löst Konflikte

Aletha J. Solter

Spielen schafft Nähe – Nähe löst Konflikte

Spielideen für eine gute Bindung

Der Verlag behält sich die Verwertung des urheberrechtlich geschützten Inhalts dieses Werkes für Zwecke des Text- und Data-Minings nach § 44 b UrhG ausdrücklich vor.
Jegliche unbefugte Nutzung ist hiermit ausgeschlossen.

Übersetzung aus dem Amerikanischen von Ursula Bischoff.

Die Originalausgabe erschien unter dem Titel »Attachment Play: How to solve children's behavior problems with play, laughter, and connection« bei Shining Star Press für das Aware Parenting Institute (www.awareparenting.com).

Penguin Random House Verlagsgruppe FSC® N001967

5. Auflage 2024
Copyright © 2013 Aletha J. Solter. Alle Rechte vorbehalten.
Copyright © 2015 Kösel-Verlag, München,
in der Penguin Random House Verlagsgruppe GmbH,
Neumarkter Str. 28, 81673 München
Umschlag: Weiss Werkstatt München
Umschlagmotiv: © Cultura / plainpicture
Druck und Bindung: GGP Media GmbH, Pößneck
Printed in Germany
ISBN 978-3-466-31026-5
www.koesel.de

I tried to teach my child with books.
He gave me only puzzled looks.
I used clear words to discipline,
But I never seemed to win.
Despairingly, I turned aside.
»How shall I reach this child?« I cried.
Into my hand he put the key:
»Come«, he said, »Play with me.«

Ich war bestrebt, meinem Sohn mithilfe von Büchern etwas beizubringen.
Er betrachtete mich nur mit verwirrter Miene.
Ich bediente mich klarer Worte, um ihn zu maßregeln.
Doch sie schienen nicht zu fruchten.
Verzweifelt ließ ich von meinen Bemühungen ab.
»Wie komme ich nur an dieses Kind heran?«, dachte ich entmutigt.
Da legte er den Schlüssel in meine Hände:
»Komm, spiel mit mir«, sagte er.

Autor unbekannt
(adaptiert von Aletha Solter)

Inhalt

Einführung 9

Erster Teil:
Auf die Plätze, fertig, los ... 15
1. Einführung in das Konzept des Bindungsspiels 16
2. Die neun Formen des Bindungsspiels 21
3. Allgemeiner Leitfaden 42
4. Wenn es Ihnen schwerfällt zu spielen 55
Übungen 58

Zweiter Teil:
Bindungsspiele zur Lösung von Erziehungsproblemen 63
1. Einführung in die straffreie Erziehung 64
2. Die Kooperationsbereitschaft fördern 69
3. Grenzen setzen 81
4. Sauberkeitserziehung 90
5. Kraftausdrücke 95
6. Wut und Aggression 101
7. Geschwisterrivalität 112
8. Lügen, mogeln und stehlen 122
9. Hausaufgaben 130
10. Schlafenszeit 139

Dritter Teil:
Bindungsspiele als Hilfe in schwierigen Zeiten 145
1. Geburtstrauma 147
2. Geburt eines Geschwisterkinds 153
3. Scheidung der Eltern 159
4. Naturkatastrophen und Gewalterfahrungen 166
5. Krankheiten, Unfälle und Klinikaufenthalte 171
6. Trennungstrauma 180
7. Schulstress 187
8. Phobien und Ängste 194
9. Vorbereitung auf große Herausforderungen 204
10. Eltern in Wut 210

Anhang
Dank 217
Anhang A: Übersicht über die neun Formen des Bindungsspiels 218
Anhang B: Forschungsgrundlagen für Bindungsspiele 224
Literaturhinweise zu Anhang B 241
Empfohlene Literatur für Eltern 247
Was ist Aware Parenting (Bewusstes Elternsein)? 248
Wichtiger Hinweis 251
Die Autorin 253

Einführung

Kindererziehung muss nicht immer todernst, nervenaufreibend, mühselig oder frustrierend sein, und viele Verhaltensprobleme können Sie mit bestimmten spielerischen Aktivitäten lösen. Darum geht es in diesem Buch. Vielleicht würden Sie liebend gern auf Strafen verzichten, sind aber mit Ihrem Latein am Ende, wenn es gilt, eine Verhaltensänderung bei Ihrem Kind zu bewirken. Oder Sie fallen von einem Extrem ins andere und fragen sich verzweifelt, wie Sie den goldenen Mittelweg zwischen einem autoritären und einem übermäßig liberalen Erziehungsstil finden sollen.

In diesem Buch sind Spiele beschrieben, die dazu beitragen, Stress abzubauen, die Bindung zu Ihrem Kind zu festigen, Verhaltensprobleme auszuhebeln und gleichzeitig die Fröhlichkeit bei allen Beteiligten zu fördern. Sie werden entdecken, wie leicht es sein kann, positiven Einfluss auf das Verhalten Ihres Kindes zu nehmen, und zwar ungeachtet seines Alters und ohne Strafen anzuwenden. Mithilfe bestimmter spielerischer Aktivitäten können Sie Ihr Kind – manchmal völlig mühelos – als »Verbündeten« gewinnen und Erziehungsprobleme lösen. Die hier beschriebene Herangehensweise an das Thema Erziehung ist weder autoritär noch permissiv. Sie werden erfahren, wie Sie die unumgänglichen Grenzen setzen und dabei zu einer Strategie greifen können, die Ihr Kind zur Kooperation anregt, statt zu rebellieren.

Dieses Buch wirft einen Blick hinter die Fassade typischer Erziehungsprobleme und spricht einige der Stressquellen an, die an der Wurzel der herausfordernden Verhaltensweisen liegen. Der Umgang mit Ihrem Kind könnte schwieriger werden, wenn es sich durch einschneidende Faktoren wie die Geburt eines Geschwisterkinds, medizinische Maßnahmen oder Vorfälle in der Schule belastet fühlt. Die spielbasierten Vorschläge in diesem Buch geben Ihnen das Werkzeug an die Hand, mit dem Sie Ihrem Kind helfen können, schwierige Lebensphasen erfolgreich zu bewältigen. Sein Verhalten wird sich von allein bessern, wenn es diese stressreichen Erfahrungen zu verarbeiten und innere Spannungen abzubauen vermag.

Das theoretische Grundgerüst, auf das sich dieses Buch stützt, ist die Bindungstheorie. In den 1950er-Jahren prägte der namhafte britische Arzt und Psychoanalytiker John Bowlby den Begriff »Bindung« in Hinblick auf die Beziehung eines Kindes zu seinen Eltern. Seither wurde die Bedeutung der Eltern-Kind-Bindung durch umfangreiche Forschungen bestätigt. Grundlage einer gesunden Bindung ist die soziale Interaktion, die im Säuglingsalter beginnt. Wenn eine einfühlsame, positive Beziehung zu den Eltern fehlt oder Kinder in irgendeiner Form traumatisiert sind, wird die Bindung geschwächt, was zu einer breit gefächerten Palette von Verhaltensauffälligkeiten und emotionalen Problemen führen kann.

In den vergangenen 25 Jahren ist es mir gelungen, eine einmalige Synthese aus hochgradig effektiven und zugleich kurzweiligen Spielaktivitäten für Eltern und Kinder zu entwickeln, die ich als »Bindungsspiele« bezeichne. Ihre Wirksamkeit ist durch Forschungsprojekte aus den Bereichen Bindungstheorie, Therapie und Neurowissenschaften belegt.

Wussten Sie, dass positive soziale Interaktionen die Produktion von Oxytocin anregen, ein körpereigenes »Wohlfühlhormon«, das dazu beiträgt, Stress abzubauen, Wachstums- und Heilungsprozesse zu fördern und die Gehirnentwicklung im Kindesalter zu unterstützen? Kooperative Spiele stimulieren Hirnareale, die mit der Kontrolle aggressiven Verhaltens befasst sind, und Lachen löst durch die Eindämmung von Stresshormonen Wutgefühle und innere Anspannung auf. Nach traumatischen Erfahrungen können Sie mit bestimmten Spielen das Gehirn Ihres Kindes buchstäblich »neu verdrahten« und die belastenden Programmierungen löschen.

Ich habe festgestellt, dass sich mit diesen Aktivitäten bei Kindern aller Altersgruppen und bei Familien aus den unterschiedlichsten Kulturkreisen gleichermaßen gute Ergebnisse erzielen lassen. Eltern in aller Welt staunen oft über die vorteilhaften Veränderungen, die sie bei ihren Kindern beobachten, wenn sie diese einzigartigen Spielformen einführen.

Bindungsspiele weisen unverwechselbare Merkmale auf, die sie von herkömmlichen Spielen oder Sportarten unterscheiden. Sie sind auf das Kind ausgerichtet, lösen oft Lachen aus, erfordern kein spezielles Zubehör und können völlig unabhängig von Zeit und Ort durchgeführt werden. Dazu kommt, dass sie weder wettbewerbsorientiert noch an vorgegebene Regeln gekoppelt sind.

Kinder lieben Bindungsspiele und regen sie oft aus eigenem Antrieb an. Vielleicht gibt es bereits die eine oder andere Variante in Ihrem Spielerepertoire, deren wahre Bedeutung oder Zweckdienlichkeit Ihnen bisher nicht bewusst war. In diesem Buch wird der tiefere Sinn dieser Aktivitäten erläutert (beispielsweise des Versteckspiels). Darüber hinaus beschreibt es den Stellenwert dieser therapeutischen Spielformen bei der Bewältigung verschiedener Konfliktsituationen. Manchmal nehmen die Spielaufforderungen des Kindes die Form unerfreulicher Verhaltensweisen an, die Sie als Albernheit, ungebührliches Benehmen oder Zeitverschwendung deuten. Das Buch möchte Ihnen helfen, diese Verhaltensmuster mit anderen Augen zu betrachten und darauf mit Strategien zu reagieren, die Kommunikations- und Kooperationsbereitschaft fördern. Es wurde mit Blick auf typische Erziehungsthemen und spezifische Stressquellen strukturiert, sodass jedes Kapitel eine geschlossene Einheit bildet. Damit lassen sich Informationen und praktische Vorschläge, die für Ihre individuelle Familiensituation relevant sein könnten, leichter auffinden, ohne dass Sie das Buch von Anfang bis Ende durcharbeiten müssen. Dennoch ist es ratsam, es vollständig zu lesen, denn möglicherweise entdecken Sie dabei tief verwurzelte Gründe für das Verhalten Ihres Kindes, die Sie bisher noch nicht in Betracht gezogen haben.

Um die verschiedenen Spielformen zu veranschaulichen, habe ich viele Beispiele aus dem realen Leben eingefügt; sie leiten sich aus Gesprächen mit Eltern und aus meinen Erfahrungen als Beraterin und Spielcoach, Workshop-Leiterin, Mutter und Großmutter her. Ich hoffe, dass die Beispiele und Berichte sowohl inspirierend als auch kurzweilig sind und Sie ermutigen, die Bindungsspiele mit Ihren eigenen Kindern auszuprobieren.

Die im Buch angesprochene Altersgruppe der Kinder reicht von der Geburt bis zum zwölften Lebensjahr. Die meisten Methoden können an das jeweilige Alter angepasst werden, auch wenn Ihre Kinder jünger (oder älter) sein sollten als die in den Beispielen beschriebenen.

Mein Wunsch für alle Eltern ist, dass sie viele glückliche Augenblicke in der spielerischen Verbindung zu ihren Kindern erleben. Sind Sie jetzt bereit, mit Ihren Kindern zu lachen?

Der Aufbau des Buches

Im ersten Teil des Buches (»Auf die Plätze, fertig, los ...«) finden Sie eine Beschreibung der neun Grundformen des Bindungsspiels und einige Tipps, die den Start erleichtern. Es ist empfehlenswert, die einzelnen Kapitel aufmerksam zu lesen, weil der Rest des Buches darauf basiert. Dazu kommt, dass hier unverzüglich umsetzbare Ideen und konkrete Aktivitäten beschrieben werden, die Sie mit Ihren Kindern ausprobieren können. Das letzte Kapitel des ersten Teils ist den persönlichen Hürden gewidmet, die Sie beim Spiel mit Ihren Kindern möglicherweise überwinden müssen, und schließt eine Reihe von »Forschungsaktivitäten« ein, um diesen Hindernissen auf den Grund zu gehen.

Der zweite Teil (»Bindungsspiele zur Lösung von Erziehungsproblemen«) schildert Schritt für Schritt auf typische Verhaltensprobleme bezogene spielerische Erziehungsmethoden, die ohne jede Strafe auskommen. Die Kapitel enthalten jeweils mehrere Lösungsansätze für den spezifischen Konflikt. Sie basieren auf den im ersten Teil beschriebenen neun Formen des Bindungsspiels.

Der dritte Teil (»Bindungsspiele als Hilfe in schwierigen Zeiten«) zeigt, wie Sie mit Bindungsspielen dazu beitragen können, Stress abzubauen und seelische Verletzungen zu lindern, die durch traumatische Erlebnisse hervorgerufen wurden. Auch hier ist jedes Kapitel auf ein spezifisches Thema zugeschnitten, sodass Sie mühelos nützliche Vorschläge und Tipps für Ihre persönliche Familiensituation finden können. Sie erfahren, welche der neun therapeutischen Spielformen besonders wirksam bei bestimmten Stresserfahrungen und Traumata sind.

In Anhang A finden Sie eine tabellarische Übersicht mit der

Beschreibung der einzelnen Spielformen als Erinnerungshilfe. Anhang B enthält einen kurzen Abriss der theoretischen Grundprinzipien, auf denen die einzelnen Bindungsspielformen aufbauen. Die Forschungsergebnisse wurden zusammengefasst und geben Aufschluss über ihre Wirksamkeit bei der grundlegenden Veränderung problematischer Verhaltensweisen und Emotionen. Im Anschluss daran folgen die Verweise auf die wissenschaftlichen Informationsquellen.

Erster Teil

Auf die Plätze, fertig, los ...

»Spiel mit mir, Mama! Spiel mit mir, Papa!« Wie oft haben Sie diese Aufforderung von Ihrem Kind gehört? Kinder lieben Spiele über alles, insbesondere mit den Eltern. Wenn Sie mit Ihrem Kind spielen, stillen Sie sein Bedürfnis nach Bindung und stärken das Gefühl, geliebt zu werden. Das Spiel zählt zu den besten Mitteln, die emotionalen Batterien Ihres Kindes wieder aufzuladen.

Dieser Teil des Buches beschreibt neun spezifische Aktivitäten, die dazu beitragen, die Eltern-Kind-Bindung besonders nachhaltig zu stärken. Diese Aktivitäten bezeichne ich als »Bindungsspiele«. Viele Bindungsspielformen bilden auch die Grundlage effektiver Erziehungsmaßnahmen und fördern gleichzeitig emotionale Heilungsprozesse. Ich empfehle sie besonders häufig Eltern, die mit den problematischen Verhaltensmustern oder Gefühlen ihrer Kinder zu kämpfen haben.

1. Kapitel

Einführung in das Konzept des Bindungsspiels

Eine sichere Eltern-Kind-Bindung ist von zentraler Bedeutung für das emotionale Wohlbefinden des Kindes, und bei der Entwicklung einer rundum gesunden Bindung spielen die sozialen Interaktionen zwischen Eltern und Kind eine wichtige Rolle. Im Baby- und Kleinkindalter stellen wir diese Nähe durch scherzhafte kleine Aktivitäten wie Guck-guck- oder Backe-backe-Kuchen-Spiele her, ahmen die Lautsprache des Kindes nach, prusten ihm in den Bauchnabel, spielen mit seinen Zehen, wiegen es zum Klang von Musik in den Armen oder schaukeln es auf den Knien. Diese tagtäglichen beiderseitigen Interaktionen tragen dazu bei, dass Kinder von klein auf Selbstbewusstsein, Vertrauen, ein Gefühl der Sicherheit und des wechselseitigen Gebens und Nehmens, Humor und Lebensfreude entwickeln. Wenn wir Kinder von der ersten Stunde an in solche spielerischen Aktivitäten einbeziehen und dabei sowohl einfühlsam als auch zugänglich sind, lernen sie, mit uns zu kommunizieren und eine Beziehung zu uns aufzubauen.

Um diese gesunde Beziehung dauerhaft aufrechtzuerhalten, gilt es, diese spielerischen Interaktionen auch dann noch zu pflegen, wenn ein Kind älter wird. Wenn Sie der Aufforderung »Spiel mit mir« nachkommen und sich zu Ihrem Kind auf den Boden setzen, um bei seinen Fantasiespielen mit Puppen, Eisenbahn oder Bauklötzen mitzumachen, fühlt es sich geliebt und wertgeschätzt. Sie werden auch in späteren Jahren ungezählte Möglichkeiten entdecken, die Bindung zu untermauern, sei es durch Brettspiele oder einfach dadurch, dass Sie Spaß miteinander haben.

Falls Ihre Familie durch Faktoren wie Schwierigkeiten am Arbeitsplatz, Krankheit, Scheidung, finanzielle Engpässe, die Geburt eines Babys oder einen bevorstehenden Umzug unter Stress steht, kann die Beziehung zu Ihrem Kind leiden. Die Bindung kann in diesen schwierigen Zeiten geschwächt werden, weil Sie (verständlicherweise) eher die Geduld verlieren oder nicht genug Zeit mit Ihrem Kind verbringen können. Lockert sich die Bindung, beginnt Ihr Kind möglicherweise, sich verunsichert, ängstlich, einsam und machtlos zu fühlen, was sich in schwierigen Verhaltensmustern niederschlagen kann. Tatsache ist, dass sich die meisten Erziehungsprobleme darauf zurückführen lassen, dass Kinder ein Gefühl der Isolation, Machtlosigkeit, Unsicherheit oder Ängste entwickeln.

Bindungsspiele können ein hochwirksames Heilmittel in derart belastenden Lebensphasen sein. Unglücklicherweise braucht Ihr Kind die spielerischen Aktivitäten mit Ihnen oft am meisten, wenn Ihnen am wenigsten der Sinn danach steht! Doch wenn es Ihnen gelingt, jeden Tag auch nur zwanzig bis dreißig Minuten Spielzeit abzuzweigen, wird Ihr Kind ungemein davon profitieren. Und denken Sie daran: Es ist nie zu spät, mit diesen therapeutischen Spielformen zu beginnen. Sie können jederzeit darauf zurückgreifen, um die Bindung wiederherzustellen und den Heilungsprozess zu unterstützen.

Lachen ist eine besonders wohltuende Komponente des Spiels. Forschungsergebnisse haben gezeigt, dass Lachen innere Anspannung, Angst und Wut verringern kann. Durch Lachen und Spielen mit Ihrem Kind lassen sich viele Erziehungsprobleme lösen und stressreiche oder traumatische Erfahrungen besser verarbeiten. Mit Ihren Kindern zu lachen oder Spaß zu haben ist also niemals Zeitverschwendung!

Bindungsspiele stützen sich auf eine solide theoretische Grundlage, die in der wissenschaftlichen Forschung wurzelt. Forschungsergebnisse belegen die Wirksamkeit dieser neun spielerischen Aktivitäten bei Kindern mit emotionalen und Verhaltensproblemen (eine kurze Beschreibung dieser Studien finden Sie in Anhang B). Bindungsspiele sind gleichwohl für alle Kinder von Vorteil, auch wenn emotionale Gesundheit und Verhalten nichts zu wünschen übriglassen.

Bindungsspiele zeichnen sich durch bestimmte charakteristische Merkmale aus, die sie von herkömmlichen Spielformen oder Sportarten unterscheiden. Diese grundlegenden Eigenschaften werden nachfolgend beschrieben.

Merkmale von Bindungsspielen

Was sie sind

- Bindungsspiele sind interaktive Spiele, die dazu beitragen, die Beziehung zu Ihrem Kind zu festigen.
Sie entwickeln mehr Nähe zu Ihrem Kind und bringen das Beste im anderen zum Vorschein.
- Bindungsspiele fördern Spaß und Lachen.
Sie werden *mit* Ihrem Kind statt *über* Ihr Kind lachen. Lachen baut innere Anspannung, Angst- und Wutgefühle ab.
- Bindungsspiele können von Kindern oder Erwachsenen eingeleitet werden.
Vielleicht gibt Ihr Kind den Anstoß zum Bindungsspiel, und dieses Buch hilft Ihnen dabei, die Einladung auch zu erkennen. Die Initiative kann aber ebenso gut von Ihnen ausgehen, um bestimmte Erziehungsprobleme zu beheben und Ihrem Kind dabei zu helfen, wenn es schwierige Lebensphasen meistern soll.
- Bindungsspiele erfordern keine großen Anschaffungen.
Ein großer Vorteil besteht darin, dass Bindungsspiele nichts kosten! Die meisten Aktivitäten kommen ganz ohne Zubehör aus; nur bei einigen werden Spielsachen oder Requisiten

benötigt, die vermutlich schon vorhanden sind (wie Puppen und Kopfkissen).
- Bindungsspiele können jederzeit und an jedem beliebigen Ort durchgeführt werden.

  Sie können im Badezimmer, im Auto, auf dem Spielplatz, im Wartezimmer des Arztes oder beim Zubettgehen stattfinden.
- Bindungsspiele schließen viele vertraute Aktivitäten ein.

  Wenn Sie mit Ihrem Kind Guck-guck spielen, Angst vortäuschen, wenn es wie ein Löwe brüllt, oder wenn Sie auf spielerische Weise versuchen, die Geschwisterrivalität in den Griff zu bekommen, haben Sie bereits ein Bindungsspiel in die Wege geleitet.

Was sie nicht sind
- Bindungsspiele haben nichts mit einem permissiven Erziehungsstil zu tun.

  Bindungsspiele können Ihnen helfen, Grenzen zu setzen und weitverbreitete Erziehungsprobleme zu lösen. Sie fördern die Kooperationsbereitschaft des Kindes, ohne es maßlos zu »verziehen« oder ihm das Gefühl zu vermitteln, im Leben müsse alles Spaß machen.
- Bindungsspiele tragen nicht dazu bei, aggressives Verhalten zu entwickeln oder zu verstärken.

  Einige der beschriebenen Spielformen ermutigen zu körperlicher Betätigung, fördern aber weder Aggressivität noch Hyperaktivität. Ganz im Gegenteil: Sie haben zur Folge, dass Ihr Kind gelassener, sanfter, einfühlsamer und kooperativer wird.
- Bindungsspiele dienen nicht dazu, sich über kindliche Gefühle und Verhaltensweisen lustig zu machen.

  Hier geht es vielmehr darum, Kinder und ihre Gefühle zu respektieren. Bindungsspiele zielen weder darauf ab, Kinder herabzusetzen, noch, den Eindruck zu vermitteln, sie wären unfähig oder hoffnungslos unterlegen. Sie stärken stattdessen das Selbstwertgefühl und das Selbstvertrauen.

- Bindungsspiele sind nicht kompetitiv.

Im Gegensatz zu den meisten herkömmlichen Spiel- und Sportarten gibt es bei diesen Aktivitäten keine Sieger oder Verlierer. Wichtig ist, dass alle Beteiligten Spaß haben und sich niemand als Versager fühlt. Bei Bindungsspielen gewinnt jeder.

- Bindungsspiele haben keine vorgegebenen Regeln.

Diese Aktivitäten lassen sich von einem Tag zum anderen verändern. Vielleicht macht es Ihnen und Ihrem Kind Spaß, eine eigene Variante zu entwickeln, die sich von der im Buch beschriebenen unterscheidet. Und wer weiß, möglicherweise werden die von Ihnen erfundenen Spiele zu einer unverkennbaren Familientradition.

2. Kapitel

Die neun Formen des Bindungsspiels

Es gibt neun grundlegende Bindungsspielformen mit den im ersten Kapitel erwähnten charakteristischen Merkmalen. Die nachfolgenden Aktivitäten werden in den jeweiligen Abschnitten dieses Kapitels im Einzelnen erläutert. In Anhang A finden Sie eine Übersicht über jede Spielform und in Anhang B die entsprechenden Forschungsergebnisse.

Die neun Formen des Bindungsspiels

- Nicht-direktive, kindzentrierte Spiele
- Symbolspiele mit problembezogenen Requisiten oder Themen
- Kontingenzspiele
- Nonsensspiele
- Trennungsspiele
- Machtumkehrspiele
- Regressionsspiele
- Aktivitäten mit Körperkontakt
- Kooperative Spiele und Aktivitäten

Nicht-direktive, kindzentrierte Spiele

Ich saß auf dem Fußboden des Familienspielzimmers und richtete meine ungeteilte Aufmerksamkeit auf den dreijährigen Paul, während seine Eltern uns beobachteten. Er beschloss, mit Bauklötzen zu spielen, und errichtete ein kleines Haus – ohne Toilette, wie er mit Nachdruck erklärte. Dann griff er zu einer männlichen Spielfigur, die das Haus betrat, und erklärte: »*Der*

Mann musste mal, aber es gibt kein Klo, deshalb hat er Pipi in die Hose gemacht!« Er fand das ungeheuer lustig und lachte.

Manche Eltern möchten, dass ich mir ein unmittelbares Bild von ihrem Kind mache, bevor sie mich zu einem Beratungsgespräch ohne ihren Sprössling aufsuchen. In dieser Phase greife ich stets auf nicht-direktive, kindzentrierte Spiele zurück, weil sie die beste Möglichkeit bieten, ein Kind kennenzulernen. Viele Kinder bringen schon innerhalb der ersten zehn Spielminuten Themen zur Sprache, die ihnen Kopfzerbrechen bereiten. Im oben erwähnten Beispiel gelangte ich zu der Schlussfolgerung, dass Paul und seine Eltern Probleme mit dem Sauberkeitstraining hatten. Als ich mich später allein mit den Eltern zusammensetzte, fragte ich nach, und sie bestätigten, dass sich das Sauberkeitstraining in der Tat schwierig gestaltete.

Für nicht-direktive, kindzentrierte Spiele brauchen Sie Requisiten, die Fantasie, Kreativität und die Freude am Gestalten anregen, wie Bauklötze, Puppen, Puppenhaus, Hand- oder Fingerpuppen, Ton (oder Knetmasse), Anziehsachen zum Verkleiden, Material zum Malen und Basteln, kleine Spielfiguren, Stofftiere und Spielautos. Dann lassen Sie Ihr Kind entscheiden, was es damit anfangen möchte.

Empfehlenswert wäre, für jedes Kind einmal in der Woche mindestens eine halbe Stunde für Spiele einzuplanen, die unter seiner Führung ablaufen und auf seine individuellen Wünsche und Bedürfnisse ausgerichtet sind. Das bedeutet, dass Sie eine Betreuung für den Rest Ihrer Kinder organisieren müssen, falls Sie mehrere haben. Täglich fest eingeplante Spielsitzungen wären natürlich besser, sofern Sie die Zeit erübrigen können. Um das Gefühl der Liebe und Wertschätzung zu unterstreichen, das Sie Ihrem Kind entgegenbringen, sollten Sie während der Spielzeit weder telefonieren noch sich anderweitig ablenken lassen. Ihr Kind profitiert in noch stärkerem Maße von Ihrer ungeteilten Aufmerksamkeit, wenn Sie eine Zeitschaltuhr einstellen und darauf hinweisen, dass Sie mit ihm spielen werden, bis sie abgelaufen ist. Das könnte auch für Sie einfacher sein. Viele Eltern stellen fest, dass sie sich besser auf ihr Kind konzentrieren können, wenn sie wissen, dass die Zeitdauer begrenzt ist.

Wenn Sie Ihr Kind zu nicht-direktiven Spielsitzungen ermutigen, sollten Sie nicht überrascht sein, wenn es Familienkonflikte, Erziehungsprobleme oder posttraumatische Erfahrungen in das Spiel einfließen lässt. Ein solches Verhalten ist normal, gesundheitszuträglich und deutet darauf hin, dass es sich in Ihrer Gegenwart sicher genug fühlt, um Sie an seinen Konflikten und Herausforderungen teilhaben zu lassen.

Nicht-direktive, kindzentrierte Spiele helfen Kindern, sich wahrgenommen, sicher und geliebt zu fühlen. Sie sind besonders nutzbringend zur Wiederherstellung der Bindung in Stress- oder Trennungssituationen, bei der Aufarbeitung traumatischer Ereignisse oder generell zur Stärkung der Bindung. Wenn Ihr Kind Erfahrungen mit harschen Erziehungsmaßnahmen oder häuslicher Gewalt machen musste, können die kindzentrierten Spielsitzungen dazu beitragen, dass es wieder ein Gefühl des Vertrauens und der Sicherheit aufbaut.

Symbolspiele mit problembezogenen Requisiten oder Themen

Mit achtzehn Monaten entwickelte mein Sohn Angst vor Hunden, nachdem ein freundlicher, tapsiger Welpe ihn angesprungen hatte. Eines Tages kroch ich aus Spaß auf allen vieren umher und bellte wie ein Hund. Er lachte übermütig, und ich musste die Darbietung mehrmals wiederholen. Wir spielten dieses Spiel einige Tage lang, bis seine Angst vor Hunden nachließ.

Symbolspiele mit problembezogenen Requisiten sind besonders wirksam, um Traumata aufzuarbeiten. Bei diesen Interaktionen übernehmen Sie in stärkerem Maß die Führung, indem Sie bestimmte Spielsachen oder Spielthemen wählen, die in Zusammenhang mit der traumatischen Erfahrung Ihres Kindes stehen. Wenn es beispielsweise von einem Hund gebissen wurde, können Sie einen Stoffhund einbringen oder einen Hund spielen wie oben beschrieben. Sollte in Ihrer Umgebung irgendwann einmal ein Feuer ausgebrochen sein und Ihr Kind seine Angst nicht überwunden haben, könnte ein Spiel mit einem kleinen Feuerwehrauto, einem Spielhaus und kleinen menschlichen Figuren helfen. Im dritten Teil des Buches finden Sie viele Beispiele für therapeutische Symbolspiele mit Kindern.

Symbolspiele haben sich auch bei Verhaltensproblemen bewährt, etwa beim Toilettentraining, bei Geschwisterrivalität, Lügen und mangelnder Kooperation. Durch Rollenspiele, in denen bestimmte Konflikte mit Kuscheltieren und anderen Requisiten dargestellt werden, lässt sich das Verhalten Ihres Kindes positiv beeinflussen. Im zweiten Teil des Buches wird erklärt, wie Sie Symbolspiele einsetzen, um solche spezifischen Erziehungsprobleme in den Griff zu bekommen.

Kontingenzspiele

Ich besuchte meine Enkelin, als sie zwei Jahre alt war. Zuerst gab sie sich mir gegenüber zurückhaltend, da wir uns seit Monaten nicht mehr gesehen hatten. Ich nahm auf dem Fußboden Platz und sah ihr zu, wie sie nicht weit von mir entfernt mit ihren Spielsachen spielte. Als ihr versehentlich eine Puppe herunterfiel, tat ich so, als wäre ich die Puppe, und sagte: »Autsch!« Sie kicherte, hob die Puppe auf und ließ sie absichtlich wieder fallen. Wieder rief ich: »Autsch!«, was ihr offensichtlich Spaß machte. Sie warf die

Puppe mindestens zwanzigmal auf den Boden, und jedes Mal, wenn ich »Autsch!« sagte, lachte sie lauthals. Nach diesem Spiel verlor sie ihre Scheu, kam bereitwillig zu mir und setzte sich auf meinen Schoß.

Zu den Kontingenzspielen gehören alle Aktivitäten, bei denen sich das Verhalten des Erwachsenen in Übereinstimmung mit dem Verhalten des Kindes zuverlässig wiederholt. Wie das Beispiel zeigt, bieten sie eine hervorragende Möglichkeit, eine liebevolle Beziehung zu einem Kind aufzubauen.

Ein weitverbreitetes Kontingenzspiel mit jüngeren Kindern ist der Huckepackritt, bei dem Sie sich, den nonverbalen Vorgaben des Kindes folgend, nach rechts beziehungsweise links wenden oder anhalten. Die Richtung zeigt das Kind beispielsweise durch Antippen der entsprechenden Schulter an. Ein weiteres beliebtes Kontingenzspiel ist das Stupsspiel. Wenn das Kind Ihnen einen Stups gegen die rechte Wange versetzt, zeigen Sie eine fröhliche Miene, stupst es gegen die linke Wange, machen Sie ein trauriges oder wütendes Gesicht. Bei einem Stups gegen die Hand flattern Sie wie ein Vogel auf und ab, beim nächsten Stups kommen Ihre imaginären Flügel zum Stillstand. Denken Sie sich weitere Bewegungsmuster aus, die andere Körperteile einbeziehen.

Die meisten Kinder lieben Kontingenzspiele, die unzählige Variationen erlauben. Das Schlüsselelement ist hier die deckungsgleiche Übereinstimmung zwischen dem Verhalten des Kindes und der Reaktion des Erwachsenen. Kontingenzspiele festigen die Bindung, fördern das Vertrauen und ein starkes Machtgefühl, vermitteln Akzeptanz und flößen dem Kind durch ihre Vorhersehbarkeit ein Gefühl der Sicherheit ein. Das Lachen, das sie hervorrufen, trägt zum Abbau der inneren Spannungen bei, die durch Angst, Machtlosigkeit und Kontrollverlust im Zuge früherer traumatischer Erfahrungen entstanden sind.

Diese Aktivitäten wirken dem chronischen Gefühl der Machtlosigkeit entgegen, das alle Kinder bisweilen überkommt, weil sie Erwachsenen körperlich und geistig unterlegen sind. Kindern überlässt man normalerweise keine wichtigen Entscheidungen, beispielsweise über den Wohnort der Familie, die Schule, die sie besuchen, oder darüber, wer die Betreuung übernimmt. Eltern obliegt die Aufgabe, das Leben ihrer Kinder weitgehend zu steuern. Wenn die Erwachsenen machtbasierte Erziehungsmaßnahmen anwenden (wovon ich dringend abrate), fühlen sich Kinder in noch stärkerem Maß ausgeliefert, manipuliert und kontrolliert. Während des Kontingenzspiels können sie zeitweilig das Gefühl genießen, dass sie bestimmen, wo's langgeht. Danach stellen die Eltern oft fest, dass ihre Kinder bereitwilliger unerlässliche Grenzen akzeptieren und ihren Anforderungen entsprechen.

Zu den Kontingenzspielen zählen auch die Imitationsspiele. Sie können damit beginnen, sobald das Kind die ersten Laute von sich gibt (vom Weinen abgesehen). Es wird vermutlich begeistert sein, wenn Sie sein Quietschen oder Gurren nachahmen. Imitationsspiele fördern die Entwicklung der Empathie. Wenn Sie die Lautäußerungen und Bewegungen Ihres Kindes spiegeln, lernt es, diesen Reiz mit einem bestimmten emotionalen Zustand in Verbindung zu bringen, der bei ihm selbst ausgelöst wird. Und das trägt wiederum zu der Erkenntnis bei, dass andere Menschen die gleichen mentalen Erfahrungen machen:

Als meine Tochter sieben Monate alt war, fand sie es herrlich, wenn ich ihre Lautäußerungen nachahmte. Wenn sie »Ga« sagte, antwortete ich mit »Ga«. Dann wiederholte sie den Laut, wobei sie mich mit einem erwartungsvollen Lächeln ansah. Auf diese Weise führten wir wunderbare »Gespräche«.

Eine Mutter schilderte folgendes Imitationsspiel mit ihrem Kind:

Immer wenn mein Baby einen Schluckauf hatte, beobachtete ich es genau und versuchte, gleichzeitig mit ihm zu hicksen; meistens gelang es mir mit kurzer Verzögerung, wie ein Echo. Dieses Spiel fing schon mit fünf Monaten an. Mein Sohn fand es urkomisch, und ich stellte fest, dass dadurch jedes Mal ein inniges Gefühl der Verbundenheit zwischen uns entstand.

Ältere Kinder genießen Imitationsspiele wie »Alle Vögel fliegen hoch« oder »Kommando Pimperle«, bei dem das Kind die Kommandos erteilt und alle anderen die vorgegebenen Stellungen, Gesten oder Bewegungen nachahmen müssen.

Nonsensspiele

Als mein Sohn zwanzig Monate alt war, spielten wir miteinander, und plötzlich tat er, als wollte er sich die Nase im T-Shirt schnäuzen, wobei er mich ansah und schelmisch lachte.

Als mein Sohn elf war, spielten er und seine Freunde in einem Theaterstück der Schule mit, für das sie eine Menge Text auswendig lernen und verschiedene Lieder und Tänze einstudieren mussten. Ein paar Tage nach der letzten Aufführung fuhr ich meinen Sohn und drei seiner Mitschüler nach dem Unterricht zu einer Party. Die Autofahrt dauerte eine Viertelstunde, die sie komplett damit verbrachten, die Texte falsch wiederzugeben, was unbändiges Gelächter auslöste. Als ich meinen Sohn später darauf ansprach, erklärte er mir, das hätte er mit seinen Freunden seit der letzten Vorstellung ständig gemacht.

Zu Nonsensspielen gehört ein bewusst absurdes Verhalten, wenn Ihr Kind beispielsweise offenkundige Fehler begeht oder Gefühle und Konfliktsituationen spielerisch übertreibt. Diese Spielform erfüllt die Voraussetzungen eines Bindungsspiels, wenn dabei Interaktionen zwischen Eltern und Kind stattfinden. Sie kann sowohl von Ihnen als auch von Ihrem Kind initiiert werden.

Kinder regen oft Nonsensspiele an, bei denen sie absichtlich Fehler machen. Sie ziehen sich die Hose über den Kopf, statt hineinzuschlüpfen, rezitieren Kinderreime falsch oder fügen Puzzleteile an der falschen Stelle ein. Das schallende Gelächter, das solche spontanen Scherze hervorrufen, deutet auf die Lockerung einer inneren Anspannung hin.

Als mein Sohn tat, als würde er sich in sein T-Shirt schnäuzen, könnte die Ursache dieser inneren Anspannung aufgestaute Frustration darüber sein, dass ich ihn beim Spielen oft unterbrochen hatte, um ihm ein Taschentuch hinzuhalten und ihn aufzufordern, sich die Nase zu putzen. Vielleicht fühlte er sich auch unter Druck gesetzt, weil ich von ihm verlangte, sich die Nase richtig zu putzen. Er spürte, wie wichtig mir die Benutzung des Taschentuchs war, und begann, diese spezifische Verhaltensregel zu verinnerlichen. Der vorgetäuschte Regelverstoß (während ich zusah) war für ihn ein kleiner Akt des Widerstands, den er lustig fand.

Das zweite Beispiel zeigt, dass auch ältere Kinder Nonsensspiele genießen, die sich spontan ergeben. Die fehlerhafte Wiedergabe des auswendig gelernten Textes trug dazu bei, den Stress abzubauen, den das Lampenfieber und die Erwartungen des Lehrers bezüglich einer Theateraufführung ohne Pannen ausgelöst hatten. Diese Form des Nonsensspiels ist besonders wirksam bei Kindern, die panische Angst haben, dass ihnen ein Fehler unterläuft. Vielleicht wurden sie früher einmal deswegen gehänselt oder bestraft, haben Lehrer mit übersteigerten Erwartungen oder sind selbst Perfektionisten.

Übertreibung ist eine weitere Form des Nonsensspiels. Sie können diese Methode anwenden, um Erziehungsprobleme durch spielerische Überspitzung der Konflikte anzusprechen, sie ad absurdum führen oder selbst ein verschrobenes Spiel erfinden. Übertreibung und Albernheiten, die zum Lachen reizen, bieten Kindern die Möglichkeit, aufgestauter Wut oder Frustration Luft zu machen. Wenn sich Ihre achtjährige Tochter beispielsweise weigert, zu duschen oder zu baden, nachdem sie den ganzen Nachmittag am Strand verbracht hat, könnten Sie ihr spielerisch androhen, den Sand auf dem Fußboden (der von ihrem Körper herabrieselt) mit einem Bulldozer zu entfernen, und dann eine Verfolgungsjagd mit dem imaginären Gefährt einleiten. Nach solchen Spielen, die Kindern Spaß machen, sind sie oft eher bereit, den Forderungen der Eltern zu entsprechen. Im zweiten Teil des Buches finden Sie weitere Beispiele für diese Variante des Nonsensspiels (Übertreibung), die auf eine positive Verhaltensänderung Ihres Kindes abzielt.

Übertreibungen können auch dann zweckdienlich sein, wenn Sie Ihrem Kind helfen möchten, Ängste zu bewältigen. Dieser Ansatz ist vor allem dann von Vorteil, wenn es sich durch eine Konfrontation mit dem realen Angstauslöser überfordert fühlen würde. In diesem Fall können Sie mit der übertriebenen Darstellung eines kleinen Aspekts der Angst vorgehen. Wenn sich Ihr Kind beispielsweise vor Schlangen fürchtet, können Sie beide so tun, als würden Ihnen schon bei einem Zischlaut die Haare zu Berge stehen.

Trennungsspiele

Im Alter von zehn Monaten forderte mich mein Sohn zu einem Guck-guck-Spiel auf, indem er sich wiederholt eine Decke über den Kopf zog und sie dann wieder beiseiteschob. Jedes Mal, wenn er wieder auftauchte, rief ich: »Guck-guck«, und er lachte hellauf.

Trennungsspiele sind Interaktionen, bei denen Sie eine kurzfristige visuelle oder räumliche Distanz zu Ihrem Kind schaffen. Zu diesen Aktivitäten gehören beispielsweise das Guck-guck- und das Versteckspiel.

Beim Guck-guck-Spiel verbergen Sie einen Augenblick lang Ihr Gesicht oder das Ihres Kindes und tauchen dann unverhofft wieder auf. Kinder zwischen sechs Monaten und eineinhalb Jahren lieben dieses Spiel und lachen dabei. Wie das obige Beispiel zeigt, setzen sie es manchmal sogar aktiv in Gang. Das Lachen baut die innere Anspannung ab, eine Folge der Trennungsangst, die in dieser Altersgruppe ihren Gipfel erreicht. Hier handelt es sich um eine völlig normale entwicklungsbedingte Angst, die bei sicher gebundenen Kindern vorhanden ist. Beim Guck-guck-Spiel sollten Sie vermeiden, sich zu lange zu verbergen. Sonst könnte Ihr Kind befürchten, dass Sie tatsächlich verschwunden sind.

Kleinkinder und ältere Kinder haben gleichermaßen Spaß am Versteckspiel und lachen, wenn sie aufgespürt werden (oder Sie finden). Mit zunehmendem Alter können die Trennungsphasen allmählich länger und die Verstecke anspruchsvoller werden. Das Versteckspiel bietet viele Variationsmöglichkeiten. Eines der wichtigsten Elemente des Spiels ist der Augenblick der visuellen und physischen Wiedervereinigung.

Fangenspiele stellen ebenfalls eine Abwandlung des Trennungsspiels dar. Das Kind läuft davon, und Sie versuchen, es zu erwischen, oder Sie fügen die wilde Jagd in ein Versteckspiel ein, um die Trennungsphase zu verlängern und den Ablauf des Spiels anspruchsvoller zu gestalten. Wenn Sie beispielsweise das Versteck Ihres Kindes entdecken, lassen Sie es entkommen und geben ihm die Chance, einen sicheren (vorher festgelegten) Zufluchtsort zu erreichen, an dem es Ihrem Zugriff entzogen ist.

Trennungsspiele helfen Kindern, spielerisch mit den alltäglichen Trennungssituationen umzugehen, die beispielsweise durch den

Besuch des Kindergartens oder der Schule entstehen. Sie tragen außerdem zur Überwindung von Ängsten bei, die auf frühere traumatische Trennungen oder Verluste zurückzuführen sind; deshalb stellen sie eine Form des Symbolspiels dar, dessen Thema sich auf das Trauma bezieht. Solche Spiele kommen auch Kindern zustatten, die keine traumatischen Trennungen oder Verluste erlebt haben, jedoch unter einer imaginären Trennungs- oder Verlustangst leiden. Kinder können beispielsweise Verlustangst entwickeln, wenn die Eltern geschieden sind oder wenn sie von Entführungen gehört haben. In beiden Fällen kann das Lachen während des Trennungsspiels die Angst mindern.

Machtumkehrspiele

Die fünfjährige Eva entdeckte die Plastikschlangen und Spinnen unter den Spielsachen in meiner Praxis und belegte sie sofort mit Beschlag. Ich schlug vor, ihre Eltern damit zu erschrecken. Sie machte sich mit Feuereifer daran, so zu tun, als würden die Tiere ihre Eltern beißen, während sie vorgaben, sich zu fürchten. Sie kicherte vergnügt und hatte unbändigen Spaß an dem Spiel, das sie mehrmals wiederholte. Als sie genug davon hatte, reichte ich ihr ein kleines Kissen und eröffnete ihr, es sei ein Zauberkissen, das demjenigen, der es in die Hand nahm, Bärenkräfte verlieh. Vielleicht würde sie so stark werden, dass sie sogar ihre Eltern damit bezwingen könne. Unverzüglich drosch sie mit dem Kissen auf ihre beiden Eltern ein, die bald zu Boden sanken und sich geschlagen gaben. Eva lachte und schlug wiederholt mit dem Kissen zu. Dann holte sie einige große Stoffschals herbei, deckte ihre Eltern sorgsam damit zu und erklärte ihnen, sie wären erfroren. Ihre Eltern spielten mit und blieben reglos liegen, bis sie die Stoffschals entfernte. Zum Schluss entdeckte sie den Arztkoffer und gab ihren Eltern, die Angst vorschützten, eine »Spritze«. Eva genoss die Spiele und wollte unbedingt bleiben, als die Sitzung vorüber war.

Dieses Beispiel beschreibt eine Spielsitzung mit Eltern und Kind unter meiner Anleitung. Dabei spielten wir mehrere Machtumkehrspiele, einschließlich solcher, die sich das Kind selbst ausgedacht hatte.

Machtumkehrspiele umfassen Aktivitäten, bei denen die Eltern vorgeben, schwach, ängstlich, ungeschickt, begriffsstutzig oder wütend zu sein. Sie haben Ähnlichkeit mit den Kontingenzspielen, gehen jedoch über die einfache Imitation kindlicher Verhaltensweisen oder das Befolgen seiner Befehle hinaus. Für die Machtumkehrspiele ist es erforderlich, dass die Erwachsenen ihre Rolle überzeugend spielen.

Bei Machtumkehrspielen geht es oft sehr lebhaft zu. Ein typisches Beispiel ist die Kissenschlacht, bei der Sie sich von Ihrem Kind wie oben beschrieben überwältigen lassen. Es wendet natürlich nicht wirklich Gewalt an. Es berührt Sie oder schlägt spielerisch mit dem Kissen nach Ihnen, und Ihre Aufgabe besteht darin, Schwäche vorzutäuschen und dramatisch zu Boden zu gehen. Bei anderen Formen des Machtumkehrspiels werden die Eltern unter Kissen oder Decken begraben, in einen imaginären Käfig gesperrt, oder sie werden mithilfe eines Zauberstabs in ein Tier oder lebloses Objekt verwandelt.

Das Lachen, das solche Spiele auslösen, hat eine therapeutische Wirkung, denn es trägt dazu bei, kindliche Ängste abzubauen, die in einem Gefühl der Hilf- oder Machtlosigkeit wurzeln. Wie gesagt fühlen sich die meisten Kinder von Zeit zu Zeit machtlos, weil sie den Erwachsenen körperlich und geistig unterlegen sind. Das Machtumkehrspiel hat sich auch bei Kindern bewährt, die unter einem von Erwachsenen verursachten Trauma leiden, beispielsweise einer autoritären Erziehung oder Misshandlungen.

Am Anfang meiner Eltern-Kind-Spieltage steht immer eine Kissenschlacht auf dem Programm, die zwanzig Minuten dauert. Die Eltern sind angewiesen, Schwäche vorzutäuschen und sich von ihren Kindern bezwingen zu lassen. Nach einem Workshop in Los Angeles erklärte ein achtjähriges Mädchen begeistert: »Das war besser als Disneyland!«

Einige Eltern befürchten, dass diese Spiele die aggressiven Neigungen ihrer Sprösslinge verstärken. Doch die meisten stellen erstaunt fest, dass die Gewaltbereitschaft nach solchen Aktivitäten merklich nachlässt, während die Kooperationsbereitschaft wächst. Das liegt daran, dass die Kinder die Gelegenheit erhalten, starke oder schmerzliche Gefühle wie Frustration, Wut, Angst und Machtlosigkeit freizusetzen.

Vorgetäuschte Schreckreaktionen erzielen ebenfalls große Wirkung. Bei meinen angeleiteten Eltern-Kind-Spielsitzungen verwende ich ein ganzes Sammelsurium echt aussehender Spinnen, Schlangen und Dinosaurier aus Plastik sowie Krokodile, Wölfe und Monster als Handpuppen. Die Kinder haben ihren Spaß, wenn sich die Eltern damit erschrecken.

Sie können nicht nur Schwäche oder Angst mimen, sondern auch so tun, als wären Sie tollpatschig oder begriffsstutzig. Bei einem Fangenspiel laufen Sie beispielsweise davon und fordern Ihr Kind zu einer wilden Jagd auf. Dann geben Sie vor zu stolpern und lassen sich fangen. Oder wenn Ihr Kind auf der Schaukel sitzt und hin- und herschwingt, können Sie vor ihm Aufstellung nehmen und so ungeschickt wie möglich versuchen, die Schaukel zu ergreifen und anzuhalten. Ihr Kind wird vermutlich lachen, wenn es Ihnen nicht gelingt.

Sie können auch Wut vortäuschen, wie das nachfolgende Beispiel zeigt:

Als meine Enkelin drei Jahre alt war, wollte sie immer, dass ich sie auf der Schaukel anschob. Ich tat ihr den Gefallen, stellte mich vor sie hin und befahl ihr mit gespielter Strenge, mich ja nicht zu treten. Dann positionierte ich mich genau an der Stelle, an der mich ihre Füße berührt hätten, wenn die

Schaukel in meine Richtung ausschwang. Jedes Mal sprang ich gerade noch rechtzeitig zur Seite, um einem Tritt auszuweichen. Und jedes Mal tat ich so, als wäre ich wütend, und bat sie, mich nicht mehr zu treten. Sie lachte sich immer schief. Das Lustige daran war, dass sie mich gar nicht zu treten versuchte und begriff, dass ich es ebenfalls wusste. Diese stillschweigende beiderseitige Übereinstimmung schuf die erforderliche emotionale Sicherheit, die den Spaß am Spiel und die therapeutische Wirkung gewährleistete. Das Lachen half ihr vielleicht, das Gefühl der Machtlosigkeit und Frustration zu überwinden, das sie als jüngstes Mitglied des erweiterten Familienkreises empfunden haben könnte.

Kinder geben oft von sich aus den Anstoß zu Machtumkehrspielen. Wenn wir dieses Verhalten als Einladung zum Spiel verstehen, helfen wir ihnen wesentlich mehr, als wenn wir die Aufforderung zurückweisen oder ignorieren. Eine Mutter schilderte, wie ihre dreijährige Tochter ein Machtumkehrspiel einleitete:

Ich versprach meiner Tochter, mit ihr zu spielen, sobald ich meine E-Mail zu Ende geschrieben hätte. Als ich endlich Zeit hatte, mit ihr zu spielen, war sie damit beschäftigt, auf einer imaginären Tastatur zu tippen, und erklärte: »Jetzt nicht, ich muss noch eine E-Mail schreiben.«

Das Kind wollte damit wohl sagen: »Tun wir mal so, als sei ich die Mutter und du das Kind und ich hätte keine Zeit, mit dir zu spielen.« Vielleicht ging es ihm auch nur darum, einen Augenblick lang das Gefühl der Macht auszukosten, indem es die Mutter auf einen späteren Zeitpunkt vertröstete. Die Mutter könnte auf das Spiel eingehen und erklären, dass sie gern wartet, bis die E-Mail verschickt ist. Oder sie wählt eine aktivere Rolle, gibt vor, aufgebracht zu sein und ihre Tochter anzuflehen, mit ihr zu spielen. Dieser Rollentausch würde das Kind vermutlich zum Lachen bringen und dadurch einen Teil der aufgestauten Wut und Frustration abbauen.

Regressionsspiele

Die vierjährige Joanna ließ erste Anzeichen von Stress erkennen, als die Eltern mit finanziellen Schwierigkeiten und Problemen am Arbeitsplatz zu kämpfen hatten. Die Mutter berichtete, dass Joanna traurig und distanziert wirkte, aber rasch explodierte und ihre Wut an ihren Eltern und Freunden ausließ. Die Mutter gestand, dass sie Joanna häufig mit harschen Worten zurechtgewiesen hatte und für sie emotional nicht ausreichend verfügbar gewesen sei. Ich schlug vor, dass die Eltern Joanna bewusst wie ein Baby behandeln sollten: Sie sollten mit ihr schmusen, sie in den Armen wiegen, füttern und Babyspiele mit ihr spielen. Außerdem sollten sie darum »kämpfen«, wer von beiden sie betreuen durfte, um sie am Ende gemeinsam in die Arme zu nehmen und zu wiegen. Später berichtete die Mutter: »Die Beratung war sehr hilfreich. Den empfohlenen ›Kampf um das Baby‹ haben wir besonders genossen. Joanna strahlt, wenn wir dieses Spiel spielen. Sie fordert uns oft dazu auf und denkt sich kleine Szenarien aus, die wir umsetzen. Für sie ist das ein idealer Ausgleich, weil mein Mann und ich sie im Lauf der Woche oft wechselweise betreuen. Es ist wunderbar, um sie zu kämpfen!«

Regressionsspiele schließen Aktivitäten ein, die Sie normalerweise einem jüngeren Kind zuordnen würden. Dieser Rückzug auf eine frühere Entwicklungsstufe ist sowohl für die Beziehung als auch für den Heilungsprozess wichtig. Oft kichern die Kinder dabei, aber Regressionsspiele können auch dann ihre therapeutische Wirkung entfalten, wenn ein Kind ernst bleibt.

Kinder zwischen dem dritten und sechsten Lebensjahr initiieren oft Regressionsspiele, ein Verhalten, das Eltern verblüffend und unerfreulich finden. Selbst ältere Kinder neigen dazu, in die Babysprache zurückzufallen. Im folgenden Beispiel schildert eine Mutter ihre Frustration und Besorgnis angesichts des Regressionsspiels ihrer Tochter:

Meine Tochter (vier Jahre alt) hat plötzlich begonnen, wieder die Babysprache zu benutzen. Normalerweise spricht sie sehr gut und bildet lange Sätze. Jetzt sagt sie mit einem Mal: »Ich schon groß.« Und: »Ich haben wollen.« Sie schaut mich mit großen Augen an und verlangt: »Hoch!« Und dann dieser Schmollmund, den sie zieht! Sie überprüft im Spiegel, wie sie aussieht, wenn die Mundwinkel nach unten gehen. Oder sie verdreht die Augen und heult wie ein Baby. Sie pflegt dieses neue Selbstbild regelrecht, einfach unglaublich! Ich war so stolz auf sie, weil sie früher sprechen lernte als andere Kinder in ihrem Alter, und jetzt bringt sie mich mit ihrem Babygetue auf die Palme!

Es besteht kein Grund, sich Sorgen zu machen, wenn sich Ihr Kind plötzlich wie ein Baby benimmt. Ich empfahl der Mutter aus dem Beispiel, ihre Tochter in den Armen zu wiegen, sie in eine Decke zu wickeln, anzubieten, sie mit der Flasche zu füttern, imaginäre Windeln anzulegen, ihr Schlaflieder vorzusingen, mit ihren Zehen zu spielen und so weiter.

Regressionsspiele finden häufig nach der Geburt eines Babys statt, wenn sich die älteren Geschwister durch den Neuankömmling verdrängt fühlen. Sie sind auch für Adoptiveltern und Mütter empfehlenswert, die im ersten Lebensjahr des Kindes durch Krankheit oder eine postnatale Depression keine sichere Bindung aufbauen konnten. Sie haben sich darüber hinaus in Zeiten bewährt, in denen die Familie großen Belastungen unterliegt und die erwachsenen Bezugspersonen den Kindern zu wenig Zeit oder Aufmerksamkeit widmen können wie im ersten Beispiel (E-Mail). Wenn man Kindern die Erfahrung ermöglicht, so liebevoll wie ein Baby umsorgt zu werden, vielleicht in einer bisher nie gekannten Weise, können Regressionsspiele dazu beitragen, Traumata zu verarbeiten, die durch Misshandlung, Vernachlässigung oder Trennung entstanden sind. Sie erhalten im Nachhinein die Aufmerksamkeit, die sie in früheren Lebensjahren gebraucht hätten, und fühlen sich gestärkt, was wiederum das Wachstum und die künftige Entwicklung positiv beeinflusst.

Regressionsspiele erleichtern Kindern außerdem, erste Schritte in Richtung Unabhängigkeit einzuleiten. Fakt ist, dass sie oft erst dann beginnen, sich wie ein Baby aufzuführen, wenn sie bestimmte Meilensteine der Entwicklung gemeistert haben. Durch den symbolischen Rückzug auf eine frühkindliche Entwicklungsphase fühlen sie sich sicher und geliebt, während sie gleichzeitig das erforderliche Selbstvertrauen gewinnen, den Weg in die Unabhängigkeit zu verfolgen. Man könnte meinen, dass sie das Bedürfnis haben, zwischendrin eine Verschnaufpause einzulegen, um ihre Batterien wieder aufzuladen. Sogar ältere Kinder greifen manchmal zum Regressionsspiel – wie meine Tochter im folgenden Beispiel:

Als meine Tochter zehn Jahre alt war, machte sie einen großen Schritt in Richtung Unabhängigkeit. Sie übernachtete zum ersten Mal gemeinsam mit acht anderen Mädchen bei einer Freundin. Als sie am darauffolgenden Tag nach Hause kam, tat sie so, als wäre sie ein Baby, und wollte mit mir schmusen.

Aktivitäten mit Körperkontakt

Ich habe einen Neffen, der im Ausland lebt und den ich nicht oft zu Gesicht bekomme. Als er drei Jahre alt war, besuchte ich meine Verwandten, und natürlich wollte ich eine Beziehung zu ihm aufbauen. Er machte jedoch keine Anstalten, mit mir zu spielen, weil er sich nicht an mich erinnerte. Wir gingen in den großen Garten hinter dem Haus, der an einem Hang lag, und er begann, den Hügel rauf- und runterzulaufen, ohne mir Beachtung zu schenken. Nachdem ich ihm eine Weile zugesehen hatte, kam mir eine Idee, wie ich den Kontakt zu ihm herstellen könnte. Ich postierte mich am Fuß des Hanges und breitete die Arme aus, um ihn aufzufangen. Ungezwungen stürmte er auf mich zu und ließ sich einen Moment lang umarmen, bevor er sich wieder an den Aufstieg machte, um erneut hügelabwärts zu sausen. Er wiederholte das Spiel mehrmals, und jedes Mal, wenn er unten ankam, ließ er sich in meine ausgebreiteten Arme fallen. Danach behandelte er mich, als würde er mich schon ewig kennen.

Eine wichtige Funktion des Spiels besteht darin, dass es Kindern die Herstellung des körperlichen Kontakts mit anderen Menschen erleichtert. Wenn Sie diesen Körperkontakt ermutigen und gleichzeitig die Grenzen Ihres Kindes respektieren, festigen Sie die Beziehung zu ihm. Die beiderseitige Freude am Spiel und an der Berührung ist ein wirkmächtiger Faktor, der Bindung und Nähe fördert. Deshalb ist das Spiel ein Heilmittel, wenn Eltern-Kind-Beziehungen Schaden genommen oder durch traumatische Trennungen gelitten haben. Mit dem physischen Kontakt im Spiel stellt sich bei den Kindern ein Gefühl der eigenen Wertschätzung, Sicherheit und Zugehörigkeit ein. Die Berührung ermöglicht ihnen, sich selbst wahrzunehmen und eine positive Einstellung zum eigenen Körper zu gewinnen. Das Kind überlegt: »Wenn Mama gern mit mir schmust, muss mein Körper etwas Gutes sein.« Ein Kind, dem es an Berührung und Zärtlichkeit mangelt, könnte dagegen zu der Auffassung gelangen, sein Körper sei etwas Schlechtes. Die unmittelbare körperliche Verbindung beugt darüber hinaus dem Gefühl der Isolation und Entfremdung vor. Nicht nur Säuglinge haben das Bedürfnis, von den Eltern in den Arm genommen und liebevoll berührt zu werden; auch wenn Kinder älter werden, brauchen sie den physischen Kontakt. Die Berührung ist von der ersten bis zur letzten Stunde von essenzieller Bedeutung.

Die meisten landgängigen Säugetiere haben in jungen Jahren viel Körperkontakt zu ihren Müttern, zum Beispiel während des Säugens und im Schlaf, wenn sie sich eng an sie drängen. Dieser physische Kontakt entspricht ihrem Bedürfnis nach Wärmeregulation, Schutz und Nahrung. Bei vielen Arten finden außerdem Aktivitäten statt, die den körperlichen Kontakt zur Mutter und den Wurfgeschwistern einschließen, wie spielerisches Kräftemessen oder gegenseitige Fellpflege.

Menschenkinder scheinen intuitiv zu wissen, dass die Berührung für eine optimale körperliche und emotionale Entwicklung unabdingbar ist. Sie genießen es, wenn man mit ihnen schmust und sie in den Arm nimmt, und sie suchen den körperlichen Kontakt, wenn sie ängstlich, müde, frustriert, verletzt oder krank sind. Kinder lieben Spiele mit Körperkontakt, wie Raufen oder Kreisspiele, bei denen man sich an den Händen hält. Besonders beliebt sind Aktivitäten, bei denen physischer Kontakt mit den Eltern hergestellt wird.

Viele Spiele, die in diesem Kapitel aufgelistet sind, schließen den Körperkontakt ein. Sie können nach zusätzlichen Möglichkeiten Ausschau halten, Berührungen in die Spielaktivitäten mit Ihrem Kind einfließen zu lassen. Wenn es noch klein ist, können Sie es auf den Knien reiten lassen, auf den Arm nehmen und zur Musik tanzen, »Backe-backe-Kuchen« spielen oder es huckepack tragen. Einem älteren Kind gefällt vermutlich das Schubkarrenspiel, bei dem es auf den Händen läuft, während Sie die Knöchel umfassen, um es zu stützen und zu lenken. Oder Sie bilden ein »menschliches Sandwich« mit ihm, wobei es sich als »Belag« auf Sie legt. Wenn es um spielerischen Körperkontakt geht, sind der Fantasie keine Grenzen gesetzt.

Kooperative Spiele und Aktivitäten

Zwischen dem achten und zwölften Lebensjahr meiner Tochter haben wir uns manchmal vor dem Zubettgehen aneinandergekuschelt und uns gemeinsam eine Geschichte ausgedacht. Damit die Ideen in Fluss kamen, hatten wir

Karteikarten mit fünf Wortkategorien vorbereitet: Tiere, Menschen, Orte, magische Wesen und magische Gegenstände. Vor Beginn der Geschichte durfte sie, ohne hinzuschauen, eine Karte aus jeder Kategorie auswählen (zum Beispiel eine Krähe, eine Königin, einen Tunnel, einen Drachen und einen magischen goldenen Bogen). Dann erfanden wir eine Geschichte rund um diese fünf Elemente, wobei jeder im Wechsel einen Satz beisteuern musste. Diese kooperativen Geschichten festigten die Beziehung zwischen uns und bewirkten, dass sich meine Tochter vor dem Einschlafen entspannte.

Kooperative Aktivitäten können die Beziehung zu Ihrem Kind stärken. Kinder mit einer lebhaften Fantasie mögen gemeinsam ausgedachte Geschichten. Zu den weiteren kooperativen Aktivitäten gehört auch die Errichtung eines möglichst hohen Turms aus Bauklötzen, wobei Sie abwechselnd einen Stein auf dem anderen platzieren.

Kompetitive Spiele können natürlich auch Spaß machen und Kinder motivieren, ihr Potenzial voll auszuschöpfen, ihre Fähigkeiten oder Leistungen mit denen anderer Wettbewerber zu vergleichen und ihre Fortschritte zu messen. Kooperative Spiele bieten jedoch die Möglichkeit, soziale Kontakte zu knüpfen, die nicht von der Gefahr zu verlieren überschattet sind. In kooperativen, nicht wettbewerbsorientierten Spielen streben alle Teilnehmer ein gemeinsames Ziel an, und es gibt keine Verlierer. Deshalb ist es wichtig, ein Gleichgewicht zwischen Spielen zu finden, die man mit- oder gegeneinander bestreitet.

Es gibt viele kooperative Brettspiele, aber Sie können auch die Regeln von kompetitiven Spielen so verändern, dass niemand gewinnt oder verliert. Versuchen Sie doch einmal, bei einem Kindergeburtstag aktive kooperative Gruppenspiele einzuführen. Beispielsweise könnten Sie einen Klassiker, die »Reise nach Jerusalem«, in ein kooperatives Spiel umwandeln. Dabei nehmen alle Kinder auf einem Stuhl Platz, sobald die Musik verstummt, aber niemand wird ausgeschlossen. Die Stühle werden nach und nach entfernt, und die Kinder müssen sich die verbliebenen teilen. Wenn nur noch ein Stuhl übrig ist, gilt es, zu kooperieren und irgendwie Platz darauf zu finden oder ihn wenigstens zu berühren. (Hoffentlich ist er groß genug!) In einem anderen Geburtstagspartyspiel können die Kinder gemeinsam mit mehreren Luftballons jonglieren, ohne sie auf den Boden fallen zu lassen.

Auch Sportarten, die im Freien stattfinden, müssen nicht kompetitiv sein. Sie können die Regeln abwandeln, um kooperative Spiele daraus zu entwickeln, in denen jeder gewinnt. Bei einer Tischtennis- oder Tennispartie könnten die Teilnehmer beispielsweise versuchen, den Ball so oft wie möglich hin- und herzuspielen, ohne dass er den Boden berührt.

Wenn Sie mit Ihrem Kind ein gemeinsames Ziel anstreben, gleich ob im Spiel oder bei einer Aktivität im realen Leben (zum Beispiel beim Kochen), fördern Sie eine sinnvolle Beziehung, die auf dem natürlichen Wunsch des Kindes beruht, seinen Beitrag zu leisten. Gleichzeitig lernen beide die Stärken des anderen kennen und spornen einander an, ihr Bestes zu geben. Diese Aktivitäten bewirken, dass Ihr Kind ein Gefühl der Verbundenheit und Wertschätzung seiner Person empfindet. Sie sind besonders empfehlenswert, wenn Kinder wenig Kooperationsbereitschaft zeigen, bei Brettspielen schummeln oder Verhaltensprobleme entwickeln, die auf Geschwisterrivalität oder die Scheidung der Eltern zurückzuführen sind.

3. Kapitel

Allgemeiner Leitfaden

Es gibt ein paar grundsätzliche Empfehlungen, die bei Bindungsspielen beachtet werden sollten. Sie erhöhen die Wirksamkeit, wenn Sie die Aktivitäten mit Ihrem Kind in die Praxis umsetzen.

Überlassen Sie Ihrem Kind die Führung und bleiben Sie flexibel

Das A und O der Bindungsspiele besteht darin, den Vorgaben Ihres Kindes zu folgen. Kinder kennen ihre Bedürfnisse und fordern uns meistens auf, sich mit ihnen auseinanderzusetzen, entweder direkt oder indirekt. Wenn Ihr Kind Sie ausdrücklich darum bittet, mit ihm zu spielen, wissen Sie genau, was es sich wünscht. Doch manchmal greifen Kinder zu subtileren oder indirekten Mitteln (die uns manchmal zur Verzweiflung bringen), um ihrer Einladung zum Spiel Nachdruck zu verleihen. In solchen Situationen sollten Sie unbedingt einen Blick hinter die Fassade werfen, um die zu grunde liegende Botschaft zu entschlüsseln.

Wenn Ihre zweijährige Tochter nicht mit den Füßen, sondern mit den Händen in die Socken schlüpft, hat sie vermutlich Lust auf ein Nonsensspiel mit Ihnen. Wenn sich Ihr vierjähriger Sohn wie ein Baby aufführt, gibt er Ihnen möglicherweise damit zu verstehen, dass ein Regressionsspiel angesagt wäre. Wenn Ihr sechsjähriger Sohn mit einem imaginären Gewehr auf Sie schießt, könnte er Sie zu einem Machtumkehrspiel herausfordern. Und wenn Ihre zwölfjährige Tochter bei einer Tischtennispartie Einwände gegen den Punktestand erhebt, den Sie ermitteln, würde sie vielleicht eine kooperative Variante oder ein vergnügliches Machtumkehrspiel begrüßen, in dem Sie sich ungeschickt anstellen und haushoch verlieren.

In derartigen Situationen werden Sie indirekt zu ganz spezifischen Spielaktivitäten aufgefordert, wohinter sich das Verlangen des Kindes verbirgt, problematische Gefühle zu überwinden. Das Buch möchte Ihnen helfen, diese tiefer verwurzelten Bedürfnisse zu erkennen und bestmöglich darauf zu reagieren.

Es könnte Zeiten geben, in denen Sie selbst das Bedürfnis haben, einige dieser Aktivitäten in Gang zu bringen, insbesondere wenn es Erziehungsprobleme zu lösen gilt oder Ihr Kind Hilfe bei der Aufarbeitung traumatischer Erlebnisse braucht. Falls Sie Bindungsspiele initiieren, sollten Sie Ihr Kind aufmerksam beobachten, um zu ergründen, ob es sich gern darauf einlässt oder sich innerlich sträubt. Wenn es wenig Lust hat mitzumachen, können Sie versuchen, die Aktivität entsprechend seinen persönlichen Vorlieben abzuwandeln. Sie sollten jedoch in Erwägung ziehen, dass Ihre Vorgehensweise möglicherweise zu direkt ist oder Ihr Kind sich widersetzt, weil es spürt, dass Sie in Wirklichkeit eine andere Absicht verfolgen. Doch wie auch immer, Sie können jederzeit zu nicht-direktiven, kindzentrierten Spielsitzungen zurückkehren, um das Gefühl der Sicherheit und des Vertrauens wiederherzustellen.

Falls sich Ihr Kind mit Begeisterung in eine Aktivität stürzt und das genießt, ist sie vermutlich auch dann nutzbringend, wenn sie von Ihrem ursprünglichen Plan oder der Beschreibung im Buch abweicht. Ich rate Ihnen dringend, flexibel zu bleiben, denn es gibt nicht die einzig wahre Methode für die Gestaltung und den Ablauf von Bindungsspielen. Deshalb ist es so wichtig, Ihrem Kind die Führung zu überlassen. Was als Symbolspiel beginnt, könnte sich in ein aktives Machtumkehrspiel verwandeln. Wenn Ihr Kind das Spiel beenden möchte, ist es nicht sinnvoll, es fortzusetzen. Doch vermutlich werden Sie ohnehin feststellen, dass Sie sich dabei eher als Ihr Kind langweilen!

Verzichten Sie darauf, Ihr Kind zu belehren oder zu korrigieren

Wenn es nicht gerade um spielerische Aktivitäten geht, mit denen Sie Ihrem Kind die Hausaufgaben zu erleichtern hoffen, sollten Sie sich mit direkten Belehrungen zurückhalten. Es gibt wirksamere Möglichkeiten, Wissen weiterzugeben. Mit Bindungsspielen zielen Sie darauf ab, Ihr Kind zu unterstützen, damit es seinen Gefühlen und Empfindungen besser Ausdruck verleihen kann, und die Beziehung zu ihm zu festigen. Belehren und korrigieren trägt nicht zur Verwirklichung dieser Ziele bei. Versuchen Sie, während der Bindungsspiele alle Verhaltensweisen Ihres Kindes vorbehaltlos zu akzeptieren, solange dadurch kein Schaden entsteht.

Wenn Ihr Kind beispielsweise Klötzchen spontan nach Farben sortiert, können Sie beiläufig sagen: »Mir ist aufgefallen, dass alle roten Klötze hier und die blauen dort drüben liegen.« Aber sagen Sie nicht etwas wie: »Schau mal, die hier sind rot. Kapiert? Rot!« Wenn Ihr Kind die Klötzchen »falsch« sortiert, sollten Sie darauf verzichten, auf den Fehler hinzuweisen.

In einem Symbolspiel, bei dem Ihr Kind eine Notfallbehandlung im Krankenhaus nachstellt, sollte es den Ablauf frei gestalten, auch wenn dieser nicht die Realität widerspiegelt. Inszeniert es beispielsweise mit Spielfiguren eine Szene, in der die Mutter das Kind in die Ambulanz begleitet, sollten Sie es nicht daran erinnern, dass die Mutter im eigenen Auto hinterhergefahren ist. Vielleicht wünscht es sich, sie wäre bei ihm gewesen, und bringt dieses Bedürfnis durch das Spiel zum Ausdruck.

Verzichten Sie darauf, das Spiel Ihres Kindes zu deuten oder zu analysieren

Ihre Aufmerksamkeit und Teilnahme am Spiel Ihres Kindes genügen. Es besteht keine Notwendigkeit, die Bedeutung, die sich dahinter verbergen könnte, mit ihm zu erörtern. Auch wenn Sie den Wunsch haben, den Sinn zu ergründen oder mit Ihrem Partner darüber zu sprechen, lassen Sie Ihr Kind außen vor – mit den Interpretationsmöglichkeiten, die Sie ihm präsentieren, helfen Sie ihm nicht.

Wenn Sie beispielsweise eine Woche im Krankenhaus verbracht haben und Ihr Sohn danach immer wieder Verstecken mit Ihnen spielen möchte, können Sie davon ausgehen, dass er das Trennungsspiel braucht, um die traumatischen Auswirkungen Ihres Klinikaufenthalts zu überwinden. Doch Sie sollten darauf verzichten, ihm diese Deutung zu offenbaren. Sprache und Emotionen werden in verschiedenen Hirnarealen verarbeitet, zwischen denen nur wenige Nervenverbindungen bestehen, vor allem bei jüngeren Kindern. Das Bedürfnis Ihres Sohnes nach dem Versteckspiel signalisiert, dass er diese schwierige Zeit »verarbeiten« muss, und durch Ihre Beteiligung am Spiel fühlt er sich wahrgenommen und verstanden. Wenn Sie seine Aufmerksamkeit vom Spiel ablenken, indem Sie ihn zu einem Gespräch über sein Verhalten drängen oder es verbal deuten, unterbrechen Sie vielleicht ungewollt den Heilungsprozess.

Mit zunehmendem Alter erwerben und entwickeln Kinder die Fähigkeit, Gefühlen und Empfindungen verbal Ausdruck zu verleihen. Insbesondere werden die Symbolspiele allmählich durch Sprache ersetzt, doch dabei sollten Sie Ihrem Kind die Eröffnung des Dialogs überlassen. Möglicherweise wird ein Zehnjähriger das Gespräch suchen, statt seine Trennungsangst im Versteckspiel mit Ihnen zu signalisieren. Sie sollten in seiner Gegenwart jedoch immer von Deutungen absehen, auch wenn Ihr Kind die Initiative zu dem Gedankenaustausch ergreift. Indem Sie aufmerksam zuhören, ohne jedes Wort zu analysieren, fühlt es sich verstanden und wird sich seinen Weg durch das emotionale Labyrinth bahnen.

Auch wenn das Symbolspiel schließlich der verbalen Kommunikation weicht, profitieren ältere Kinder (Teenager eingeschlossen) nach wie vor von bestimmten Bindungsspielformen, zum Beispiel Machtumkehrspielen wie Armdrücken, spielerischer Übertreibung und Albernheiten (Nonsensspielen). Denken Sie aber auch daran, dass der Dialog niemals das Bedürfnis ersetzen kann, zu lachen oder zu weinen.

Wenn Ihr Kind lacht, befinden Sie sich vermutlich auf dem richtigen Weg

Eine weitere grundlegende Empfehlung ist, das Lachen zu ermutigen. Lachen erfolgt oft in Verbindung mit einem Element der Angst, Verlegenheit, Frustration oder Wut, doch nur in einem emotional sicheren Kontext, wenn sich ein Kind weder bedroht noch eingeschüchtert fühlt. Wenn Ihr Kind im Zuge der verschiedenen Bindungsspiele lacht, heißt das wahrscheinlich, dass es sich sicher genug fühlt, um seinen Gefühlen freien Lauf zu lassen. Ein harmonisches Gleichgewicht zwischen innerer Sicherheit und innerer Spannung ist der Schlüssel zu einem erfolgreichen Bindungsspiel.

Wenn Ihr vierjähriger Sohn zum Beispiel eine unbegründete Angst vor Krokodilen hat (wenn er sich also etwa vor Krokodilen fürchtet, wo gar keine sind) und Sie ihm mithilfe einer Krokodil-Handpuppe helfen wollen (Symbolspiel), sollten Sie unverzüglich das »Drehbuch« umschreiben, sobald er zu lachen aufhört und ängstlich wirkt. Erklären Sie ihm beispielsweise, das Krokodil sei ein Baby, das sich vor ihm fürchtet und sich schutzsuchend unter dem Bett versteckt. Und wenn Sie eine spielerische Kissenschlacht mit Ihrer Tochter veranstalten, die plötzlich nicht mehr lacht, sondern »wirklich« kämpft, ist es an der Zeit, die Strategie zu ändern, weil das Spiel zu ernst geworden ist und keine therapeutische Wirkung mehr hat. Das Gelächter könnte zurückkehren, wenn Sie ihre Aggression auf eine Puppe lenken und eine dramatische Geräuschkulisse beisteuern, indem Sie bei jedem Treffer mit dem Kissen in höchsten Tönen kreischen.

Manchmal brauchen jüngere Kinder die Bestätigung, dass es sich bei diesen Aktivitäten um Symbolspiele handelt. Wenn Ihre dreijährige Tochter eine Löwenmaske aufsetzt und brüllt, kichert sie vermutlich, falls Sie vorgeben, Angst zu haben (ein Machtumkehrspiel). Reagieren Sie jedoch zu dramatisch, hört sie vielleicht auf zu lachen und fühlt sich zu der Erklärung genötigt, dass sie in Wirklichkeit kein Löwe ist! Das ist für Sie ein Hinweis, Ihre Rolle als furchtsamer Elternteil weniger überzeugend zu spielen.

Hänseln Sie Ihr Kind nicht

Wie bei allen Formen der Interaktion sollten Sie sich auch hier weder über Ihr Kind noch über seine Gefühle lustig machen. Obwohl Lachen im Allgemeinen eine therapeutische Wirkung hat, sind einige zum Lachen reizende Anlässe keineswegs heilsam, sondern können sogar abträglich sein. Dazu gehört beispielsweise das Hänseln. Manchmal lachen Kinder (und Erwachsene), wenn man sie neckt, weil die Situation ein Gefühl der Verlegenheit, Machtlosigkeit oder Unterdrückung heraufbeschwört. Hier handelt es sich nicht um ein therapeutisches, sondern vielmehr um ein nervöses Lachen.

Es ist entwürdigend, sich über Unvollkommenheiten oder Gefühle von Kindern lustig zu machen. Hänselei kann die Verbindung, die Sie zu Ihrem Kind aufgebaut haben, negativ beeinträchtigen. Wenn Sie es verspotten, wie scherzhaft auch immer das gemeint sein mag, leidet sein Selbstwertgefühl. Falls Ihr Sohn etwa bei jeder Kleinigkeit in Tränen ausbricht, sollten Sie ihn nicht auslachen und als »Heulsuse« bezeichnen. Empfinden Sie seine Gefühlsausbrüche als besorgniserregend oder sind sie Ihnen peinlich, nehmen Sie sich die Zeit, Ihrer eigenen emotionalen Reaktion auf den Grund zu gehen – mit einem Erwachsenen und ohne Beisein Ihres Kindes. Vielleicht hatten Sie als Kind ebenfalls nah am Wasser gebaut und wurden von Ihren Eltern deswegen verspottet, doch nun ertappen Sie sich dabei, dass Sie, ohne nachzudenken, in die gleiche Kerbe schlagen. Oder Sie machen sich Sorgen, dass andere Ihr Kind deswegen ablehnen oder es später unfähig sein könnte, die Herausforderungen des Lebens zu meistern. Wenn Sie die tiefer verwurzelten Gründe für Ihre Neigung zum Hänseln entdecken, wird es Ihnen leichterfallen, diesem Impuls zu widerstehen oder dem Bedürfnis, das Verhalten Ihres Kindes auch nur zu kommentieren.

Nachahmende Kontingenzspiele können leicht in Hänselei ausarten. Ihrem Kind macht es vielleicht Spaß, wenn Sie seine Geräusche oder Bewegungen in bestimmten Situationen imitieren, doch es besteht die Gefahr, dass es sich verspottet fühlt. Bemühen Sie sich also, sensibel mit seinen Gefühlen umzugehen, wenn Sie es spielerisch imitieren.

Kinder mögen Scherze, in denen Übertreibungen und absurde Fehler vorkommen (Nonsensspiele). Das Lachen ist in solchen Situationen normalerweise heilsam, weil es die innere Anspannung abbaut, die entsteht, wenn ein Kind befürchtet, die Erwartungen der Erwachsenen zu enttäuschen, oder wenn Verhaltensregeln unerlässlich werden. Wie bei Imitationsspielen besteht jedoch auch hier das Risiko, Schaden anzurichten, wenn es sich verspottet fühlt.

Ein Warnsignal wäre der Wunsch des Kindes, das Spiel zu beenden (selbst wenn es gelacht hat). Sie können auch hinterher fragen, ob es ihm Spaß gemacht hat, oder das Ergebnis anhand seines Verhaltens einschätzen: Wenn Ihr Kind entspannter, selbstbewusster, kooperativer und kontaktfreudiger wirkt, hat ihm das Spiel vermutlich gutgetan. Haben Sie jedoch den Eindruck, dass es angespannt, distanziert, wütend, verunsichert oder unkooperativ erscheint, sollten Sie den Spielverlauf ändern.

Kitzeln Sie Ihr Kind nicht

Kitzeln gehört ebenfalls zu den Aktivitäten, die Lachen auslösen, aber kontraproduktiv sein können. Das liegt daran, dass Kitzeln genau wie Hänseln eine Form des Angriffs ist und ein Gefühl der Machtlosigkeit hervorrufen kann. Wenn Sie Ihr Kind kitzeln, führen Sie ihm vor Augen, dass Sie ihm kräftemäßig überlegen sind. Obwohl die meisten Babys und Kleinkinder dabei lachen, kann es sich in Wirklichkeit um eine explosive Freisetzung von Gefühlen wie Angst und Hilflosigkeit handeln, die durch das Kitzeln verursacht werden.

Manche Eltern sind verwirrt, wenn ihre Kinder sie zum Kitzeln auffordern. Manchmal kann Kitzeln harmlos sein, vor allem, wenn es Teil eines Kinderlieds oder Reims ist und Ihr Kind damit rechnet. In solchen Fällen kann es kurzfristiges Kitzeln genießen, weil es Zeit hat, sich darauf vorzubereiten, und sicher sein kann, dass Sie es nicht gegen seinen Willen verlängern. Erwartetes Kitzeln ist eine Erfahrung, die sich nicht mit unverhofftem Kitzeln vergleichen lässt.

Wenn Ihr Kind Sie zum Kitzeln auffordert, sollten Sie in Betracht ziehen, dass es vielleicht die einzige ihm bekannte Strategie anwendet, sich physischen Kontakt zu verschaffen. Vielleicht verbirgt sich hinter dem Wort »kitzeln« in Wirklichkeit der Wunsch nach einer sanften, liebevollen Berührung. Damit würden Sie seinem tatsächlichen Bedürfnis viel eher Rechnung tragen. Sie können auch andere Möglichkeiten vorschlagen, körperliche Nähe herzustellen, vielleicht durch Kuscheln oder eine kleine Rückenmassage.

Auch ein Machtumkehrspiel kann sich als sinnvolle Reaktion auf dieses Ansinnen erweisen. Schlüpfen Sie beispielsweise in die Rolle des tollpatschigen Monsters, dem es einfach nicht gelingt, Ihr Kind zu fangen und zu kitzeln. Oder tun Sie so, als würden Sie Ihr Kind kitzeln, jedoch ohne es zu berühren. Eine weitere Möglichkeit wäre, dass Ihr Kind das Kitzelmonster spielt und Jagd auf Sie macht. Natürlich müssen Sie dann Ihrer Rolle gerecht werden und sich fangen und kitzeln lassen. Ihr Kind wird solche Machtumkehrspiele wahrscheinlich mehr genießen als die Aktivitäten, bei denen Sie kitzeln.

Verzichten Sie auf Bindungsspiele, wenn Ihr Kind weint

Weinen ist ein wichtiger Mechanismus, um Stress abzubauen, genau wie Spiel und Lachen. Bieten Sie Ihrem Kind Trost und Unterstützung, während es seinen Tränen freien Lauf lässt. Das ist kein geeigneter Zeitpunkt für spielerische Aktivitäten. Solche Ablenkungsmanöver wären respektlos. Es ist wichtig, dass Sie seine Gefühle wahrnehmen und sie bedingungslos akzeptieren, auch die schmerzlichsten. Die Entscheidung, welche Gefühle für ihre Kinder angemessen sind, steht Eltern nicht zu. Aber es ist sehr wohl ihre Aufgabe, ihnen ungeachtet der aktuellen Gemütslage mit Liebe und Akzeptanz zu begegnen. Wenn Sie versuchen, das Weinen Ihres Kindes mit spielerischen Aktivitäten zu beenden, versiegen die Tränen vielleicht zeitweilig, brechen sich aber zu einem späteren Zeitpunkt erneut ihre Bahn.

Wut- und Trotzanfälle zählen ebenfalls zu den wichtigen Stressabbaumechanismen. Diese Gefühlsausbrüche stellen eine gesunde Strategie dar, aufgestauter Frustration oder Wut Luft zu machen. Danach sind die meisten Kinder ruhiger, entspannter und kooperativer. Wenn Ihr Kind einen Trotzanfall hat, sollten Sie darauf achten, die Nähe zu ihm zu bewahren, ohne es abzulenken oder ihm eine Strafpredigt zu halten, selbst wenn Ihre Geduld dabei auf eine harte Probe gestellt wird. Es sollte spüren, dass die Bindung zwischen Ihnen beiden stärker ist als seine Wut. Zu Ihrer Beruhigung sei gesagt, dass es weder versucht, Sie zu manipulieren, noch ein »verzogenes Gör« ist.

Wenn Sie Ihrem Kind Grenzen setzen, kann es passieren, dass Sie dadurch eine Wut- und Trotzreaktion auslösen. Handelt es sich um eine vernünftige Grenze (wenn Sie ihm beispielsweise unmissverständlich klarmachen, dass Sie ihm heute kein Spielzeug kaufen), auf die Ihr Kind mit einem Tobsuchtsanfall reagiert, besteht kein Grund, um des lieben Friedens willen »einzuknicken«. Ihr Kind hat gleichwohl das Recht, seinen Gefühlen Ausdruck zu verleihen. Und um dies auf angemessene Weise zu tun, bedarf es Ihrer Unterstützung.

Wenn Ihr Kind während oder nach spielerischen Aktivitäten mit den Eltern weint, deutet sein Verhalten nicht zwangsläufig darauf hin, dass Sie etwas falsch gemacht haben. Manchmal reicht schon eine scheinbar unbedeutende Begebenheit als Vorwand, den Tränen freien Lauf zu lassen. Vielleicht hat sich Ihr Sohn während der Kissenschlacht (Machtumkehrspiel) den Kopf angestoßen. Wenn Sie liebevoll auf ihn eingehen, ergreift er wahrscheinlich die Gelegenheit, nicht nur die körperlichen Schmerzen, sondern auch die Bürde über Bord zu werfen, die sich in Form von Stress angesammelt hat. Oder Sie haben ihn wie jeden Abend gebadet und eine kurzweilige halbe Stunde miteinander verbracht. Als es dann an der Zeit ist, sich die Zähne zu putzen, bekommt er einen ausgewachsenen Tobsuchtsanfall, weil Sie die falsche Zahnpasta gekauft haben. Die Zahnpasta ist vermutlich nicht der wahre Grund für den Aufruhr. Sie ist nur ein Vorwand, mit dem das Kind tiefer verwurzelte Frustrationen loslassen kann. Ich nenne dieses Verhalten das »Zerbrochener-Keks-Phänomen«. Interessanterweise weinen viele Kinder häufiger, wenn man ihrem Kummer mit liebevoller Aufmerksamkeit begegnet. Das liegt daran, dass sie sich infolge der »Extraportion« Zuwendung sicher fühlen, tieferen, schmerzhaften Gefühlen ihren Lauf zu lassen. Mein Buch »Auch kleine Kinder haben großen Kummer« enthält weitere Informationen zu diesem Thema.

Nehmen Sie bei schwerwiegenden traumatischen Erfahrungen professionelle Hilfe in Anspruch

Ich rate dringend ab, Spielaktivitäten bei schwerwiegenden traumatischen Erfahrungen wie sexuellem Missbrauch oder dem Tod eines Familienmitglieds als therapeutische Maßnahme einzusetzen. Sie sollten unbedingt professionelle Hilfe für Ihr Kind (oder die ganze Familie) in Anspruch nehmen, wenn es unter einer solchen Erschütterung leidet.

Dafür gibt es drei Gründe. Erstens ist das Spiel nicht immer die beste Methode, einem Kind zu helfen, das durch sexuellen Missbrauch oder den Tod eines nahestehenden Menschen traumatisiert worden ist. Vielleicht hat Ihr Kind das Bedürfnis, zu weinen oder seine Wut zum Ausdruck zu bringen, und ein unterstützendes Umfeld für diese starken Gefühle kann wirksamer sein als ein spielerischer Ansatz. Zweitens sind Sie vermutlich ebenfalls traumatisiert und können angesichts Ihres eigenen emotionalen Zustands nur schwer die Objektivität aufbringen, die ein therapeutisches Spiel mit Ihrem Kind erfordert. Und drittens besteht immer die Gefahr, dass man ein Kind retraumatisiert, vor allem, wenn man mit Symbolspielen arbeitet, die eine Wiederholung der Situation in einem spielerischen Kontext enthalten. Professionelle Therapeuten wissen, wann und wie man die Spieltherapie in solchen Fällen am wirksamsten einsetzt.

Abgesehen von diesen beiden schwerwiegenden Erfahrungen gibt es noch andere Ereignisse, die bei einem Kind Symptome einer posttraumatischen Belastungsstörung auslösen können. Auch in solchen Situationen ist eine professionelle Therapie empfehlenswert. Zögern Sie nicht, Hilfe in Anspruch zu nehmen, wenn Ihnen das Verhalten Ihres Kindes Sorge bereitet. Die Empfehlungen in diesem Buch sind kein Ersatz für eine professionelle Beratung oder Behandlung.

Es ist völlig in Ordnung, zu sagen, dass Sie jetzt nicht spielen wollen

Es kann vorkommen, dass Sie keine Lust, keine Zeit oder keine Kraft haben, der Aufforderung Ihres Kindes zum Spiel Folge zu leisten, auch wenn es inständig darum bittet. Es ist völlig in Ordnung, ihm klarzumachen, dass Sie jetzt nicht mit ihm spielen wollen oder können. Kinder müssen lernen, dass die Eltern nicht immer verfügbar sind. Weisen Sie Ihr Kind auf andere interessante Beschäftigungsmöglichkeiten hin, denen es allein nachgehen kann, und spielen Sie dann später mit ihm, wenn Sie mehr Zeit und Energie haben. Aber achten Sie darauf, Ihre Zusagen auch zu halten. Spielen Sie nach dem Abendessen mit Ihrem Kind, wenn Sie es ihm versprochen haben, komme, was da wolle.

Eine weitere Möglichkeit, den Bedürfnissen aller Beteiligten gerecht zu werden, besteht darin, die Kinder in Ihre Aktivitäten einzubeziehen. Dieser Ansatz ist besonders wirksam, wenn es um die Erledigung der Aufgaben im Haushalt geht. Falls Sie das Abendessen zubereiten oder Wäsche sortieren müssen, können Sie Ihr Kind beispielsweise auffordern, Ihnen zu helfen, sofern es alt genug ist. Nichts hindert Sie daran, solche Arbeiten in ein Spiel zu verwandeln und Spaß dabei zu haben.

Wenn Sie Ihre eigenen Bedürfnisse ständig hintanstellen, um mehr mit Ihrem Kind zu spielen, als Sie eigentlich wollen, genießt es vermutlich die Aufmerksamkeit, die Sie ihm widmen. Doch dabei laufen Sie Gefahr, Ihre Selbstaufopferung irgendwann als Zumutung zu empfinden. Die Folge wäre vielleicht ein heimlicher Groll, der sich in Ungeduld oder Wut auf Ihr Kind niederschlägt. Ihre Reaktion würde vermutlich Angst und Unsicherheit bei ihm auslösen, was wiederum zur Folge haben könnte, dass es noch mehr klammert und fordert. Ironischerweise bestärken Sie es in seiner Anspruchshaltung, wenn Sie nur mit ihm spielen, weil Sie es als Ihre Pflicht betrachten! Wenn Sie andererseits Ihr Kind und sein Bedürfnis nach sinnvollen, interaktiven Spielen ignorieren, fühlt es sich frustriert, ungeliebt und verunsichert. Kinder haben einen legitimen Anspruch auf Zuwendung und spielerische Interaktionen, und sie blühen auf, wenn man ihm gerecht wird. Deshalb sollten Sie versuchen, den Bedürfnissen aller Beteiligten Rechnung zu tragen, indem Sie sich um ein ausgewogenes Verhältnis zwischen Aktivitäten für Kinder und Aktivitäten für die Erwachsenen in der Familie bemühen. Im nächsten Kapitel werden einige der Gründe erörtert, die es Ihnen erschweren könnten, mit Ihrem Kind zu spielen.

4. Kapitel

Wenn es Ihnen schwerfällt zu spielen

Eine Mutter beschrieb in unserem Gespräch, wie schwer es ihr fiele, mit ihrer Tochter zu spielen:

Scherzen und Lachen ist nicht wirklich mein Ding. Das ist das Letzte, woran ich denke. Am Ende des Tages wird mir klar: »Meine Güte, eigentlich hätten wir über das Problem lachen sollen. Misslichen Situationen mit Humor zu begegnen wäre überhaupt gut.« Ich habe keine Ahnung, wie man das macht. Wenn Clara (vier Jahre alt) zu Hause scherzt und lacht, neige ich dazu, ihr Verhalten als überdreht und als reine Zeitverschwendung zu deuten. Das passiert meistens zur Schlafenszeit, wenn ich am wenigsten nachsichtig bin. Und dann kommt mein Mann nach Hause, der sich an seinem Arbeitsplatz den ganzen Tag mit ernsthaften Angelegenheiten befasst hat, und ist heiter und gut gelaunt. Dafür hasse ich ihn geradezu. Ich fühle mich grässlich, wenn er vor Lebensfreude überschäumt, während ich mich damit so schwertue. Deshalb räume ich meistens das Feld und überlasse es Clara und ihm, sich gemeinsam zu amüsieren. Aber er hat natürlich auch seine Grenzen. Letzten Samstag, als Clara und er herumalberten, konnte ich an seinem angespannten Tonfall erkennen, dass er irgendwann genug hatte. Mir wurde bewusst, dass selbst die besten Eltern irgendwann an ihre Grenzen gelangen!

Auch den geduldigsten Eltern mangelt es bisweilen an der Motivation, mit ihren Kindern zu spielen. Ein Vater gestand: »Wenn draußen eine Bullenhitze herrscht, der Schweiß in Strömen fließt und meine vierjährige Tochter sich zum dritten Mal am Tag weigert, sich in ihrem Kindersitz anschnallen zu lassen, ist mir nicht nach Spielen zumute. Mir fehlt einfach die Kraft, mir eine kreative, spielerische Methode auszudenken, die sie zur Kooperation bewegt!« Liebe Eltern, gehen Sie nicht zu hart mit sich ins Gericht, wenn Sie es nicht schaffen, Probleme mit Ihrem Kind angesichts solch widriger Umstände auf spielerische Weise zu lösen. In diesem Buch finden Sie eine Fülle von Spielideen, einschließlich wirksamer Strategien zur Förderung der Kooperationsbereitschaft, doch das Wetter lässt sich dadurch nicht beeinflussen!

Manchmal können tiefer reichende Gründe Ihre guten Absichten vereiteln. Wenn Ihnen das Spiel mit Ihrem Kind keinen Spaß macht, liegt es vielleicht daran, dass Ihre Eltern nie mit Ihnen gespielt haben. Oder Sie verbinden unliebsame Kindheitserinnerungen mit dem Spiel. Möglicherweise leiden Sie unter chronischen Depressionen oder Ängsten und können sich nicht überwinden, auf dem Boden Platz zu nehmen und sich auf Albernheiten mit Ihren Kindern einzulassen. Denkbar wäre auch, dass Sie spielen langweilig finden und Ihren Kindern nur ungern die dafür nötige Zeit und Aufmerksamkeit widmen, weil Sie nicht genug Zeit für sich selbst und andere Beziehungen haben. Möglicherweise sind Sie beruflich voll eingespannt, arbeiten bis zur Erschöpfung und können nur wenig Zeit für Ihre Kinder erübrigen. Oder Sie wissen einfach nicht, welche Interaktionen mit Ihren Kindern Spaß machen könnten. Und wenn sich Ihre Familie gerade in einer schwierigen Phase befindet, kann es Ihnen besonders schwerfallen, mit Ihren Kindern zu spielen.

Falls solche tiefer verankerten persönlichen Hürden verhindern, dass Sie mit Ihren Kindern spielen, könnten die nachfolgenden Übungen dazu beitragen, sie auszuräumen. Sie stellen eine gute Gelegenheit dar, nach möglichen Zusammenhängen zwischen Ihren eigenen Kindheitserfahrungen und Ihrer Einstellung zu Kindern und zum Spielen Ausschau zu halten. Darüber hinaus werden Sie dadurch ermutigt, Ihre eigenen Bedürfnisse zu erfüllen.

Denken Sie daran, dass es nie zu spät für Bindungsspiele ist, falls Sie es bisher versäumt haben, mit Ihrem Kind zu spielen. Auch hier gilt: Übung macht den Meister, und je besser Sie diese Aktivität beherrschen, desto größer wird der Spaß sein, den Sie daran haben. Sie sorgt dafür, dass die Beziehung zu Ihrem Kind enger wird und die Machtkämpfe nachlassen. Und wenn Ihr Kind erwachsen ist, werden Sie sich mit Freuden an die gemeinsamen Stunden erinnern, in denen Sie miteinander gespielt und gelacht haben.

Übungen

Erforschen Sie Ihre Kindheit

Nehmen Sie sich die Zeit, sich mit einem anderen Erwachsenen (ohne Ihr Kind) über Ihre eigenen Spielerfahrungen in der Kindheit auszutauschen. Sie können Ihre Erinnerungen auch in einem Tagebuch festhalten. Hier einige Fragen, um Ihrem Gedächtnis auf die Sprünge zu helfen:

1. Was war Ihr Lieblingsspielzeug als Kind? Was haben Sie besonders gern damit gespielt? Mit wem?
2. Gibt es ein bestimmtes Spielzeug, das Sie sich brennend gewünscht, aber nie bekommen haben? Was war das? Wo haben Sie es gesehen?
3. Was war Ihr Lieblingsspiel als Kind? Mit wem haben Sie es gespielt? Welche Gefühle hat es bei Ihnen ausgelöst?
4. Denken Sie an eine Situation zurück, in der Ihr Vater oder Ihre Mutter mit Ihnen gespielt haben. Welches Spiel war es? Welches Gefühl hatten Sie dabei? War es angenehm oder unangenehm? Wünschten Sie, Ihre Eltern hätten häufiger mit Ihnen gespielt?
5. Welche Erinnerungen verknüpfen Sie mit dem Begriff »Wettbewerb«? Was haben Sie nach einem Sieg empfunden? Und nach einer Niederlage?
6. Wurden Sie jemals wegen Ihrer Spielgewohnheiten oder der Spielsachen kritisiert, die Sie sich ausgesucht hatten?

Bringen Sie die Gefühle im Hinblick auf das Spiel Ihres Kindes zum Ausdruck

1. Welche der folgenden Sätze spiegeln die Gefühle für Ihr Kind wider? Nehmen Sie sich Zeit, um Ihre Gefühle zum Ausdruck zu bringen und ihrem Ursprung auf den Grund zu gehen (im Gespräch mit einem anderen Erwachsenen oder indem Sie sie niederschreiben).

   - Ich genieße es, mit meinem Kind zu spielen.
   - Ich bin genervt, wenn mein Kind fortwährend verlangt, dass ich mit ihm spiele.
   - Ich wünschte, mein Kind würde öfter allein spielen.
   - Ich wünschte, mein Kind würde mich öfter mitspielen lassen.
   - Ich bin erbost darüber, dass mein Kind ständig gewinnen will. Ich ärgere mich, wenn mein Kind seine eigenen Spielregeln erfindet.
   - Ich ärgere mich, wenn mein Kind beim Spielen schummelt.
   - Ich werde ungeduldig, wenn mein Kind herumalbert.
   - Ich langweile mich, wenn ich immer wieder dieselben Spiele spielen muss.
   - Ich bin besorgt wegen der Spielsachen, die sich mein Kind aussucht.
   - Ich fürchte, dass mein Kind zu viel (zu wenig) Spielzeug haben könnte.
   - Weitere Gefühle?

2. Widmen Sie Ihrem Kind eine halbe Stunde lang Ihre ungeteilte Aufmerksamkeit und überlassen Sie ihm die Entscheidung, was es mit dieser Zeit anfangen möchte. Machen Sie bei seinen Spielen mit, wenn es Sie dazu auffordert, aber verzichten Sie darauf, dabei – gleich, in welcher Form – die Regie zu überneh-

men. Achten Sie in dieser Zeit bewusst auf Ihre Gefühle. Sprechen Sie später mit einem anderen Erwachsenen darüber oder halten Sie Ihre Wahrnehmungen in einem Tagebuch fest.

Sorgen Sie für sich selbst

1. Sind Ihre Grundbedürfnisse erfüllt? Werfen Sie einen Blick auf die folgende Liste und markieren Sie diejenigen Punkte, bei denen Nachholbedarf besteht. Denken Sie im Anschluss über konkrete Schritte nach, diesen legitimen Bedürfnissen gerecht zu werden.

   - Zeit für sich selbst.
   - Zeit mit Ihrem Ehe- oder Lebenspartner.
   - Kuscheln/Berührung/Sex.
   - Zeit für Spiele/Freizeitaktivitäten.
   - Ausruhen/Schlafen.
   - Nahrhafte Mahlzeiten.
   - Sport/mehr Bewegung.
   - Sinnvolle Arbeit/berufliche Tätigkeit.
   - Netzwerk aufbauen (mit Familie oder Freunden).
   - Angehört werden.
   - Gelegenheiten, Gefühlen freien Lauf zu lassen (reden, lachen, weinen).
   - Unterstützung bei Ihren Erziehungsaufgaben.
   - Weitere Bedürfnisse?

2. Bauen Sie gemeinsam mit anderen Eltern eine Spielgruppe oder ein unterstützendes Netzwerk auf. Sie müssen Ihr Kind nicht isoliert großziehen.

3. Welche Spiele oder Freizeitaktivitäten geben Ihnen heute Kraft

(zum Beispiel Tennis, Schach, Kartenspiele, Tanzen, Spazierengehen, Singen, Filmeanschauen und so weiter)? Versuchen Sie, einige dieser Freizeitaktivitäten in Ihrem Leben fest einzuplanen (mit oder ohne Ihr Kind).

Zweiter Teil

Bindungsspiele zur Lösung von Erziehungsproblemen

Spiel und Lachen eignen sich hervorragend zur Lösung von Erziehungsproblemen. In diesem Teil des Buches finden Sie eine Auswahl spielerischer Ansätze, um typische Eltern-Kind-Konflikte in den Griff zu bekommen. Sie tragen dazu bei, Grenzen zu setzen und die Kooperationsbereitschaft Ihres Kindes zu fördern, ohne dass Sie auf Strafen und Belohnungen zurückgreifen.

Kinder, die mit Stress oder unbewältigten traumatischen Ereignissen zu kämpfen haben, legen oft ein aggressives Verhalten an den Tag, leisten Widerstand, wenn sie zu Bett gehen sollen, oder weigern sich schlicht, Bitten und Anordnungen Folge zu leisten. Daher ist die Förderung des Heilungsprozesses bei seelischen Belastungen und Erschütterungen ein unverzichtbares Element einer straffreien Erziehung. Im dritten Teil des Buches wird erläutert, wie Bindungsspiele Kindern helfen, schwierige Zeiten durchzustehen und Traumata zu verarbeiten. Einige dieser Kapitel könnten für die Erziehungsprobleme, denen Sie sich möglicherweise gegenübersehen, also gleichermaßen relevant sein.

1. Kapitel

Einführung in die straffreie Erziehung

Einige Eltern zögern, Spiele zur Lösung von Konflikten mit ihren Kindern einzusetzen, weil Erziehung für sie ein ernstes Thema ist und sie fürchten, dass ein spielerischer Ansatz das unerwünschte Verhalten nur noch verfestigt. Sie sehen ihre Aufgabe darin, Regeln festzulegen, angedrohte Konsequenzen umzusetzen und ihren Kindern beizubringen, dass sie folgsam sind. Diese »Erziehung zur Gehorsamkeit« erfordert jedoch den Einsatz von Strafen und hat ihre Tücken.

Forschungsergebnisse belegen, dass körperliche Strafen wie Prügel mehr schaden als nutzen, aggressives Verhalten intensivieren und im späteren Leben zu Ängsten oder Depressionen führen können. Selbst gewaltlose Konsequenzen wie der Entzug von Beachtung oder Privilegien haben zahlreiche Nachteile. Zimmerarrest (Auszeit) kann beispielsweise zur Folge haben, dass sich Kinder in einer Zeit, in der sie besonders viel Liebe und Zuwendung brauchen, im Stich gelassen fühlen. Dazu kommt, dass solche Maßnahmen die wahren, tieferen Ursachen des kindlichen Verhaltens außer Acht lassen.

Natürlich ist es möglich, Kinder durch die Androhung unliebsamer Konsequenzen gefügig zu machen, doch diese Form der Folgsamkeit beruht nicht auf einer echten, authentischen Kooperationsbereitschaft, wie sie durch bestimmte Spielformen gefördert wird. Jeder, der über ein gewisses Maß an Macht verfügt, kann jemanden mit weniger Macht zwingen, sich seinem Willen zu unterwerfen, eine Konstellation, die zweifellos auf Eltern und Kinder zutrifft. Sie sollten sich also überlegen, worauf es Ihnen in der Erziehung wirklich ankommt. Wie sollte die Beziehung zu Ihrem Kind beschaffen sein?

Ein großes Problem beim Einsatz von Strafen (mit und ohne Gewaltanwendung) besteht darin, dass die Beziehung zu Ihrem Kind darunter leidet und dazu führen kann, dass es irgendwann einen heimlichen Groll gegen Sie entwickelt. Viele Kinder, wenngleich nicht alle, rebellieren als Heranwachsende. Diejenigen, die eine straffreie Erziehung genossen haben, sind in der Regel weniger renitent. Teenager stellen die Werthaltungen und Lebensführung ihrer Eltern üblicherweise infrage, um ihre eigene Identität zu »schmieden«, doch dieser Individuationsprozess kann durchaus im Rahmen einer engen, liebevollen Beziehung zu den Eltern erfolgen, ohne einen Aufstand – gleich, welcher Art – zu proben.

Manche Eltern verzichten auf Strafen in der Erziehung und versuchen stattdessen, ihre Kinder mit Küssen und Umarmungen, Goldsternchen, Eiskrem, Privilegien und anderen Belohnungen zum Wohlverhalten zu motivieren. Obwohl dieser Ansatz humaner ist als Bestrafung, haben auch Belohnungssysteme ihre Tücken. Ein Nachteil ist, dass sie nicht mehr greifen, wenn Kinder älter und eigenständiger werden. Die Aussicht auf Süßigkeiten verliert ihre Motivationskraft, wenn ein Kind sie selbst von seinem Taschengeld kaufen kann.

Ein weiteres Problem ist, dass sich der Einsatz von Belohnungen als Bumerang erweisen kann, denn er verändert den Grund für die Befolgung der Verhaltensregeln. Ihr Kind kommt Ihren Wünschen und Anordnungen vielleicht nur wegen der in Aussicht gestellten Belohnung nach, aber nicht, weil es lernt, auf Ihre Bedürfnisse oder das Wohl der Familie Rücksicht zu nehmen. Äußere Motivationsfaktoren können Kooperationsbereitschaft und Altruismus untergraben, Charaktereigenschaften, die sich noch in der Entwicklung befinden. Wenn die Belohnungen später ausbleiben, sieht Ihr Kind unter Umständen keinen Grund, Ihren Bitten und Anforderungen aus eigenem Antrieb nachzukommen, weil es von äußeren Motivationsfaktoren abhängig geworden ist. Es war vielleicht sogar außerstande, die von Ihnen gewünschten Wertvorstellungen zu verinnerlichen.

Zahlreiche Studien haben die Kehrseiten des Belohnungssystems nachgewiesen, die sich negativ auf die intrinsische Motivation auswirken können, wie Psychologen die von innen her, aus eigenem Antrieb durch Interesse an der Sache erfolgenden Beweggründe nennen. Kinder, die extrinsisch (aufgrund äußerer Antriebe) motiviert sind, werden von anderen abhängig, die ihr Verhalten mit diesen äußeren Anreizen steuern, und büßen oft sogar ihr gesundes Urteilsvermögen ein. Das kann im späteren Leben zu misslichen Situationen führen. Wenn solche Kinder älter werden, suchen sie sich oft neue Bündnispartner, die interessantere Belohnungen als Ihre Goldsterne zu bieten haben, und machen sich nicht die Mühe, die Aufrichtigkeit oder Integrität der Person zu hinterfragen.

Bevor Sie versuchen, das Verhalten Ihres Kindes zu ändern, sollten Sie sich fragen: »Wie soll sich mein Kind verhalten?« Und: »Welche Beweggründe sollten zum gewünschten Verhalten führen?« Die folgenden Beispiele machen die beiden Motivationsarten (intrinsische und extrinsische Motivation) anschaulich:

- Möchten Sie, dass Ihre vierjährige Tochter aufhört, die Katze am Schwanz zu ziehen, um dem angedrohten Zimmerarrest zu entgehen? Oder weil sie Tiere respektiert?
- Möchten Sie, dass Ihr sechsjähriger Sohn den Tisch deckt, um von Ihnen einen Goldstern als Belohnung für den Tag und eine Extrabelohnung am Ende der Woche zu erhalten? Oder weil er sich als Teil der Familie fühlt und seinen Beitrag leisten will?
- Möchten Sie, dass Ihre achtjährige Tochter Bücher liest, um in der Schule Sternchen oder gute Noten zu erhalten? Oder weil ihr Lesen Spaß macht?

- Möchten Sie, dass Ihr zehnjähriger Sohn sein Zimmer aufräumt, damit er fernsehen darf? Oder weil er Harmonie und Ordnung schätzt?
- Möchten Sie, dass Ihre Kinder friedlich miteinander umgehen, weil Zimmerarrest droht, wenn sie sich prügeln? Oder weil sie sich lieben und einander nicht verletzen wollen?

Ein spielerischer Erziehungsansatz ist eine der Komponenten, aus denen sich straffreie, demokratische Erziehungsmaßnahmen zusammensetzen. Die Vorschläge und Tipps in diesem Abschnitt des Buches sollen Ihnen helfen, ohne Belohnungen und Strafen auszukommen, eine gute Beziehung zu Ihren Kindern aufzubauen und zu bewahren und damit ihrem späteren Bedürfnis nach Auflehnung entgegenzuwirken. Hier handelt es sich um eine kindzentrierte Herangehensweise, die nichts mit absoluter Regelfreiheit zu tun hat. Im Gegenteil, Sie stärken dadurch Ihre Fähigkeit, unerlässliche Grenzen zu setzen und die Kooperationsbereitschaft Ihres Kindes zu gewinnen. Darüber hinaus hilft sie Ihnen, diese Ziele zu erreichen und gleichzeitig das gesunde Urteilsvermögen und die Werthaltungen zu vermitteln, die Sie sich für Ihr Kind wünschen.

Das Ziel einer straffreien Erziehung besteht darin, die Sicherheit des Kindes zu gewährleisten, ihm die Informationen zukommen zu lassen, die es braucht, um im späteren Leben gute Entscheidungen treffen zu können, und ihm beizubringen, die langfristigen Folgen seines Verhaltens zu berücksichtigen (keine künstlichen, von den Eltern angedrohten Konsequenzen, sondern die Auswirkungen, mit denen es im realen Leben konfrontiert wird). Effektive Erziehungsmaßnahmen basieren auf einer starken Eltern-Kind-Beziehung und dem inhärenten Wunsch des Kindes, sich zugehörig zu fühlen, einen aktiven Beitrag zu leisten und zu lernen.

Eine straffreie Erziehung bietet weder Patentrezepte noch vorgefertigte Problemlösungen. Jeder Konflikt ist einzigartig und fordert eine kreative, der Situation angepasste Lösung. Dieser individuelle Ansatz erfordert mehr Geduld und Anstrengung als der Einsatz von Strafen und Belohnungen, doch die Ergebnisse sind die Mühe wert. Wenn Sie machtbasierte Kontrollmethoden vermeiden und Ihr Kind mit Liebe und Respekt behandeln, wird es sicher bereitwillig mit Ihnen kooperieren und anderen einfühlsam begegnen.

2. Kapitel

Die Kooperationsbereitschaft fördern

Das Spiel kann eine gute Methode sein, jüngere Kinder zur Kooperation anzuspornen. Im Alter von ungefähr fünfzehn Monaten beginnt bei Kindern die Phase der Autonomie oder »Abnabelung«, die mehrere Jahre andauern kann. In diesem Zeitraum lautet das bevorzugte Wort »Nein«. Ihre Tochter, eineinhalb Jahre alt, nimmt vielleicht Reißaus, wenn Sie ankündigen, dass es Zeit zum Windelwechsel ist. Ihr dreijähriger Sohn weigert sich, zur Toilette zu gehen, bevor er ins Auto einsteigt, obwohl Sie wissen, dass er unterwegs muss. Auch ältere Kinder mauern, sobald es gilt, den Anordnungen der Eltern Folge zu leisten. Wenn Sie Ihre achtjährige Tochter auffordern, sich endlich anzuziehen, oder von Ihrer Zwölfjährigen verlangen, das von ihr angerichtete Chaos im Wohnzimmer zu beseitigen, stellen sie sich taub. Viele Eltern sind dann frustriert und wissen nicht, wie sie mit diesem störrischen Verhalten umgehen sollen.

Sie könnten versucht sein, hart durchzugreifen. Doch wenn Sie Ihrem Kind mit Zimmerarrest, dem Verlust von Privilegien oder Strafen anderer Art drohen, erreichen Sie vielleicht vorübergehend, dass es sich fügt – doch auf Kosten der Beziehung zu ihm. Dazu kommt, dass Kinder ohnehin dazu neigen, sich gegen die Autorität der Eltern aufzulehnen, sobald sie können, vor allem während der Pubertät, aber auch früher.

Einige Eltern haben sich für das entgegengesetzte Extrem entschieden. Sie versuchen, ihre Kinder von klein auf zur Kooperation zu bewegen, indem sie ihnen die eigenen Bedürfnisse erklären und sie formvollendet darum bitten, der Aufforderung Folge zu leisten. Auf dem Spielplatz sagt eine Mutter beispielsweise zu ihrer zweijährigen Tochter: »Jetzt ist es Zeit heimzugehen, weil ich das

Abendessen machen muss. Bist du so nett und steigst in den Buggy?« Mit dieser geschliffenen Methode mögen Sie bei Erwachsenen Ihr Ziel erreichen, doch bei jüngeren Kindern zeigt sie selten die beabsichtigte Wirkung. Ein Kind, das keine Lust hat aufzubrechen, wird einfach Nein sagen und weiterspielen. Das ist eine ehrliche Antwort auf die Bitte der Mutter. Dieses Problem lässt sich vermeiden, wenn Sie Ihrem Kind keine Wahl in Hinblick auf das gewünschte Verhalten lassen. Wenn etwas nicht verhandelbar ist, macht es keinen Sinn, Ihrem Kind den illusorischen Eindruck zu vermitteln, die Entscheidung läge bei ihm und es stünde in seiner Macht, abzulehnen. Es gibt bessere, spielerische Möglichkeiten, die Kooperationsbereitschaft Ihrer Kinder zu wecken.

Bei unmittelbaren Konflikten

Kinder finden viele Dinge, die sie tun sollen, entweder langweilig oder unangenehm. Ihnen fehlt das innere Bedürfnis, die Zähne zu putzen, während der Autofahrt im Kindersitz angeschnallt zu bleiben, ihr Spielzeug wegzuräumen oder zu baden. Bei jüngeren Kindern haben Sie drei Möglichkeiten, die Kooperationsbereitschaft zu fördern, ohne mit Belohnungen oder Strafen zu arbeiten: Erklärungen geben, Wahlmöglichkeiten anbieten und die Aktivität als Spiel gestalten.

Erstens ist es wichtig, Erklärungen zu geben und Gründe zu nennen. Sagen Sie Ihrem Kind klipp und klar, warum Sie möchten, dass es Ihrer Bitte oder Forderung nachkommt, zum Beispiel: »Du bist besser gesichert, wenn du im Kindersitz angeschnallt bist. Sonst könntest du dir den Kopf anstoßen, wenn ich unverhofft bremsen muss.«

Zweitens ist es immer von Vorteil, Alternativen anzubieten, weil man Kindern dadurch ermöglicht, sich eigenständig und weniger kontrolliert zu fühlen. Hier einige Beispiele: »Willst du das rote oder das blaue T-Shirt anziehen?« – »Wer soll dir heute Abend die Zähne putzen, Mama oder Papa?« – »Was soll ich dir als Snack während der Autofahrt mitgeben?« Damit geben Sie Ihrem Kind nicht die Möglichkeit, zu entscheiden, ob es sich anziehen, die Zähne putzen oder ins Auto einsteigen will, denn diese Verhaltensweisen sind nicht verhandelbar. Die Wahlmöglichkeiten betreffen ausschließlich die damit verbundenen Umstände.

Und drittens können Sie die Aktivität in ein Spiel verwandeln, das Spaß macht. Dahinter steht die Idee, Ihr Kind als Verbündeten zu gewinnen. Wenn es Ihnen gelingt, aus einer Bitte oder Aufforderung ein Spiel zu machen, wird es eher bereit sein, Ihrem Wunsch zu entsprechen.

Die beiden folgenden Beispiele zeigen spielerische Möglichkeiten, Kooperationsbereitschaft zu erzielen, in diesem Fall bei meinen eigenen Kindern.

Als Nicky zwei Jahre alt war, spielte er gern mit einer Maus-Handpuppe, die Gefühle und Bedürfnisse hatte. Wenn er Hunger verspürte, verlangte die Maus ebenfalls etwas zu essen. Wenn ich ihm eine Geschichte vorlas, musste ich auch ihr etwas vorlesen. Das brachte mich auf die Idee, Nicky mithilfe der Maus zu bestimmten Verhaltensweisen zu bewegen. Wenn ich mir die Maus auf die Hand setzte und mit piepsiger Stimme eine Bitte äußerte (zum Beispiel, die Zähne zu putzen), leistete er meistens bereitwillig Folge.

Als Sarah vier war, sträubte sie sich oft, die Toilette zu benutzen, bevor wir aus dem Haus gingen. Wenn ich sie darum bat, weigerte sie sich und behauptete felsenfest, sie müsse nicht. Ich dachte mir ein Spiel aus, bei dem ich das Alphabet aufsagte und ihr Ziel darin bestand, den leidigen Toilettengang hinter sich zu bringen, bevor ich das Ende erreicht hatte. Ich legte los, und wenn ich beim Buchstaben P angekommen war, rief ich mit lauter Stimme »P wie ... Pipi«, was ihr einen Riesenspaß machte. Als sie mit dem Spiel vertraut war, sauste sie bereits zur Toilette, sobald ich sagte: »Komm, wir spielen das Pipi-Alphabet.« Beim Aufsagen wurde ich natürlich langsamer, wenn nötig, damit sie fertig war, bevor ich den Buchstaben Z erreichte.

Eine Mutter schilderte in folgendem Beispiel den spielerischen Ansatz, mit dem sie ihren Sohn motivieren konnte, seine Spielsachen wegzuräumen:

Meinem Sohn (fünf Jahre alt) ist es zuwider, seine Spielsachen wegzuräumen. Oft machen wir daraus ein Spiel, das ich mir ausgedacht habe: Ich verkünde mit lauter, heiterer Stimme, dass ich mehr Bauklötze in die Kiste einräumen kann als er. Ich fange unverzüglich an – mit siegessicherer Miene. Er lässt sich mit Feuereifer auf das Spiel ein, um mich zu besiegen, und ich jammere, wie unfair ich es finde, dass er viel schneller ist. Und dass ich es zu meinem Leidwesen kein einziges Mal schaffe, auch nur einen einzigen Baustein vor ihm einzuräumen.

Das folgende Beispiel zeigt, wie ich alle drei Methoden einsetze, um Kinder zur Kooperation zu motivieren (Erklärungen abgeben, Wahlmöglichkeiten aufzeigen und das gewünschte Verhalten spielerisch fördern):

Ich leite eine Spielgruppe für Eltern und ihre zweijährigen Kinder und hatte den Eltern im Vorfeld ein Skript mit einer Kurzfassung der Strategien an die Hand gegeben, um die Kooperationsbereitschaft ihrer Sprösslinge zu fördern. Später weigerte sich ein kleines Mädchen namens Susie, das draußen im Sandkasten mit einem Plastik-Puppenhaus gespielt hatte, der Aufforderung der Mutter Folge zu leisten und mit dem Aufräumen zu beginnen.

Die genervte Mutter bat mich um Hilfe, und so ging ich zu Susie, hockte mich zu ihr (auf Augenhöhe) und sagte: »Ich sehe, du hattest viel Spaß mit dem Puppenhaus, aber jetzt ist es an der Zeit, es wieder an seinen Platz zu bringen. Ich habe Hunger und möchte nach Hause zum Mittagessen, aber ich kann erst weg, wenn alle Spielsachen aufgeräumt sind« (Erklärungen und Gründe). Dann fuhr ich fort: »Wie wär's, wollen wir dabei ein Lied singen?« (spielerische Aktivität). »Ja!«, erwiderte sie begeistert. Dann fragte ich: »Und was für ein Lied hättest du gern?« (Wahlmöglichkeit). Sie schlug ein Schlaflied vor. »Gut, das singen wir«, erklärte ich. »Möchtest du das Puppenhaus selber tragen oder soll ich das übernehmen?« (eine weitere Wahlmöglichkeit). »Ich mach das«, lautete die Antwort. Dann schleppte Susie das Puppenhaus vergnügt hinein und räumte es an seinen Platz, während wir gemeinsam sangen.

Susies Mutter, die das Geschehen beobachtet hatte, erklärte später: »Ich konnte nur noch staunen!« Sie hatte ihre Tochter selten so kooperativ erlebt.

Spielerische Möglichkeiten, die Kooperationsbereitschaft jüngerer Kinder zu fördern (in akuten Konfliktsituationen)

- Ein Spiel ausdenken: »Komm, lass uns beide so tun, als wären wir Pferde, die zum Auto galoppieren.«
- Singen: »Jetzt ist es an der Zeit für unser Aufräum-Lied!«
- Eine Geschichte erzählen: »Während du badest, erzähle ich dir eine Geschichte.«
- Herausforderungen oder Ziele, die auf Geschwindigkeit und Teamgeist abzielen: »Lass uns Papa damit überraschen, dass unser Wohnzimmer tipptopp aufgeräumt ist, wenn er nach Hause kommt.«
- Einen Wettbewerb anregen, aber als Machtumkehrspiel, bei dem Sie das Kind gewinnen lassen: »Ich wette, ich kann mehr Bauklötze einräumen als du!«
- Kreative Aktivitäten vorschlagen: »Wir denken uns gemeinsam eine Geschichte aus, während du dich anziehst.«
- Handpuppen benutzen: »Mausie meint, es sei höchste Zeit, sich anzuziehen.«

- Zeit für Nonsens und Albernheiten einplanen: »Jetzt ist es Zeit zum Anziehen. Wo sollen die Socken hin, an die Hände?«
- Eine Aufgabe gemeinsam erledigen, im Wechsel: »Der Tisch muss abgeräumt werden. Dabei können wir uns abwechseln: Jeder sucht sich einen Gegenstand aus, den er in die Küche trägt. Möchtest du anfangen?«
- Eine Aufgabe gemeinsam verrichten, gleichzeitig: »Ich kehre die eine Hälfte des Fußbodens und du die andere. In der Mitte fegen wir den Schmutz zu einem Haufen zusammen, dann können sich unsere Besen gegenseitig begrüßen.«

Diese Vorschläge lassen sich altersgerecht abwandeln. Sie sollten nicht davon ausgehen, dass Ihre Kinder zu alt sind, um auf Spielangebote zu reagieren. Halten Sie daher nach Gelegenheiten Ausschau, Aktivitäten spielerisch zu gestalten. Hier ein Beispiel für den Einsatz der Spielstrategie bei älteren Kindern:

Als meine Tochter zehn war, nahm sie an einem Wochenendcamp der Pfadfinder teil, für das ich mich als ehrenamtliche Helferin zur Verfügung gestellt hatte. Die Pfadfindergruppe bestand aus zwanzig Mädchen im Alter von zehn bis zwölf Jahren. Nach unserer Ankunft auf dem Lagerplatz gesellten wir uns anderen Gruppen zu, die sich in einem riesigen Gemeinschaftsraum eingefunden hatten. Während wir auf die Begrüßungsrede mit Informationen über den Ablauf des Wochenendes warteten, rannten etwa hundert Mädchen kreuz und quer durcheinander, lachten und kreischten in höchsten Tönen. Ringsum herrschte das reinste Chaos, und ich überlegte, was in aller Welt mich bewogen haben konnte, mir das anzutun!

Die Leiterin unserer Gruppe bat die Mädchen wiederholt, sich hinzusetzen und leiser zu sein, doch nur wenige kamen der Aufforderung nach. Ich sah, dass sie zunehmend ungeduldiger und frustrierter wurde; also setzte ich mich im Schneidersitz auf den Boden und begann, rhythmisch in die Hände und auf die Oberschenkel zu klatschen. Ich sagte kein einziges Wort, aber kurz darauf nahmen einige Mädchen neben mir Platz und taten es mir nach. Ich schlug vor, einen Kreis zu bilden. Als alle zwanzig Mädchen unserer Gruppe im Kreis saßen und im gleichen Takt klatschten, erklärte ich ihnen, wie man daraus ein kooperatives Rhythmusspiel machen könnte. Die Mädchen waren begeistert. Die anderen Gruppen hatten das Geschehen beobachtet und kamen ebenfalls zur Ruhe. Wir spielten weiter, bis die Begrüßungsrede begann.

Wenn kein unmittelbarer Konflikt droht

Die bisherigen Vorschläge beziehen sich auf Strategien, um die Kooperationsbereitschaft in akuten Konfliktsituationen mit Ihrem Kind zu fördern. Ein anderer Ansatz besteht darin, den Konflikt spielerisch anzugehen, und zwar in einer Zeit, in der Friede herrscht. Viele Konflikte mit Kindern treten wiederholt auf, deshalb kann es von Vorteil sein, die Themen in spielerische Aktivitäten zu integrieren. Wenn Sie sich nicht in Zugzwang befinden, weil keine unmittelbare Notwendigkeit besteht, Ihr Kind zur Kooperation zu bewegen, sind alle Konfliktparteien entspannter, urteilen unvoreingenommener und haben den Kopf frei, über kreative Lösungen nachzudenken. Die Strategien, mit denen Sie einen Konflikt thematisieren, richten sich nach dem Alter des Kindes.

Von der Geburt bis zum zweiten Lebensjahr. Bei kleinen Kindern finden Sie immer einen Weg, um einen Konflikt in einer entspannten Situation anzusprechen, indem Sie beispielsweise ein spielerisches Szenario mit genau den Objekten schaffen, die den Stein des Anstoßes bilden. Hier ein Beispiel:

Der zehn Monate alte Marco mochte nicht in seinem Kindersitz angeschnallt werden, und sein Vater musste jedes Mal kämpfen, um das zu bewerkstelligen. Er hatte es mit verschiedenen spielerischen Methoden versucht, aber damit nur zeitweilig Erfolg gehabt. Ich schlug dem Vater vor, den Kindersitz ins Haus zu holen und ihn auf den Fußboden im Wohnzimmer zu stellen. Marco sollte die Gelegenheit erhalten, um den Sitz herumzukrabbeln, ihn zu erkunden und aus eigenem Antrieb hineinzuklettern. Der Vater sollte hinter dem Autositz Verstecken spielen oder seinem Sohn auf allen vieren nachlaufen, um ihn zu fangen.

Er probierte es, und nach einigen Tagen ließ sich Marco bereitwillig in seinen Kindersitz verfrachten, wenn eine Autofahrt bevorstand. Das freie Spiel hatte Marco gestärkt und ermöglicht, seine Frustration und Wut durch Lachen freizusetzen und gleichzeitig positive Assoziationen mit dem Kindersitz zu entwickeln.

Wenn sich Ihre kleine Tochter gegen das Zähneputzen sträubt, können Sie ihr die Zahnbürste zu einem anderen Zeitpunkt zum Spielen geben, zum Beispiel, wenn sie in ihrem Hochstuhl sitzt. Sobald sie das Interesse daran verliert, denken Sie sich lustige kleine Spiele aus. Machen Sie beispielsweise Quietschgeräusche, wenn sie Ihre Nase mit der Zahnbürste berührt (Kontingenzspiel).

Unkooperatives Verhalten kann von einer unbewältigten traumatischen Erfahrung herrühren. Der achtzehn Monate alte Sohn einer meiner Klientinnen machte jedes Mal einen Aufstand, wenn er in seinem Kindersitz angeschnallt werden sollte. Die Enge machte ihm mehr zu schaffen als bei Kindern seines Alters üblich. Vor der Geburt hatte sich die Nabelschnur um seinen Hals und Arm gewickelt, die seine Bewegungsfreiheit in der Gebärmutter einschränkte und eine Entbindung per Notfallkaiserschnitt unumgänglich machte. Seine Eltern waren überzeugt, dass der Autositz eine körperliche Erinnerung an dieses frühkindliche Trauma auslöste. In solchen Fällen kann das zuvor beschriebene Spiel, bei dem viel gelacht wird, besonders effektiv sein. (Weitere Informationen über die Förderung von Heilungsprozessen bei Kindern mit einem Geburtstrauma finden Sie im dritten Teil des Buches.)

Unkooperatives Verhalten kann auch bedeuten, dass sich Ihr Kind behaupten muss. Dieses Bedürfnis kommt im Alter von circa fünfzehn Monaten auf, wenn sein Lieblingswort »Nein« ist. Dies ist ein gutes Alter, um Machtumkehrspiele einzuführen und Ihrem Kind zu ermöglichen, sich in seiner Welt, die so häufig von Erwachsenen kontrolliert wird, vom Gefühl der Machtlosigkeit zu befreien. Solche Spiele erhöhen seine Bereitschaft, Ihren Wünschen Folge zu leisten. Obwohl Sie keinen spezifischen Konflikt ansprechen, greifen Sie das tiefer verwurzelte Thema der Kooperation auf.

Ich begann, mit meinem Sohn einfache Machtumkehrspiele zu spielen, als er noch im Kleinkindalter war. Hier ein Beispiel:

Als mein Sohn fünfzehn Monate alt war, lief er mir oft davon, wenn ich ihm eröffnete, es sei nun an der Zeit, die Windeln zu wechseln. Er sträubte sich außerdem dagegen, angezogen zu werden, obwohl er es noch nicht allein konnte. Ich entschied, dass es an der Zeit war, Machtumkehrspiele mit ihm zu spielen.

Eines Tages, als ich neben ihm auf dem Bett saß, stieß ich ihn sanft und spielerisch um – zu »Demonstrationszwecken«. Dann forderte ich ihn auf, mich umzuschubsen. Als er mir einen kleinen Stoß versetzte, täuschte ich Schwäche vor und ließ mich wie vom Blitz getroffen auf das Bett fallen. Das brachte ihn zum Lachen, und er brannte darauf, den Ablauf mehrmals zu wiederholen. Wir spielten dieses Spiel oft, und ich stellte fest, dass er nach diesen Spielsitzungen kooperativer war.

Zwei bis acht Jahre. Sobald Ihr Kind in der Lage ist, Symbole zu verstehen (ungefähr mit eineinhalb bis zwei Jahren), sind Symbolspiele eine gute Möglichkeit, ständig wiederkehrende Konflikte in den Griff zu bekommen, wenn sie gerade nicht akut sind. Mithilfe einer frei erfundenen Geschichte können Sie die Kontroverse nachspielen und ihr einen humorvollen Anstrich geben, der Ihr Kind zum Lachen bringt. Wenn sich Ihre Tochter beispielsweise wiederholt gegen das Zähneputzen wehrt, denken Sie sich eine Zahnputzgeschichte mit Puppen, Handpuppen oder Plüschtieren aus (zum Beispiel einer Hasenfamilie). Übernehmen Sie sowohl die Rolle der Hasenmutter als auch die des Hasenkindes, das sich nicht die Zähne putzen lassen will. Sie können das Szenario in ein Nonsensspiel verwandeln, wenn Sie die Einwände und den Widerstand des Hasenkindes maßlos übertreiben.

Oder Sie übertragen die Rolle des kleinen Häschens Ihrer Tochter und inszenieren ein Machtumkehrspiel, in dem Sie als Hasenmutter völlig hilflos auf den Konflikt reagieren, bitten und betteln. Leiten Sie aus dem Gelächter Ihres Kindes Hinweise auf das Rollenverhalten ab, das Sie an den Tag legen sollten. Möglicherweise zeichnen sich dabei potenzielle Konfliktlösungen ab, dass es Ihrer Tochter beispielsweise gefallen würde, wenn sich Hasenmutter und Hasenkind gemeinsam die Zähne putzen.

Acht bis zwölf Jahre. Wenn Kinder für Symbolspiele mit Puppen, Handpuppen oder Plüschtieren zu alt werden, können Sie ein Rollentauschszenario entwickeln, das sich um den Konflikt rankt. Fordern Sie Ihr Kind auf, die Elternrolle zu übernehmen, während Sie das rebellische, unkooperative Kind spielen. Diese Strategie, eine Variante des Machtumkehrspiels, kann viel Gelächter hervorbringen und dazu beitragen, Spannungen abzubauen und die Kooperationsbereitschaft zu stärken. Sie lässt sich auch bei Teenagern einsetzen. Möglicherweise gewinnen Sie dabei sogar wichtige Erkenntnisse über Ihr eigenes Verhalten, wenn Ihr Kind Sie nachahmt!

Einige Verhaltensregeln, die Sie einfordern, stehen in keinem Zusammenhang mit Ihren eigenen Bedürfnissen oder der Gesundheit und Sicherheit Ihres Kindes. Zu den typischen Konflikten in diesem Bereich gehören das Aufräumen des Kinderzimmers und das Kämmen der Haare. In solchen Fällen kann es klug sein, sich zurückzunehmen und zuzulassen, dass Kinder die natürlichen Konsequenzen ihres Verhaltens zu spüren bekommen. Wenn Sie mit Ihrem Latein am Ende sind, weil Sie Ihre Tochter partout nicht dazu bringen, das Chaos in ihrem Zimmer zu beseitigen, erklären Sie ihr einfach, sie sei alt genug, selbst für Ordnung in ihren vier Wänden zu sorgen. Vielleicht muss sie am eigenen Leib erfahren, wie ärgerlich es ist, wenn man nichts wiederfindet, bevor sie aus eigenem Antrieb aufzuräumen beschließt. Wenn das Durcheinander Sie stört, machen Sie einstweilen ihre Zimmertür zu. Und sollte sich Ihre Tochter gegen die Haarpflege sperren, überlassen Sie ihr die Entscheidung, ob sie sich kämmen will. Die natürliche Folge wäre, dass die Haare verfilzen oder andere abfällige Bemerkungen über ihr Aussehen machen. Obwohl es sich hier nicht um einen spielerischen Ansatz handelt, lernen Kinder auf diese Weise, die Verantwortung für ihr eigenes Leben zu übernehmen, und Sie haben die Gelegenheit, sich auf Wichtigeres zu konzentrieren.

Wenn Sie Themen wie Kooperation und Regelbefolgung mit Blick auf Ihre langfristigen Ziele betrachten, besteht der erste Schritt darin, Ihr Kind mithilfe bestimmter Spielstrategien für sich zu »gewinnen«, damit es bereitwillig mit Ihnen zusammenarbeitet. Bei anhaltenden Konflikten können Sie diese auf spielerische Weise ansprechen, in Situationen, in denen sie gerade nicht akut sind. Einige Spielformen (beispielsweise Rollentauschszenarien) können noch bei Teenagern wirksam sein. Wenn Ihr Kind älter wird, sollten Sie eher zu Aussprachen und Konfliktlösungen greifen. Beschränken Sie Ihre Bemühungen jedoch auf Konfliktsituationen, die ein echtes Bedürfnis betreffen, und lassen Sie zu, dass Ihr Kind lernt, die Verantwortung für sein Leben zu übernehmen.

Spielerische Aktivitäten zur Förderung der Kooperationsbereitschaft von Kindern (in Konfliktsituationen, die nicht akut sind)

Setzen Sie Spiele ein, um anhaltende Konflikte in Situationen anzusprechen, in denen sie nicht akut sind:

- Von der Geburt bis zum zweiten Lebensjahr: nicht-direktive, kindzentrierte Spiele oder Kontingenzspiele mit realen Objekten, die in Zusammenhang mit dem Konflikt stehen (zum Beispiel den Kindersitz ins Wohnzimmer stellen), Machtumkehrspiele.
- Zwei bis acht Jahre: Symbolspiele, die den Konflikt thematisieren, Nonsensspiele, Machtumkehrspiele.
- Acht bis zwölf Jahre: Konflikte mit Rollen- und Machtumkehrspielen »ausspielen«.

3. Kapitel

Grenzen setzen

Grenzen zu setzen ist ein wichtiges Element der Erziehung, weil es zahlreiche Situationen gibt, in denen man dem Verhalten von Kindern Einhalt gebieten muss. Ihr Kind sollte keinen Freibrief erhalten, zu tun und zu lassen, wonach ihm der Sinn steht. Wenn Sie liebevoll und ohne den Einsatz von Belohnung und Strafe Grenzen aufzeigen, können Sie eine gute, stabile Beziehung zu ihm aufbauen und einer späteren Auflehnung bereits im Vorfeld entgegenwirken.

Die meisten Grenzen lassen sich zwei Kategorien zuordnen: Restriktionen, die für die Gesundheit und Sicherheit Ihres Kindes unabdingbar sind, und solche, die andere Menschen oder die Umwelt schützen. Um die Sicherheit Ihres Kindes zu gewährleisten, können Sie beispielsweise Verhaltensregeln einführen wie »Nicht mit scharfen Gegenständen in der Hand herumlaufen«, »Fahrradfahren nur mit Helm«, oder »Kein Klettern auf Fensterbrettern oder Treppengeländern«. Regeln zum Schutz anderer Menschen oder der Umwelt wären beispielsweise »Wände nicht bemalen«, »Nicht auf Blumen treten« oder »Nicht brüllen, wenn Mama telefoniert«.

Wie bei der Förderung der Kooperationsbereitschaft (siehe 2. Kapitel) tragen einige spielerische Aktivitäten dazu bei, unverzüglich Grenzen zu setzen, während andere die Akzeptanz unvermeidlicher Grenzen langfristig erleichtern. Die nächsten beiden Abschnitte befassen sich mit diesen spezifischen Situationen, in denen unterschiedliche Haltungen Ihrerseits hilfreich sind, um ihrem Kind eine Verhaltensänderung zu erleichtern.

Wenn Sie unverzüglich Grenzen setzen müssen

Wenn Sie ein Verhalten sofort unterbinden müssen, sollten Sie sich an drei Leitlinien orientieren: erklären und begründen, das zugrunde liegende Bedürfnis ermitteln und einen spielerischen Ansatz wählen.

Erklären und begründen. Kinder brauchen und verdienen eine Erklärung, wenn man sie in ihre Schranken weist oder Kooperation von ihnen verlangt. Sobald sie wissen, warum wir erwarten, dass sie sich an bestimmte Regeln halten, sind sie vermutlich eher bereit, sie zu beachten und sich einzuprägen. Kinder vergessen oft die elterlichen Verbote; Sie können also davon ausgehen, dass Sie die Erinnerung Ihres Kindes von Zeit zu Zeit auffrischen und die entsprechenden Erklärungen liefern müssen. Bedenken Sie jedoch, dass Kinder vor dem zweiten Lebensjahr das Konzept von Verhaltensmaßregeln noch nicht begreifen. In diesem Fall sollten Sie die Grenzen als festen Bestandteil in das Umfeld Ihres Kindes einfügen (zum Beispiel für eine kindersichere häusliche Umgebung sorgen) und sein Verhalten zu seinem eigenen Besten im Auge behalten und in sinnvolle Bahnen lenken.

Das zugrunde liegende Bedürfnis ermitteln. Zusätzlich zu den Erklärungen sollten Sie nach Möglichkeiten Ausschau halten, auf das zugrunde liegende Bedürfnis Ihres Kindes einzugehen. Wenn Ihr Sohn beispielsweise die Wände bekritzelt, erklären Sie ihm, warum er Abstand davon nehmen sollte, und bieten Sie ihm Alternativen an: Er könnte zum Beispiel auf Papier, mit Kreide auf einer Tafel oder an einer Staffelei malen. Besorgen Sie das erforderliche Material. Langeweile kann unangenehmes Verhalten zur Folge haben, nehmen Sie deshalb Spielsachen, Bücher oder Brettspiele mit, wenn Sie davon ausgehen können, dass Sie irgendwo warten müssen, beispielsweise in der Arztpraxis oder in der Schlange am Postschalter. Wenn Ihr Kind eine Beschäftigung hat, kommt es nicht auf »dumme Ideen«.

Einen spielerischen Ansatz wählen. Sie können darüber hinaus auch mit spielerischen Aktivitäten Grenzen setzen. Der Einsatz von Nonsensspielen kann besonders wirksam in Situationen sein, in denen Sie Ihr Kind schnellstmöglich als Bündnispartner »gewinnen« müssen, um unangemessene Verhaltensweisen zu unterbinden. Sie können beispielsweise so tun, als wäre Ihr Kind eine Maschine, und sagen: »Ich muss mal schauen, wo der ›Aus‹-Knopf ist.« Dann drücken Sie verschiedene Körperstellen des Kindes (beispielsweise Scheitel oder Nase) auf der Suche nach dem imaginären Knopf, mit dem sich das Verhalten abstellen lässt. Oder Sie schlüpfen in die Rolle des Schurken aus dem Lieblingsbilderbuch Ihres Kindes und befehlen ihm barsch, sein Verhalten auf der Stelle zu beenden. Sagen Sie mit bedrohlicher Stimme: »Ich bin die böse Hexe des Westens und befehle dir: Hör sofort auf, mit deinen Spielsachen herumzuwerfen.«

Eine Mutter schilderte folgendes Beispiel, das zeigt, wie man spielerisch Grenzen setzt:

Eines Tages war ich im Garten damit beschäftigt, Setzlinge einzupflanzen. Mein dreijähriger Sohn funkte ständig dazwischen und drohte an, die zarten Pflänzchen auszureißen. Ich schlug ihm vor, mir bei der Arbeit zu helfen, aber er weigerte sich. Ich war verärgert, doch dann wurde mir klar, dass er sich in Wirklichkeit die Aufmerksamkeit wünschte, die ich den Pflanzen angedeihen ließ. Deshalb sagte ich: »Schatz, lass uns so tun, als wärst du eine kleine Salatgurkenpflanze und ich grabe dich ein, damit du wachsen kannst!« Er stimmte begeistert zu.

Ich hob ein entsprechend großes Loch aus, setzte ihn hinein und bedeckte ihn mit Erde. Ich küsste und umsorgte ihn und sagte Sätze wie: »Was bist du nur für ein süßes kleines Pflänzchen! Ich kann kaum erwarten, dass du wächst und ein paar leckere Gurken hervorbringst.« Dann wässerte ich die Erde und klopfte sie fest. Er genoss jede Minute des Spiels! Danach konnte ich den Rest der Setzlinge in Ruhe einpflanzen.

Die Wirksamkeit spielerischer Erziehungsmethoden leitet sich nicht zuletzt daraus her, dass sie eine liebevolle, innige Beziehung zwischen Eltern und Kind schaffen. Dieses Bindungsbedürfnis könnte der tiefer verwurzelte, primäre Grund für das störrische Betragen eines Kindes sein.

Natürlich kann es vorkommen, dass Sie den Aktivitäten Ihres Kindes auf der Stelle Einhalt gebieten müssen, vielleicht um seiner eigenen Sicherheit willen, und keine Zeit für die Suche nach einer spielerischen Lösung bleibt. Ein offenkundiges Beispiel wäre, wenn ein Kind Anstalten macht, auf die Straße zu laufen. Doch selbst in Situationen, in denen Sie rasch handeln und Ihr Kind körperlich zurückhalten müssen, kann das in einem liebevollen Kontext ohne Strafmaßnahmen geschehen.

Auch wenn das Verhalten Ihres Kindes kein Sicherheitsrisiko, sondern lediglich ein Ärgernis für andere Leute darstellt, sind unter Umständen klare Grenzen erforderlich. Falls Ihr Sohn beispielsweise unbedingt alle Knöpfe im Aufzug drücken will (sodass die Fahrt durch den Aufenthalt in jedem Stockwerk wesentlich länger dauert), kann sein Betragen problematisch sein, vor allem in Gegenwart anderer. Sie haben vermutlich keine andere Wahl, als Ihrem Sohn klipp und klar zu sagen, dass er damit aufhören soll. Falls er das Verbot und Ihre Begründung ignoriert, sollten Sie ihn mit Nachdruck (aber liebevoll) daran hindern fortzufahren, indem Sie beispielsweise seine Arme festhalten. Vielleicht können Sie ihn ein anderes Mal, wenn der Fahrstuhl leer ist, mit den Knöpfen experimentieren lassen, um seine Neugierde zu befriedigen.

Für den Fall, dass sich das aggressive oder nachteilige Verhalten partout nicht bessert, finden Sie im 6. Kapitel (»Wut und Aggression«) weitere Vorschläge für spielerische Interventionsmöglichkeiten. Im dritten Teil des Buches befassen wir uns mit den potenziellen Ursachen für diese Verhaltensweisen Ihres Kindes, wie Stress und Traumata, und zeigen Problemlösungen auf.

Wenn Sie nicht unverzüglich Grenzen setzen müssen

Abgesehen von den Hinweisen, wie Sie das Verhalten Ihres Kindes im Bedarfsfall unverzüglich regulieren sollten, können Sie zu Machtumkehrspielen greifen, bei denen Ihr Kind gegen die Regeln verstößt und Sie ein Drama daraus machen. Dieser spielerische Ansatz mag kurzfristig keine große Hilfe sein (wenn Sie sofort Grenzen setzen müssen), aber er ist langfristig von Nutzen, weil er Kindern die Gelegenheit bietet, sich von Frustration und dem Gefühl der Machtlosigkeit durch das Lachen zu befreien. Nach solchen Spielen sind sie oftmals eher bereit, sich an die Regeln zu halten und die unabdingbaren Einschränkungen in Kauf zu nehmen.

Bei den drei nachfolgenden Spielen – »Mama, darf ich?«, »Tierhöhlenspiel« und »Unsinnige Regeln« – dürfen Kinder nach Lust und Laune gegen die Spielregeln verstoßen. Solche Aktivitäten sind umso wirksamer, je mehr Ihr Kind dabei lacht. Versuchen Sie daher, sie so komisch und absurd wie möglich zu gestalten. Und hier die Spielregeln:

Mama, darf ich? In der herkömmlichen Spielversion stellen sich die Kinder an einem Ende des Raumes oder Gartens auf, während Sie sich allein am entgegengesetzten Ende postieren. Dann geben Sie jedem Kind einzeln Anweisungen, dass es auf bestimmte Weise zu Ihnen vorrücken soll. Sie sagen beispielsweise: »Mach drei

Babyschritte nach vorn.« Bevor es sich in Bewegung setzen darf, muss es fragen: »Mama, darf ich?«, und Sie antworten: »Ja.« Wenn jemand vergisst, um Erlaubnis zu bitten, muss er stehen bleiben. Dann geben Sie dem nächsten Kind Anleitungen – und so weiter. Zu den Fortbewegungsmöglichkeiten gehören Babyschritte, Riesenschritte, Taumeln, Seitwärts- oder Rückwärtslaufen und Sprünge. Auch Hüpfen wie Frösche oder Stampfen wie Elefanten macht Kindern Spaß. Sie können das Spiel kompetitiv oder kooperativ gestalten. Bei einem Wettbewerb hat das erste Kind, das Ihre Position erreicht, gewonnen. Bei einem kooperativen Spiel gibt es weder Gewinner noch Verlierer; es endet mit einer Gruppenumarmung, sobald alle Kinder am Ziel angekommen sind. Das Spiel kann sich auch auf einen Erwachsenen und ein Kind beschränken.

Um den Spaßfaktor und die therapeutische Wirkung zu erhöhen, können die Kinder versuchen, sich Ihnen zu nähern, wenn Sie gerade nicht aufpassen. Finden Sie einen Vorwand, um wegzuschauen oder den Schauplatz des Geschehens kurzfristig zu verlassen. Wenn Sie wieder voll präsent sind, schützen Sie Überraschung vor: »Wieso seid ihr plötzlich so nah? Ich habe euch nicht erlaubt, euch von der Stelle zu rühren!« Wahrscheinlich beginnen alle zu kichern und schleichen sich weiter an, wenn sie sich unbeobachtet glauben.

Sie können auch die Rollen tauschen. Sobald jedes Kind die Grundform des Spiels verstanden hat, lassen Sie es die Mutter (oder den Vater) spielen. Kinder mögen es, Anweisungen und Verbote zu erteilen, insbesondere den eigenen Eltern. Wundern Sie sich nicht, wenn Ihr Kind auf die Frage »Mama, darf ich ...?« vergnügt Nein sagt. Es wird das Spiel noch mehr genießen, wenn Sie so tun, als wären Sie erbost oder frustriert über die Entscheidung. Um die Freude grenzenlos zu machen, müssen Sie nur noch auf die Knie fallen und betteln: »Bitte, Mama. Lass mich nur einen einzigen winzigen Babyschritt vorrücken!«

Tierhöhlenspiel. Spiele mit Höhle, Nest oder Käfig können Ihrem Kind ebenfalls helfen, Regeln und Restriktionen zu akzeptieren. Bauen Sie eine Höhle mit einem großen Plastikreifen auf dem Fußboden, einem Kreidekreis auf dem Gehweg oder einem Seil, das Sie ringförmig auslegen. Erklären Sie Ihrem Kind, es sei ein kleiner Löwe, der in einer Höhle lebe. Sie seien die Löwenmutter und müssten sich vergewissern, dass Ihr Löwenbaby nicht ausreißt. Dann setzen Sie Ihr Kind in den Kreis, drehen sich um oder entfernen sich ein paar Schritte und sagen: »Ich hoffe, mein Löwenkind bleibt brav in der Höhle. Ich muss auf die Jagd gehen, damit wir etwas zu essen haben.« Die meisten Kinder stehlen sich auf leisen Sohlen aus der Höhle. Wenn sich Ihr Kind hinausschleicht, können Sie vorgeben, entrüstet zu sein, es wieder einfangen und in die Höhle zurückbringen. Wiederholen Sie die Szene, sooft Ihr Kind möchte. Sie können auch die Rollen umkehren. Das folgende Beispiel illustriert dieses Spiel:

Als meine Enkelkinder vier und acht Jahre alt waren, benutzte ich einen großen Plastikreifen, um hinten in unserem Garten eine Höhle zu bauen. Ich sagte ihnen, ich sei die Bärenmutter und sie seien meine Bärenkinder. Ich wies sie an, in der Höhle zu bleiben, während ich mich auf die Jagd begab, und erklärte ihnen, im Wald treibe ein Wolf sein Unwesen. Als sie begriffen, dass das Ziel des Spiels darin bestand, die Höhle unbemerkt zu verlassen, genossen sie es, sich klammheimlich davonzuschleichen, wenn sie glaubten, ich würde gerade nicht hinschauen. Ich tat so, als wäre ich wütend, und befahl ihnen mit aller Strenge, keinen einzigen Schritt mehr vor die Höhle zu setzen. Zur Abwechslung spielte dann ein Kind den Wolf (mit einer Wolfsmaske) und das andere den kleinen Bären. Anschließend wurden die Rollen getauscht, und ich stellte das Bärenkind dar. Ich versuchte, die Höhle zu verlassen, und wurde von Mama Bär wieder zurückgedrängt. Am Ende gelang es mir, mich davonzumachen und so zu tun, als würde ich den Wolf nicht bemerken, der hinter mir herlief und mich fing. Die beiden hatten einen Riesenspaß dabei.

Grenzen sind oft unerlässlich, um Kinder vor realen Gefahren zu schützen, beispielsweise einer verkehrsreichen Straße. Im Höhlenspiel diente der Wolf als Metapher für alle potenziellen Gefahren in der großen, weiten Welt, die es erfordern, dem Verhalten von Kindern Restriktionen aufzuerlegen. Das Lachen meiner Enkelkinder könnte also auch darauf hindeuten, dass sie nicht nur ihrer Frustration über Grenzen und Einschränkungen, sondern auch einem Gefühl der Angst freien Lauf ließen.

Unsinnige Regeln. Spiele mit unsinnigen Regeln machen Spaß und haben therapeutische Wirkung. Sie sind vor allem dann zu empfehlen, wenn Sie von autoritären zu strafffreien Erziehungsmethoden überwechseln möchten. Führen Sie sich auf wie ein Diktator, der auf strikte Einhaltung der Regeln besteht. Während des Spiels stellen Sie eine unsinnige Regel auf. Wenn Ihr Kind Anstalten macht, gegen diese zu verstoßen, täuschen Sie Wut vor und versuchen Sie hektisch, ihm Einhalt zu gebieten. Hier einige Beispiele für derartige Regeln:

- Es ist verboten, Fußspuren an der Zimmerdecke zu hinterlassen.
- Es ist verboten, mit vollem Mund zu essen.
- Es ist verboten, auf dem Klavier zu schlafen.
- Du musst dir immer die Zähne putzen, bevor du die Straße überquerst.
- Du darf niemals, unter gar keinen Umständen, die Wahrheit sagen.
- Du darfst kein Hundefutter essen.
- Du darfst deine Spielsachen nur mit meiner ausdrücklichen Erlaubnis aufräumen.
- Du darfst keinesfalls mit deiner Hand meinen kleinen Zeh berühren.

Sagen Sie zum Beispiel mit gespieltem Ernst zu Ihrem Kind: »Es ist verboten, Fußspuren an der Zimmerdecke zu hinterlassen.« Dann legt sich Ihr Kind auf den Rücken und streckt die Beine in die Luft, als wollte es versuchen, seine Fußabdrücke an der Decke zu verewigen. Sie tun so, als wären Sie wütend, und versuchen, es daran zu »hindern«. Ein Spiel, das sicher viel Gelächter hervorbringen wird!

Es steht Ihnen frei, eigene unsinnige Regeln zu erfinden – wie die Mutter in dem folgenden Beispiel:

Mein Sohn (fünf Jahre alt) setzt sich gern über Regeln hinweg, deshalb habe ich begonnen, ihm dafür in entsprechenden Spielsituationen ausreichend Gelegenheit zu bieten. Ich sage beispielsweise: »Wage ja nicht, das Kissen nach mir zu werfen!« Oder: »Ich hoffe, niemand stibitzt die Schüssel mit dem Obstsalat, wenn ich gerade nicht hinschaue.« Ich achte darauf, immer mit spielerischer Stimme zu sprechen, damit er weiß, dass es ein Scherz sein soll, und es macht ihm großen Spaß, genau das zu tun, was ich soeben verboten habe. Ich habe das Gefühl, dass er seither seltener gegen echte Verhaltensmaßregeln verstößt.

Spielerische Aktivitäten, um Grenzen zu setzen

Wenn Sie unverzüglich Grenzen setzen sollten
Nonsensspiele, in denen Sie spielerisch absurde Grenzen setzen (zum Beispiel: Tun Sie so, als wäre Ihr Kind eine Maschine, und suchen Sie nach dem »Aus«-Knopf).
Wenn Sie nicht unverzüglich Grenzen setzen müssen
Machtumkehrspiele, die Ihrem Kind Grenzverletzungen gestatten, während Sie vorgeben, wütend darüber zu sein (zum Beispiel »Mama, darf ich?«, »Tierhöhlenspiel« oder »Unsinnige Regeln«).

4. Kapitel

Sauberkeitserziehung

Viele Eltern haben Schwierigkeiten mit der Erziehung zur Sauberkeit. Wenn man sich für den herkömmlichen Ansatz entscheidet und mindestens bis zum zweiten Lebensjahr des Kindes damit wartet, kann das Töpfchen- oder Toilettentraining völlig reibungslos verlaufen. Manche Eltern verzichten schon gleich nach der Geburt auf den Gebrauch von Windeln und ziehen es vor, auf jeden Hinweis des Kindes zu achten. Doch beide Methoden können Probleme mit sich bringen.

Der Widerstand eines Kindes gegen die Toilettenbenutzung kann verschiedene Ursachen haben, und eine davon ist der Einsatz autoritärer Trainingsmethoden. Wenn Sie das Verhalten Ihres Kindes mithilfe von Belohnungen oder Strafen steuern wollen, wehrt es sich vermutlich gegen Ihren Versuch, Kontrolle auszuüben. Lösen Sie das Problem, indem Sie zu einem nichtautoritären Ansatz übergehen. Überlassen Sie Ihrem Kind die Führung und Entscheidung, wann es Unterwäsche statt Windeln tragen möchte. Statt äußere Belohnungen anzubieten, versuchen Sie die natürliche innere Motivation des Kindes aufzubauen, die Fähigkeiten anderer Kinder und Erwachsener zu entwickeln. Reiten Sie nicht ständig auf Erfolgen und Misserfolgen herum.

Viele Kinder weigern sich nach traumatischen Ereignissen, die Toilette zu benutzen, beispielsweise nach einem Schulwechsel, der Geburt eines Geschwisterkinds, der Scheidung der Eltern, einer Krankheit, einem Klinikaufenthalt oder nach einem Todesfall in der Familie. Kinder, die unter Stress und Traumata dieser Art leiden, werden häufig später als ihre Altersgenossen trocken und sauber oder erleben einen Rückschlag, wenn sie vorher ohne Windel ausgekommen sind.

Einige Kinder assoziieren Ereignisse mit dem Toilettengang, die sie erschrecken, zum Beispiel, wenn das Klo einmal verstopft oder der Stuhlgang schmerzhaft war. Nach solchen Erfahrungen weigern sich manche, die Toilette zu benutzen, und ziehen sich aus Angst vor der Darmentleerung eine massive Verstopfung zu. Auch eine angstauslösende Begebenheit, die in keinem Zusammenhang mit der Darmentleerung steht, aber genau zu dem Zeitpunkt erfolgt, wenn das Kind auf dem Topf sitzt, kann zu Widerstand und Verstopfung führen (wenn es draußen beispielsweise donnert).

Falls der Widerstand Ihres Kindes gegen die Sauberkeitserziehung auf Stress oder traumatische Erfahrungen zurückzuführen ist, können Symbolspiele mit Requisiten oder Themen helfen, die sich auf das Sauberkeitstraining beziehen. Therapeuten haben festgestellt, dass das freie Spiel mit braunem Ton/Knetmasse (die Fäkalien repräsentieren) zur Überwindung von Verstopfungen beitragen, die auf psychologischen Ursachen basieren. Fordern Sie Ihr Kind zu Spielen mit Puppen und Plüschtieren, einem Topf für seine Größe, Puppenwindeln und Unterhosen, braunem Ton beziehungsweise Knetmasse auf.

Nachdem Sie das Zubehör beschafft und das Spiel initiiert haben, überlassen Sie Ihrem Kind die Führung, aber nehmen Sie auch weiterhin aktiv am Spielgeschehen teil. Der Heilungsprozess ist weniger wirksam, wenn Sie sich ausklinken. Das interaktive Element des gemeinsamen Spiels ist unverzichtbar für die Überwindung des Problems, wobei keine Notwendigkeit besteht, den Spielverlauf zu analysieren.

Wenn Ihr Kind sich nicht spontan auf ein freies Spiel mit diesen Materialien einlässt, schlagen Sie ein Spielthema vor. Stellen Sie den Topf auf den Fußboden und eröffnen Sie ihm, dass die Puppe oder der Teddy Pipi oder Aa machen muss (natürlich wählen Sie die in Ihrer Familie üblichen Begriffe für diese biologischen Funktionen).

Wenn Sie den Verdacht haben, dass Angst vor der Darmentleerung für den Widerstand Ihres Kindes verantwortlich ist, versuchen Sie, die Situation durch Lachen zu entschärfen. Übernehmen Sie beispielsweise die Rolle der Puppe, die Angst vor dem Töpfchen hat. Oder die Puppe legt ein haarsträubendes Verhalten an den Tag und macht ihr großes oder kleines Geschäft auf ein Buch oder in den Papierkorb. Je mehr Ihr Kind bei solchen Spielszenarien lacht, desto schneller lassen sich Angst und innere Anspannung überwinden, die bewirken, dass es sich gegen die Toilettenbenutzung sträubt. Hier ein Beispiel von einem meiner Klienten:

Der fünfjährige Charlie benutzte die Toilette für das kleine Geschäft, weigerte sich aber, das große auf der Toilette oder dem Topf zu erledigen. Er verlangte jedes Mal nach einer Windel, wenn er das Bedürfnis verspürte. Seine Eltern hatten sich nach jahrelangen Zerwürfnissen gerade erst scheiden lassen. Charlie verbrachte seither die eine Hälfte der Woche bei seinem Vater, die andere bei seiner Mutter.

Ich empfahl beiden Elternteilen, jeden Tag Spielsitzungen mit Topf, Puppe und brauner Knete einzuplanen und ihr Kind zum Lachen zu ermutigen. Beide Elternteile hielten sich an meinen Rat. Einen Monat später berichtete die Mutter, ihr Sohn habe sein großes Geschäft in den Topf gemacht und gesagt: »Das war lange nicht so schlimm, wie ich dachte!«

Regressionsspiele können ebenfalls gute Dienste bei Kindern leisten, die sich nach stressreichen oder traumatischen Erfahrungen gegen die Benutzung der Toilette sperren. Wenn Ihr Kind einverstanden ist, legen Sie ihm Windeln an und tun Sie so, als wäre es ein Baby. Sie können es in den Armen wiegen, füttern, ihm etwas vorsingen und Babyspiele mit ihm spielen, zum Beispiel das Guck-

guck-Spiel. Solche Aktivitäten sollten stets von liebevoller Akzeptanz geprägt sein, aber nie auch nur einen Anklang von Spott oder Hänselei enthalten. Wenn Sie Ihrem Kind gestatten, in die Geborgenheit der Babyphase zurückzukehren, ohne ein altersgemäßes Verhalten von ihm zu erwarten, dem es sich noch nicht gewachsen fühlt, wird es in seinem eigenen Tempo die nötige emotionale Stärke entwickeln, um Fortschritte zu erzielen.

Hier ein weiteres Beispiel aus meinem Praxisalltag:

Bei der dreijährigen Katie machten sich plötzlich Rückschritte im Toilettentraining bemerkbar. Vorher war sie sauber und trocken gewesen und bereitwillig auf den Topf gegangen. Doch seit Neuestem weigerte sie sich, machte ihr großes Geschäft nur noch in die Windel. Laut Bericht der Mutter hatte die ganze Familie mehrere schwere Krankheiten durchgestanden. Als Katie zweieinhalb Jahre alt war, wurde ihre kleine Schwester geboren. Die Mutter, erschöpft von der Betreuung der beiden kleinen Kinder und mit ihrem Latein am Ende, griff zu Strafmaßnahmen.

Ich schlug sowohl Machtumkehr- als auch Regressionsspiele vor. Der Rückschlag bei der Sauberkeitserziehung deutete auf Katies Bedürfnis hin, sich auf eine frühere Entwicklungsphase zurückzuziehen, ohne dem Erwartungsdruck der Erwachsenen nach einem altersgemäßen Verhalten ausgesetzt zu sein. Das Leben war für Katie und ihre Familie sehr stressreich geworden, und Babyspiele waren meiner Ansicht nach genau das, was sie brauchte, um ihr Selbstbewusstsein zu stärken und ein gedeihliches Wachstum zu fördern. Sie beschworen die Erinnerung an die Zeit vor der Geburt ihrer Schwester herauf, an die innige Beziehung zwischen ihr und der Mutter. Als die Mutter meinen Empfehlungen folgte, begann Katie, endlich wieder die Toilette zu benutzen.

Die in diesem Kapitel beschriebenen spielerischen Aktivitäten sind auf einige der Ursachen zugeschnitten, die Problemen mit der Sauberkeitserziehung zugrunde liegen könnten. Mit diesem spielerischen Ansatz wird es Ihnen hoffentlich gelingen, Frustration und Machtkämpfe zu vermeiden, die unter Umständen Monate andauern und für alle Betroffenen, Eltern genauso wie Kinder, nervenaufreibend sind.

Spielerische Aktivitäten bei Problemen mit der Sauberkeitserziehung

- **Symbolspiele mit Puppe oder Teddy, Töpfchen und brauner Spielknete.**
- **Nonsensspiele (zum Beispiel: Eine Puppe macht ihr großes oder kleines Geschäft an einer unangemessenen Stelle).**
- **Regressionsspiele.**

5. Kapitel

Kraftausdrücke

Ungefähr mit vier beginnen viele Kinder, Kraftausdrücke zu verwenden. Sie hören Schimpfwörter, Flüche und Vulgarismen von den Eltern oder anderen Kindern und entdecken rasch, dass sie die Fähigkeit besitzen, damit heftige Reaktionen bei anderen Menschen hervorzurufen. Das erhöht noch den Spaß an Kraftausdrücken, da sie dem Kind ein immenses Machtgefühl verleihen. Kinder neigen auch dazu, Schimpfwörter zu benutzen, wenn sie selbst »beschimpft« worden sind. Durch die Wiederholung versuchen sie vielleicht, die Kränkung zu verarbeiten, die ihnen zugefügt wurde.

Vulgarismen sind auch deshalb so reizvoll, weil sie häufig in Zusammenhang mit sexuellen Aktivitäten, der Anatomie oder der Funktion der Blasen- oder Darmentleerung stehen. Kinder, die gerade erst gelernt haben, die Toilette zu benutzen, sind sich ihres Intimbereichs in hohem Maß bewusst. Im Alter von vier Jahren sind viele neugierig auf alles, was die Sexualität und Reproduktion betrifft. Dazu kommt, dass sie die Verlegenheit anderer Menschen spüren, wenn solche Themen zur Sprache kommen.

Sie werden höchstwahrscheinlich nicht viel Erfolg haben, wenn Sie Ihr Kind nach dem Gebrauch von obszönen Ausdrücken verbal zurechtweisen. Es wird vermutlich aufhören, sie in Ihrem Beisein zu benutzen, aber hinter Ihrem Rücken damit fortfahren. Irgendwann werden sie dann zu einem festen Bestandteil seiner Sprachgewohnheiten, vor allem, wenn es in Rage gerät. Wenn Sie Ihr Kind bestrafen, weil es Kraftausdrücke verwendet, schaden Sie damit nur der Beziehung, setzen seinem Selbstwertgefühl einen empfindlichen Dämpfer auf und programmieren geradezu den späteren Widerstand.

Ein spielerischer Ansatz verspricht mehr Erfolg. Lachen bietet Ihrem Kind die Möglichkeit, zwei wichtige Gefühle freizusetzen, auf denen sein Bedürfnis beruht, Kraftausdrücke zu benutzen: Verlegenheit und Machtlosigkeit.

Machtumkehrspiele sind besonders wirksam, wenn es gilt, unliebsames Verhalten durch einen humorvollen Ansatz zu verändern. Wenn Ihr Kind Vulgarismen benutzt, können Sie sich dramatisch zu Boden sinken lassen und stöhnen: »O nein! Dieser Kraftausdruck ist so stark, dass er mich glatt umgehauen hat!« Diese Herangehensweise ist mit der Kissenschlacht zu vergleichen, bei der Ihr Kind die Oberhand gewinnt; hier kommt dem Schimpfwort, mit dem der Erwachsene zu Boden gestreckt wird, die Rolle des Kissens zu.

Im folgenden Beispiel gelang einer Mutter, deren Sohn Kraftausdrücke verwendete, mit einer Variante des Machtumkehrspiels eine erfolgreiche Intervention:

Mein vierjähriger Sohn begann plötzlich, mir üble Schimpfwörter an den Kopf zu werfen, nachdem er von älteren Mitschülern gleichermaßen beschimpft worden war. Es brachte eindeutig nichts, ihn darauf hinzuweisen, dass er damit meine Gefühle »verletzte« oder »dass wir in unserer Familie solche ordinären Ausdrücke nicht in den Mund nehmen«.

Eines Tages, beim Einkaufen im Supermarkt, beschloss ich, es mit einem spielerischen Ansatz zu versuchen, als er zu mir sagte: »Mama, du bist ein Quatschkopf. Ein Quatschkopf mit Soße.«

Ich erwiderte: »Prima, Quatschköpfe mit Soße mag ich nämlich am liebsten.« Ich nahm seinen Mund in den Zangengriff, tat so, als würde ich die Kraftausdrücke herausziehen, um sie mir einzuverleiben, und fügte hinzu: »Die schmecken scheußlich!«

Er lachte sich krank. Eine Minute lang setzte er das Spiel fort, und ich

»schluckte« die Kraftausdrücke. Schließlich gab ich vor, »würgen« zu müssen (was schallendes Gelächter auslöste). So ging es ein paar Wochen weiter, doch irgendwann hörte er auf, mich zu beschimpfen, bevor es mir richtig bewusst wurde. Ich war unheimlich froh und erstaunt über das Ergebnis!

Sie können auch vorgeben, begriffsstutzig zu sein, und wutentbrannt den Teddybären (oder ein anderes Plüschtier) beschuldigen, den Kraftausdruck benutzt zu haben. Zeigen Sie mit dem Finger auf den vermeintlichen Übeltäter und herrschen Sie ihn in vorgetäuschtem Zorn an: »Wer hat das gesagt? Warst du das, Teddybär? Dieses Wort will ich nie wieder von dir hören!« Sollte Ihr Kind den Ausdruck wiederholen, was mit an Sicherheit grenzender Wahrscheinlichkeit der Fall sein wird, könnten Sie dem Teddybären eine Moralpredigt halten, die sich gewaschen hat. Ihr Kind wird seine helle Freude an Ihrem Auftritt haben.

Sie können es auch mit einem Nonsensspiel zum Lachen bringen, indem Sie die Vulgarismen falsch oder mit übertriebener Betonung aussprechen. Das folgende Beispiel beschreibt, wie ich mit den Kraftausdrücken meines Sohnes umgegangen bin:

Als Nicky vier Jahre alt war, begann er, obszöne Ausdrücke zu benutzen, die er in der Vorschule gehört hatte. Ich erfand absurde Alternativen, indem ich sie so abwandelte, dass sie »stubenrein« waren. Wenn er beispielsweise sagte: »Du bist ein Arsch mit Ohren«, konterte ich: »Und du bist ein Barsch mit Ohren!« Der bevorzugte Kraftausdruck in unserer Familie war »verfliecht noch mal«. Er lachte sich immer schief über meine Wortschöpfungen und hörte schließlich auf, Kraftausdrücke zu benutzen.

Eine andere Variante des Nonsensspiels ist die maßlose Übertreibung des unangemessenen Verhaltens. Sie können einen bestimmten Zeitrahmen festlegen, in dem Sie mit Ihrem Kind gemeinsam Schimpfwörter, Flüche und Vulgarismen in voller Lautstärke von sich geben und dabei nach Herzenslust lachen. Im folgenden Beispiel schildert eine Mutter, wie ihre Tochter spontan zu diesem Spiel Zuflucht nahm, als sie von ihrem Großvater getadelt wurde:

Als Heather vier Jahre alt war, aßen wir im Haus meiner Eltern zu Abend, und ihr fiel das Glas mit ihrem Getränk auf den Hartholzboden. Sie rief spontan: »Scheiße!« Ich konnte mir das Lachen kaum verkneifen, weil ich wusste, dass sie das Wort von mir gehört hatte.

Meinem Vater klappte die Kinnlade herunter, und er fuhr sie an: »Heather, solche Ausdrücke werden in unserem Haus nicht benutzt!«

Meine Eltern fluchen nicht, und ich hätte es früher nie gewagt, in ihrer Gegenwart solche Wörter in den Mund zu nehmen. Heather verstummte schlagartig, kletterte auf meinen Schoß und brach in Tränen aus. Ich erklärte meinem Vater, das sei meine Schuld, Heather habe lediglich einen Ausdruck wiederholt, den sie von mir gehört hatte. Er entschuldigte sich bei meiner Tochter und erinnerte mich daran, dass ich mir solche Redensarten in Gegenwart meines Kindes, und überhaupt, verkneifen sollte.

Ich brachte Heather in einen anderen Raum, damit sie sich mit meiner Unterstützung ausweinen konnte. Sie fühlte sich verletzt und verwirrt durch den scharfen, tadelnden Ton ihres Großvaters und weinte eine Viertelstunde lang.

Später am Abend hüpften wir bei uns zu Hause auf dem Trampolin, und bei jeder Landung sagte sie leise: »Scheiße.« Sie musterte mich verstohlen, um zu sehen, wie ich reagierte, aber ich lächelte und ließ sie damit wissen, dass nichts dagegensprach. Daraufhin wurde ihre Stimme mit jedem Sprung lauter, und sie lachte wie verrückt. Zum Schluss packte sie mich, wir sprangen gemeinsam auf und ab, brüllten: »Scheiße«, und lachten dabei.

Nach ungefähr zwanzig Minuten setzten wir uns auf das Trampolin und sprachen über Flüche und Schimpfwörter. Ich erklärte ihr, ich hätte kein Problem damit, aber es sei besser, darauf zu achten, in wessen Beisein sie Kraftausdrücke benutze, denn die meisten Leute nähmen Anstoß daran. Sie dachte eine Weile darüber nach und machte mir folgenden Vorschlag: Wenn sie das Bedürfnis hatte, in einer unangemessenen Umgebung zu fluchen, würde sie mir das Wort ins Ohr flüstern. Eine gute Idee, wie sich herausstellte. Es kam nicht oft vor, aber wenn sie mir einen Kraftausdruck ins Ohr flüsterte (auf liebevolle, lustige Weise), dann hauptsächlich in Gegenwart meines Vaters. In der Öffentlichkeit, wenn viele Menschen zugegen waren, machte sie es hin und wieder, um zu sehen, ob sie mich zum Lachen bringen konnte.

Heather ist inzwischen zwölf und flucht selten, es sei denn, sie hat das Bedürfnis, mit mir gemeinsam zu lachen. Dann sagt sie aus heiterem Himmel ein Schimpfwort, aber nur, wenn wir allein sind, und wir lachen jedes Mal wie verrückt.

Diese Ansätze mögen auf den ersten Blick kontraproduktiv erscheinen, weil sie Ihr Kind zeitweilig anspornen, die Kraftausdrücke in Ihrer Gegenwart zu wiederholen, doch der Reiz, sie in einem anderen Kontext von sich zu geben, schwindet. Sie dienen eher als Spielaufforderung und weniger als Möglichkeit, Macht zu demonstrieren, andere zu schockieren oder Wut zum Ausdruck zu bringen. Die Lust am Spiel und das Lachen mindern die innere Anspannung oder Verlegenheit, die mit diesen Wörtern verbunden sind. Außerdem bieten Sie Ihrem Kind damit ein Ventil für das Gefühl der Machtlosigkeit und wirken dem Bedürfnis entgegen, Macht durch den Gebrauch von Vulgarismen zu gewinnen. Irgendwann wird es völlig aufhören, Kraftausdrücke zu benutzen.

Spielerische Aktivitäten für Kinder, die gern Kraftausdrücke benutzen

- Machtumkehrspiele (zum Beispiel: Erwachsener schilt einen Teddybären, Schimpfwort haut einen Erwachsenen um oder löst ein vorgetäuschtes Würgen aus).
- Nonsensspiele (zum Beispiel absurde Schimpfwörter erfinden oder Kraftausdrücke – in einem geschützten Umfeld – gemeinsam laut wiederholen und dabei lachen).

6. Kapitel

Wut und Aggression

In diesem Kapitel werden die spielerischen Interventionsmöglichkeiten bei aggressiven Kindern beschrieben. Es ist wichtig, sich vor Augen zu halten, dass aggressives Verhalten normalerweise auf Stress oder unbewältigten traumatischen Ereignissen beruht und in schmerzlichen oder verletzten Gefühlen wurzelt. Eine Biografie, die durch Misshandlung oder Missbrauch, Vernachlässigung, autoritäre Erziehung, furchterregende Begebenheiten, medizinische Traumata oder Gewalterfahrungen durch andere Kinder geprägt ist, kann dazu führen, dass ein Kind irgendwann anfängt, zu schlagen, zu beißen oder zu mobben. Im dritten Teil des Buches finden Sie Tipps für den Umgang mit spezifischen Stress- und traumatischen Erfahrungen.

Folgende Beispiele aus meiner Praxis zeigen, welche aggressiven Verhaltensmuster infolge von Stresssituationen oder traumatischen Ereignissen entstehen können:

- Ein fünfzehn Monate altes Mädchen begann, die Mutter an den Haaren zu ziehen, nachdem es im Fernsehen die erschreckenden Bilder vom Terroranschlag auf das World Trade Center gesehen hatte.
- Ein zweijähriger Junge verhielt sich oft ausgesprochen aggressiv gegenüber anderen Kindern. Bis zu diesem Zeitpunkt waren bei ihm bereits mehrfach medizinische Interventionen erfolgt, angefangen bei einer traumatischen Geburt. Als Säugling musste er einige Zeit im Krankenhaus verbringen, und allein während des zweiten Lebensjahres wurde er drei weitere

Male wegen einer Lebensmittelvergiftung und anderer Erkrankungen in die Notaufnahme eingeliefert.
- Ein dreijähriger Junge begann, andere Kinder im Kindergarten zu beißen, als die Eltern eine Scheidung in Erwägung zogen (obwohl sie ihm gegenüber nichts davon hatten verlauten lassen).
- Ein vierjähriger Junge spuckte seine Eltern häufig an. Als er neun Monate alt war, hatte man bei seiner Mutter Brustkrebs diagnostiziert, und sie musste sich einer dreijährigen Behandlung unterziehen (einschließlich mehrerer Operationen und Chemotherapie).
- Ein elfjähriges Mädchen reagierte im häuslichen Umfeld aggressiv, als sich der Tag ihrer Umschulung näherte.

Einige aggressive Kinder haben keine traumatischen Erfahrungen gemacht, sondern leiden unter Frustrationen, Enttäuschungen, Überstimulation oder unerfüllten Bedürfnissen, die sich Tag für Tag häufen. Aggressives Verhalten kann sich auch ohne offensichtliche Stresssituationen oder Traumata entwickeln, wenn es Kindern an Möglichkeiten mangelt, sich von solchen Alltagsbelastungen zu erholen.

Anstatt das Kind wegen seines aggressiven Verhaltens zu bestrafen oder ihm die Tugenden liebevollen Verhaltens vor Augen zu führen, suchen Sie Wege, in denen es seine schmerzlichen Gefühle schadlos abbauen kann. Mehrere Arten von spielbasierten Aktivitäten können die Aggression des Kindes verringern.

Forschungen belegen, dass aggressive Kinder von nicht-direktiven, kindzentrierten Spielen profitieren. Wenn Ihr Kind Anzeichen von Aggressivität erkennen lässt, sollten Sie sich einmal in der Woche Zeit für eine Spielsitzung nehmen in einem Raum mit unterschiedlichen Spielsachen wie Bauklötzen, Puppen, kleinen Figuren, Tieren und Fahrzeugen. Tägliche Spielsitzungen würden noch schnellere Ergebnisse zeitigen. Achten Sie darauf, dass Ihr Kind die Initiative ergreift, während Sie Empathie und Akzeptanz bekunden. Falls es Sie aktiver in das Spielgeschehen einbringen will, folgen Sie seinen Regieanweisungen. Durch regelmäßige kindzentrierte Spiele festigen Sie die Bindung zu Ihrem Kind und stärken sein Vertrauen und Sicherheitsempfinden. Wenn es sich sicher und geborgen fühlt, wird es die Spielsitzungen nutzen, um Emotionen zum Ausdruck zu bringen, die durch Stresserfahrungen oder traumatische Ereignisse verursacht wurden. Dank Ihrer Liebe und bedingungslosen Akzeptanz wird es ihm eher gelingen, Gefühle und Probleme aufzuarbeiten.

Machtumkehrspiele wirken sich ebenfalls positiv aus, denn sie bieten Kindern ein sicheres und gesundes Ventil, um Aggressionen Luft zu machen und innere Spannungen durch Lachen abzubauen. Bei einem effektiven Machtumkehrspiel geben Sie vor, schwach, machtlos, unwissend, verängstigt oder begriffsstutzig zu sein. Für diese Spielform gibt es viele Variationsmöglichkeiten. Kinder regen oft spontan Machtumkehrspiele an, wenn sie wütend sind. Ein Vater berichtete:

Mein sechsjähriger Sohn zerknüllte ein Blatt Papier zu einem Ball, warf damit nach mir und rief: »Pass auf, das ist eine Bombe!« Ich tat so, als hätte ich Angst, und spielte ihm eine bühnenreife Sterbeszene vor, über die er sich schieflachte.

Wenn Ihr Kind versucht, Sie zu verletzen, können Sie seine aggressive Energie bündeln und gezielt in ein Machtumkehrspiel lenken. Hier ein Beispiel für ein solches Spiel mit einem wütenden Kind:

Bei einem der Workshops außerhalb meines Wohnorts war ich bei einer Familie untergebracht. Eines Tages saß ich mit Helen, der Mutter, am Küchentisch, und sie erzählte mir, dass sie seit der Geburt ihres Sohnes schon viermal umgezogen waren. »Wir sind gerade erst in dieses Haus gezogen und fühlen uns hier sehr wohl«, sagte sie. Ihr vierjähriger Sohn Matthew hatte stumm in der Nähe gestanden und dem Gespräch zugehört. Plötzlich ging er zu seiner Mutter und schlug ihr mit aller Kraft, die er aufzubieten vermochte, auf den Oberarm. Sie sah mich an, fassungslos über das Verhalten ihres Sohnes (der ihr gegenüber noch nie handgreiflich geworden war), und fragte: »Und was mache ich jetzt?«

Ich wandte mich Matthew zu und wollte von ihm wissen, ob er wütend auf seine Mama sei. »Ja!«, erwiderte er heftig. Dann erkundigte ich mich, ob er wütend sei, weil er ihr die Schuld daran gab, dass er sein früheres Zuhause verlassen musste. Er bestätigte meinen Verdacht mit einem nachdrücklichen »Ja!«. Daraufhin fragte ich ihn: »Hast du Lust auf eine Kissenschlacht mit deiner Mama?« – »Ja!«, lautete die Antwort, und schon sauste er los, um Kissen aus einem der Schlafzimmer herbeizuholen.

Wir gingen ins Wohnzimmer, wo Helen eine Kissenschlacht mit ihm veranstaltete. Ich ermutigte sie, sich fallen zu lassen, wenn er sie mit dem Kissen erwischte. Matthew war begeistert und lachte jedes Mal unbändig, wenn seine Mutter »zu Boden ging«. Einmal legte er ein Kissen auf den Teppich und befahl: »Da, Mama, ein Kissen, damit dir nicht der Kopf platzt, wenn du hinfällst.« Dann fuhr er fort, mit dem Kissen auf sie einzudreschen und dabei aus vollem Halse zu lachen. Nach zwanzig Minuten fühlte er sich wesentlich besser, und an den beiden folgenden Tagen meines Besuchs war er friedlich.

Wie Helen später berichtete, wurde er ungefähr eine Woche später abermals handgreiflich, und sie schlug eine weitere Kissenschlacht vor. Auch dieses Mal lachte er schallend, während er mit dem Kissen auf seine Mutter losging. Etwa eine oder zwei Wochen später sagte er: »Mama, ich bin sauer, lass uns eine Kissenschlacht machen.« Danach schlug er seine Mutter nie wieder, aber es fanden viele Kissenschlachten statt!

Ich erklärte Helen später, dass jüngere Kinder oft ihre Eltern für unliebsame Ereignisse in ihrem Leben verantwortlich machen, auch wenn sie in Wirklichkeit keine Schuld daran trifft. Vielen fällt es darüber hinaus schwer, sich sicher zu fühlen, wenn sie ihre Wut über eine Situation zum Ausdruck bringen, die ihren Eltern offensichtlich gut gefällt (wie der Umzug in ein anderes Haus). Machtumkehrspiele mit älteren Kindern (sogar mit Teenagern) können die Form eines Ringkampfs annehmen, wie folgendes Beispiel mit meiner Tochter zeigt:

Als Sarah zwölf Jahre alt war, fühlte sie sich nach der Schule ab und zu gestresst und ließ ihre Wut an mir aus. Obwohl sie nie handgreiflich wurde, schrie sie mich manchmal an. In solchen Situationen forderte ich sie zu einem Ringkampf auf. Wir nahmen einander gegenüber Aufstellung, verschränkten mit ausgestreckten Armen unsere Hände miteinander und versuchten, uns gegenseitig durch den ganzen Raum zu schieben, wobei wir eine wütende Miene aufsetzten und uns anknurrten. Anfangs leistete ich Widerstand, doch dann gab ich auf und ließ mich auf die Couch schubsen. Als sie älter und stärker wurde, musste ich die Schwäche nicht mehr vortäuschen, weil sie mich problemlos bezwang! Sie lachte jedes Mal, wenn wir einen Ringkampf veranstalteten, und wollte anschließend oft mit mir kuscheln.

Dieses Spiel ermöglichte ihr, Wutgefühle in einem sicheren Rahmen zum Ausdruck zu bringen, Spannungen durch Lachen abzubauen und die liebevolle Beziehung zu mir wiederherzustellen.

Einige Eltern fühlen sich unbehaglich angesichts einer solchen Methode, das aggressive Verhalten ihrer Kinder zu entschärfen. Sie befürchten, dass es noch schlimmer werden könnte, wenn man sie ermutigt, die Eltern zu schlagen oder herumzustoßen. Doch das ist in der Regel nicht der Fall. Wenn Kinder ihre aggressiven Neigungen spielerisch mit Gelächter ausagieren können, werden sie sogar abgebaut.

Denken Sie gleichwohl daran, dass jüngere Kinder Informationen darüber brauchen, was schmerzhaft ist und was nicht. Auch wenn sie älter werden, benötigen sie Rückmeldungen über ihre wachsende Stärke, da ihnen oft nicht bewusst ist, über welche Körperkraft sie verfügen. Es könnte unerlässlich sein, für die aktiven Machtumkehrspiele Grundregeln festzulegen, damit niemand ernsthaft zu Schaden kommt. Vielleicht möchten Sie sich vorab darauf verständigen, dass beispielsweise Schläge ins Gesicht tabu sind oder dass das Spiel umgehend unterbrochen wird, sobald jemand »Stopp!« sagt.

Wenn Sie die Gefühle Ihrer Kinder vorbehaltlos akzeptieren, führen Sie ihnen vor Augen, dass Ihre Beziehung stärker ist als die Wut und nichts das liebevolle Band zwischen Eltern und Kind zu zerstören vermag. Wenn Sie aggressives Verhalten ahnden, lernt Ihr Kind vielleicht, seine Wutgefühle zu unterdrücken, aber auf Kosten seiner emotionalen Gesundheit und der Beziehung zu Ihnen. Unterdrückte Wut kann später zu schwerwiegenden Problemen wie Drogenmissbrauch, Gewalttätigkeit, Depressionen oder Magersucht führen.

Nonsensspiele stellen eine weitere Möglichkeit dar, die Wut in den Griff zu bekommen. Eine Mutter beschrieb, wie sie eine Variante des Nonsensspiels während der ehrenamtlichen Tätigkeit in der Kindergartengruppe ihrer Tochter anwendete (durch Einsatz maßloser Übertreibung):

Ich arbeite ehrenamtlich in der Kindergartengruppe meiner Tochter (Drei- bis Fünfjährige). Eines Tages hatte ich den Eindruck, als wären sie außer Rand und Band, sie schubsten sich fortwährend und verhielten sich auch auf andere Weise so aggressiv wie schon lange nicht mehr. Sie verschütteten beispielsweise alle möglichen Dinge auf dem Tisch, an dem sie eine Frühstückspause mit mir machten, und schoben sich gegenseitig die Schuld in die Schuhe, ein Benehmen, das wirklich unannehmbar war.

Deshalb setzten wir uns in einem großen Kreis zusammen, und ich schlug ein Spiel vor, bei dem alle eine wütende Miene aufsetzen sollten. Die dabei einfließenden Emotionen bezeichnete ich nicht als »böse« oder »gemein«, sondern als »starke Gefühle«. Ich sagte beispielsweise: »Ich sehe viele starke Gefühle. Könnt ihr auch eine richtig zornige Miene aufsetzen?« Die Kinder waren mit Begeisterung bei der Sache. Ich stellte klar: »Keine Geräusche, nur Grimassen schneiden.«

Dann schauten wir uns der Reihe nach das wütende Gesicht jedes einzelnen Kindes an. Sie ahmten den kleinen Max aus Maurice Sendaks Klassiker »Wo die wilden Kerle wohnen« nach. Ein Kind verdrehte geradezu unheimlich die Augen, ein anderes zeigte seine furchteinflößenden Krallen, genau wie im Buch. Im Anschluss daran waren alle angehalten, ein glückliches Gesicht zu machen. Die Kinder hatten großen Spaß und lachten viel. Danach spielten sie alle friedlich miteinander. Ich fand die Methode hervorragend, weil sie wirklich funktionierte.

Einige Kinder entwickeln Aggressionen in der Gruppe, nachdem sie von anderen Kindern geschlagen oder geschubst worden sind. Diese Erfahrung hinterlässt bei ihnen ein Gefühl der Unsicherheit. Wenn sie dann zu der Schlussfolgerung gelangen, dass ein anderes Kind ihren persönlichen Freiraum verletzt, erfolgt eine Überreaktion. Sobald Sie die zugrunde liegende Ursache der Aggression kennen, können Sie Ihr Kind in Symbolspiele mit Requisiten oder Themen einbeziehen, die in Zusammenhang mit dem ursprünglichen Stress oder Trauma stehen. Hier ein Beispiel von einem dreijährigen Jungen, der mit seinen Eltern zu einem Bindungsspiel-Coaching kam:

Der dreijährige Xavier begann, andere Kinder im Kindergarten zu schubsen, nachdem er selber geschubst worden war. Seine Gruppenleiterin hatte das Konzept der Arbeitsbereiche eingeführt, kleine Teppiche, auf denen die Kinder Platz nehmen und sich mit verschiedenen Materialien beschäftigen konnten. Die Kinder waren angehalten, die anderen, die sich im selben Arbeitsbereich aufhielten, nicht zu stören.

Um das Szenario im Kindergarten nachzustellen, setzte ich einige kleine Teddybären auf ein viereckiges Tuch und erklärte Xavier, das sei der Arbeitsbereich der Bärengruppe. Er brachte sich eifrig in das Spiel ein. Nach einer Weile ließ er einen kleinen Zug herumfahren, war aber den Tränen nahe, als dieser gegen die kleinen Bären prallte. Ich sprach ihn auf seine Gefühle an: »Hatten die kleinen Bären Angst, als der Zug näher kam?« – »Ja«, erwiderte er. Danach achtete er darauf, den Zug um die Bären herumzulenken.

Am Ende der Sitzung wollte er den Zug unbedingt mit nach Hause nehmen. Als ich ihm erklärte, das sei nicht möglich, brach er in Tränen aus und weinte sich in den Armen seiner Eltern aus, als sie ihn nach draußen trugen.

Einen Monat später brachten sie ihn zu einer weiteren Spielsitzung zu mir. Unverzüglich stellte er die gleiche Szene wie beim letzten Mal nach, indem er die kleinen Bären in den Arbeitsbereich setzte und mit dem Zug herumkurvte. Dieses Mal fand er jedoch eine Lösung für die prekäre Position der Bären: Er setzte sie auf einen Tisch in der Nähe, sodass der Zug sie unfallfrei passieren konnte.

Dieses Beispiel zeigt, dass Kinder sich ohne Weiteres auf Spiele einlassen, die problematische Themen symbolisieren. Im Spiel können sie leichter kreative Lösungen finden. In diesem Fall könnte der Zug das übergriffige Verhalten von Kindern in seiner Kindergartengruppe versinnbildlichen. Die Idee, die Bären auf den Tisch zu setzen, erinnerte ihn vielleicht daran, dass er Abstand zu anderen Kindern halten musste, um sich sicher fühlen zu können. Dieses Beispiel zeigt auch, dass solche Spiele tiefe Gefühle an die Oberfläche bringen und ein Tränenbad zur Folge haben können. Dass er den Zug nicht mit nach Hause nehmen durfte, diente als Anlass, den Tränen freien Lauf zu lassen, war aber vermutlich nicht der wahre Grund für den Gefühlsausbruch. Das Weinen trug dazu bei, ein wenig von dem Stress abzubauen, der mit der Erfahrung im Kindergarten verbunden war. Wenn Kinder während oder nach einer Spielsitzung weinen, ist diese Reaktion ein emotionales Ventil und in meinen Augen genauso heilsam wie Gelächter.

Auch das folgende Beispiel illustriert den Sinn von Machtumkehr- und Symbolspielen bei einem Kind, das Wut in sich aufgestaut hat:

Eine Mutter brachte ihren vierjährigen Sohn Fred wegen seines aggressiven Verhaltens zu einer Eltern-Kind-Spielsitzung in meine Praxis. Fred hatte eine sechsjährige Schwester, die wegen einer Behinderung eine Menge Aufmerksamkeit erhielt. Die Mutter hatte den Eindruck, dass sowohl seine problematischen Verhaltensweisen als auch die Konzentration der Familie auf die spezifischen Bedürfnisse der Tochter ihre emotionale Bindung zu ihm beeinträchtigt hatten. Diese Konstellation verstärkte noch das Gefühl der Verunsicherung und Wut bei ihm. Die Mutter war besonders beunruhigt über Bemerkungen wie »Ich hau dich zu Brei«, »Ich such mir eine andere Familie« oder »Du bist eine böse Mama«.

Ich begann die Sitzung mit einem Machtumkehrspiel, bei dem Fred seine Mutter mit Plastikspinnen, Schlangen und Monster-Handpuppen in Angst und Schrecken versetzen durfte, während er unkontrolliert lachte. Immer wenn sich seine Mutter auf die Couch fallen ließ, stürzte er sich auf sie, ein offenkundiger Versuch, ihr durch den Körperkontakt nahe zu sein. Ich ermutigte sie, ihn jedes Mal liebevoll in die Arme zu nehmen.

Dann benutzte ich eine Bärenfamilie als Requisiten und erzählte ihm die Geschichte von einem Bärenkind, das unbedingt etwas haben wollte, was seiner Schwester gehörte. Fred stieg unverzüglich in die Geschichte ein und verkündete, das Bärenkind sei älter als seine Bärenschwester. Dann schnappte er sich das Bärenkind und tat so, als wäre es eine Biene. Es machte ihm einen Riesenspaß, die anderen Mitglieder der Bärenfamilie anzugreifen und zu stechen.

Vier Tage später erklärte mir die Mutter in einem Nachfolgegespräch, sie habe den Eindruck, dass die Beziehung zu ihrem Sohn enger geworden und das aggressive Verhalten rückläufig sei. Sie habe vor, die Spielsitzungen zu Hause fortzusetzen.

Das Beispiel weist auf einen wichtigen Punkt hin. Das Kind wünschte sich mehr körperlichen Kontakt zur Mutter und bekundete das Bedürfnis, indem es sich im Spiel auf sie fallen ließ. Wenn Kinder Nähe suchen, aber gleichzeitig große Wut empfinden, können sich die Kontaktversuche auch in aggressivem Verhalten wie Schlagen und Schubsen Ausdruck verleihen oder dadurch, dass sie sich auf ihre Eltern fallen lassen. Solche Kinder brauchen in der Regel aktive Machtumkehrspiele, um ihre Wutgefühle freizusetzen, bevor sie bereit sind, sanftere Kontaktmöglichkeiten in Betracht zu ziehen.

Viele Eltern wollen wissen, was ich von Kriegsspielen halte, und fragen sich, ob sie ihre Kinder mit Gewehren und anderen Waffen spielen lassen sollen. Kinder finden Kriegsspiele oft erst dann interessant, wenn sie mit Gewalt und Krieg konfrontiert werden, sei es in Büchern, im Fernsehen, in Kinofilmen oder im Internet. Kinder, deren Eltern oder Verwandte den Streitkräften angehören, haben möglicherweise eine größere Affinität zu Kriegsspielen. Kleine Jungen identifizieren sich eher damit als Mädchen, weil in den Medien, die sich mit diesem Thema befassen, eher Männer als Frauen dargestellt werden. Selbst Jungen, die Krieg und Gewalt nicht aus den Medien kennen, erhalten irgendwann Kenntnis, dass es sie gibt. Viele reagieren darauf mit Neugierde, Erschrecken oder Verwirrung. Eine Möglichkeit, die vielfältigen Emotionen zu verarbeiten und die Informationen zu integrieren, ist die Nachahmung dessen, was sie gesehen oder gehört haben.

Es ist nicht nötig, Ihr Kind mit Spielzeuggewehren oder anderen Waffen auszurüsten. Sollte Ihr Sohn keine besitzen, wird er sich vermutlich welche aus Stöcken oder Spielsachen basteln. Kinder haben ein so starkes Bedürfnis nach Kriegsspielen, dass es wenig sinnvoll ist, sie zu verbieten, solange sie niemanden dabei verletzen.

Statt solche martialischen Aktivitäten zu untersagen, können Sie Ihrem Kind bei der Verarbeitung seiner Gefühle helfen, indem Sie sein Spiel in ein Machtumkehrspiel verwandeln. Wenn Ihr kleiner Sohn mit dem Finger auf Sie zielt und »Peng, peng, du bist tot« brüllt, reagieren Sie am besten darauf, indem Sie so dramatisch wie möglich »das Zeitliche segnen«. Das Ziel besteht darin, die Situation ad absurdum zu führen und Ihren Sohn zum Lachen zu bringen. Das Lachen trägt dazu bei, Ängste und Anspannung zu lösen. Darüber hinaus zeigt ihm Ihre spielerische Einstellung, dass Sie sich von seinem aggressiven Verhalten nicht beirren lassen und in Ihrer Beziehung zu ihm Raum für Gefühle ist – gleich, welcher Art, selbst für die angsteinflößenden. Diese spielerische Reaktion wird ihn nicht zu Aggressionen oder einem Verhalten anspornen, das andere verletzt, sondern vielmehr die Neigung zu Gewaltausbrüchen eindämmen.

Spielerische Aktivitäten bei aggressiven Verhaltensmustern

- Nicht-direktive, kindzentrierte Spiele.
- Aktive Machtumkehrspiele (zum Beispiel Kissenschlacht).
- Nonsensspiele (zum Beispiel absurde Übertreibung der Wut).
- Symbolspiele mit einem Thema, das sich auf stressreiche Ereignisse bezieht und die wahre Ursache der Aggression darstellt.

7. Kapitel

Geschwisterrivalität

Dieses Kapitel enthält Tipps für den spielerischen Umgang mit der Geschwisterrivalität, ein Thema, das bei Eltern auf der Liste der Herausforderungen einen der obersten Plätze belegt. Im dritten Teil des Buches finden Sie Vorschläge, die Kindern helfen, die Geburt eines Geschwisterkinds zu verkraften, für viele eine zutiefst belastende Erfahrung. Die Eifersucht kann sich unmittelbar nach der Geburt einstellen oder erst später greifbare Formen annehmen, wenn das jüngere Kind das ältere beim Spielen stört oder ein unverhohlener Konkurrenzkampf um die Aufmerksamkeit der Eltern entbrennt.

Es ist empfehlenswert, sich die Zeit zu nehmen, mit jedem Kind einzeln zu spielen, am besten nicht-direktive, kindzentrierte Spiele. Stellen Sie Bauklötze, Puppen, kleine Spielautos sowie Mal- und Bastelzubehör bereit, und dann überlassen Sie Ihrem Kind die Führung, während Sie ihm Ihre ungeteilte Aufmerksamkeit widmen. Es ist wichtig, dass Sie sich im Rahmen dieser gesonderten Spielzeiten an seine Regieanweisungen halten. Vielleicht möchte Ihr Kind mit Ihnen Kaufmannsladen spielen oder wünscht sich, dass Sie einfach nur zuschauen, während es mit den Bauklötzchen baut.

Für Spiele dieser Art wäre eine halbe Stunde pro Tag und Kind ideal. Wenn Sie nicht so viel Zeit erübrigen können, begnügen Sie sich mit dem, was machbar ist. Selbst eine halbe Stunde in der Woche kann dazu beitragen, dass sich Ihr Kind geliebt und in seiner Individualität wertgeschätzt fühlt. Sorgen Sie dafür, dass die Geschwister anderweitig beschäftigt sind oder betreut werden, sodass

Sie sich voll auf jeweils ein Kind konzentrieren können. Es wäre außerdem ratsam, während dieser speziellen Spielzeiten nicht ans Telefon zu gehen, wenn es läutet. Sie können zusätzlich noch den Wecker stellen, damit Ihr Kind weiß, dass Sie ungestört mit ihm spielen, bis er läutet.

Einige Eltern genießen es, mit jedem Kind einzeln zum Mittagessen, Einkaufen oder ins Kino zu gehen. Obwohl diese Aktivitäten mit Sicherheit Spaß machen, entsprechen sie dem Bedürfnis Ihres Kindes nach ungeteilter Aufmerksamkeit nicht im gleichen Maß wie in der häuslichen Umgebung. Wenn Ihr Kind wählen darf, wie es diese besondere Zeit mit Ihnen verbringen möchte, wird es Sie vielleicht mit dem Vorschlag überraschen, zu Hause zu bleiben und miteinander zu spielen.

Diese nicht-direktiven Spielsitzungen haben zwei Vorteile. Der erste besteht darin, dass Sie das Kind mit Ihrer ungeteilten Aufmerksamkeit in dem Gefühl bestärken, wertgeschätzt und geliebt zu werden, wobei Sie der Eifersucht auf die Geschwister entgegenwirken. Der zweite Vorteil ist, dass Ihr Kind diese Aufmerksamkeit und Zuwendung nutzt, um seine eigenen Empfindungen zum Ausdruck zu bringen. Das folgende Fallbeispiel stammt aus einem meiner Eltern-Kind-Spielcoachings:

Die vierjährige Maria war extrem eifersüchtig auf ihren dreijährigen Bruder, und die Kinder stritten oft miteinander. In der Sitzung mit Maria und ihrer Mutter wählte das Mädchen Plastikfiguren und Tiere zum Spielen aus. Während die Mutter und ich aufmerksam zuschauten, stellte sie eine Familie mit zwei Kindern auf, einem Mädchen und einem Baby. Sie deponierte das Baby, einen kleinen Jungen, am anderen Ende des Raumes, zusammen mit einer Kuh, während das Mädchen diversen Aktivitäten sowohl mit der Vater- als auch mit der Mutterfigur nachging.

Als ich sie bat, das Spiel zu beschreiben, erklärte sie: »Das Baby ist da drüben und hat eine Kuh, die ihm Milch gibt. Das kleine Mädchen spielt mit

Mama und Papa.« Auf meine Frage »Möchte das kleine Mädchen, dass das Baby zur Familie gehört?« antwortete sie: »Der braucht keine Mutter, er hat ja die Kuh.«

In diesem Spiel brachte Maria ihren Wunsch zum Ausdruck, die Eltern ganz für sich allein zu haben. Ihre Mutter und ich nahmen diesen Wunsch zur Kenntnis, indem wir die symbolische Familienszene ohne Wenn und Aber akzeptierten. Kinder genießen solche Spielformen, weil sie ihnen eine Möglichkeit bieten, ihre Empfindungen zum Ausdruck zu bringen und sich so angenommen zu fühlen, wie sie sind. Sie können diese Symbolspiele fördern, wenn Sie eine Puppen- oder Teddybärenfamilie bereitstellen, die Ihre eigene Familienkonstellation spiegelt. Es besteht keine Notwendigkeit, die Bedeutung des Spielablaufs verbal zu entschlüsseln. Dass Sie Ihrem Kind ungeteilte Aufmerksamkeit widmen und sein »Drehbuch« zur Kenntnis nehmen, reicht aus.

Falls Ihr Kind Aggressionen gegenüber einem jüngeren Geschwisterkind erkennen lässt, müssen Sie seinem Verhalten Einhalt gebieten, damit niemand zu Schaden kommt. Das gelingt Ihnen am besten mit einem Machtumkehrspiel, bei dem Sie das ältere Kind auffordern, seine Aggressionen gegen Sie statt gegen den kleinen Bruder oder die Schwester zu richten. Sollte das aggressive Verhalten fortgesetzt werden, müssen Sie Ihr Kind entschlossen, aber liebevoll davon abhalten, um das andere Kind zu beschützen. Danach wiederholen Sie die Einladung zu einem Machtumkehrspiel. Das folgende Beispiel stammt von einer meiner Klientinnen:

Die dreijährige Gwen wurde mit einem Mal immer aufbrausender und aggressiver. Sie drangsalierte wiederholt ihren kleinen Bruder (sieben Monate alt). Sie ging grob mit ihm um, wurde unverblümt handgreiflich oder zwang ihn, Dinge zu tun, die ihm widerstreben. Während einer Telefonberatung mit ihrer Mutter schlug ich verschiedene Machtumkehrspiele mit Gwen vor, zum Beispiel eine Kissenschlacht, bei der ihre Tochter die Oberhand behalten sollte. Ich empfahl der Mutter, sich dramatisch zu Boden fallen zu lassen und für so viel Gelächter wie möglich zu sorgen. Zwei Wochen später schickte sie mir per E-Mail die Erfolgsmeldung: »Die Kissenschlacht hat wahre Wunder gewirkt!«

Eine andere Mutter beschreibt, welche Auswirkungen Machtumkehrspiele bei ihrer eifersüchtigen dreijährigen Tochter hatten:

Melissa war erst zwei Jahre alt, als Aline zur Welt kam. Von Anfang an gab es Schwierigkeiten: Sie versuchte, ihre kleine Schwester zu kneifen, ihr die Arme umzudrehen oder sie aus dem Bettchen zu stoßen. Inzwischen ist Melissa drei, immer noch extrem eifersüchtig und ständig darauf bedacht, ihr eins auszuwischen. Ich bin mittlerweile zu einem spielerischen Problemlösungsansatz übergegangen. Ich lasse mich von ihr umwerfen, hochziehen und herumrollen. Das ist eines der Spiele, die wir immer dann machen, wenn es zeitlich irgendwie geht. Sie nennt es »Mama fällen«. Ich lasse mich auch von ihr kitzeln. Sie genießt es und lacht sich schief, und danach behandelt sie ihre kleine Schwester jedes Mal sichtlich besser.

Bei chronischer Geschwisterrivalität können Sie zu Machtumkehrspielen greifen, bei denen beide Kinder versuchen, Sie mit einem Kissen zu bezwingen. Natürlich müssen Sie schwach und verängstigt reagieren, sich überwältigen lassen. Wenn Sie damit Ihre Kinder zum Lachen bringen, befinden Sie sich auf dem richtigen Weg.

Eine Mutter schilderte das folgende Machtumkehrspiel zwischen ihren beiden Söhnen und deren Vater:

Zwischen dem zweiten und sechsten Lebensjahr hatten meine beiden Söhne großen Spaß daran, ihren Vater mit vereinten Kräften von der Couch zu stoßen, wenn er sich gerade ausruhte. Natürlich legten wir vorher Kissen auf den Boden, damit er weicher fiel. Die beiden Jungen bildeten ein einge-

schworenes Team, um ihn zu vertreiben und die Couch selbst in Beschlag zu nehmen. Bei diesem Spiel lachten alle drei. Die Jungen fühlten sich stark und mächtig, wenn es ihnen gelang, ihren Vater gemeinsam zu Fall zu bringen. Dieser Zusammenschluss trug dazu bei, eine stabile Bindung zu entwickeln und gleichzeitig magische Momente mit ihrem Vater zu genießen.

Wenn sich jüngere Kinder um ein Spielzeug streiten, haben Sie die Wahl zwischen zwei möglichen Reaktionen (außer die Streithähne trennen oder bestrafen, was ich persönlich nicht empfehlenswert finde): Entweder übernehmen Sie die Rolle des Schlichters oder regen bestimmte Spielformen an. Die Mediation beginnt damit, dass Sie das Spielzeug zeitweilig »aus dem Verkehr« ziehen, um den Konflikt zu beenden, und danach jedes Kind auffordern, seine Version der Geschichte zu erzählen und seine Gefühle zum Ausdruck zu bringen. Nachdem Sie den Standpunkt beider Kinder in zusammengefasster Form wiedergegeben haben, halten Sie die Kontrahenten an, über eine eigene Problemlösung nachzudenken, wobei Sie bewusst darauf verzichten, Partei zu ergreifen oder ihnen Ihre Ideen aufzudrängen. Kinder entdecken oft aus eigenem Antrieb kreative und originelle Konfliktlösungen. Sind sie noch sehr klein, brauchen sie vielleicht Lösungsvorschläge, zum Beispiel das Spielzeug abwechselnd oder gemeinsam zu benutzen oder sich mit etwas anderem zu beschäftigen.

Der unterschiedliche Entwicklungsstand der Kinder kann die Suche nach Lösungen im Rahmen einer Mediation erschweren. Kleinkinder sind nur selten imstande, sich mit einem Belohnungsaufschub zufriedenzugeben (zum Beispiel warten, bis sie an der Reihe sind) oder sich in die Lage des Kontrahenten hineinzuversetzen. Aufgrund der noch begrenzten kognitiven Fähigkeiten kann ihr Verhalten als störrisch und egozentrisch ausgelegt werden. Doch obwohl der Mediationsansatz bei kleinen Kindern nicht immer die erhoffte unmittelbare Wirkung erzielt, trägt er langfristig dazu bei, diese wichtigen Meilensteine der kindlichen Entwicklung zu erreichen und sich die Fähigkeit zur gewaltlosen Konfliktlösung anzueignen.

Ein spielerischer Ansatz ist vor allem bei Kindern vorteilhaft, die zu jung sind, um diese Konzepte zu begreifen, aber auch in Situationen, in denen starke Gefühle und Empfindungen jeden Versuch des Kindes vereiteln, einen klaren Gedanken zu fassen, was für die Mediation unerlässlich ist. In solchen Fällen hat sich folgende Version des Machtumkehrspiels besonders bewährt: Bringen Sie das Spielzeug in Ihren Besitz und nehmen Sie damit Reißaus, fordern Sie Ihre Kinder auf, mit vereinten Kräften die Rückeroberung zu versuchen. Wenn beide die Verfolgungsjagd aufnehmen, ziehen sie zeitweilig an einem Strang, bilden ein »Team«. Dann werden Sie irgendwann langsamer oder geben vor, zu stolpern, um sich fangen und sich das Spielzeug wieder abnehmen zu lassen. Wenn Sie genug Energie oder Räumlichkeiten zum Herumlaufen haben, können Sie das Spielzeug auch an einem gut einsehbaren Ort verstecken und erklären, dass Sie es in Sicherheit gebracht haben. Tun Sie überrascht, wenn sie es finden. Oder die Kinder verstecken das Spielzeug gemeinsam, während Sie sich halbherzig bemühen, danach zu suchen, und es natürlich nicht finden können.

Bei diesen spielerischen Aktivitäten werden Wut und Konkurrenzkampf bald verpuffen und in kooperative Interaktionen übergehen, bei denen die Geschwister eine gemeinsame Front »gegen den Rest der Welt« bilden. Dieser Ansatz kann dazu beitragen, eine drohende gewaltsame Auseinandersetzung in ein Spiel zu verwandeln, das allen Beteiligten Spaß macht und durch viel Gelächter Frustration abbaut. Danach wird der Streit um das Spielzeug vermutlich kein Thema mehr sein.

Nonsensspiele können auch in einigen Rivalitätssituationen nutzbringend sein. Sie helfen allen Beteiligten, Spannungen durch

Lachen zu lösen, indem sie die Dynamik, die bei einem Streit zum Tragen kommt, spielerisch übertreiben. Folgende Erfahrung mit meinen eigenen Kindern veranschaulicht diesen Ansatz:

Nicky (elf Jahre alt) und Sarah (sechs Jahre alt) stritten miteinander. Schließlich trat Sarah Nicky so heftig, dass er sich bei mir beklagte. Zwischen uns dreien entspann sich folgender Dialog:

Ich: Was ist los?

Nicky: Sie hat mich getreten.

Sarah: Er wollte mir das Spielzeug nicht geben.

Nicky: Sie hat mir gestern im Auto ja auch nichts von ihren Süßigkeiten abgegeben.

Sarah: Weil ich nicht vorne sitzen durfte, obwohl ich an der Reihe war.

Ich (zu Nicky): Was würdest du jetzt gern mit Sarah machen, um ihr den Tritt heimzuzahlen?

Nicky: Ich möchte sie plattsitzen (er lacht, während er so tut, als wollte er sich auf seine Schwester setzen).

Ich (zu Sarah): Sarah, jetzt bist du an der Reihe. Wie möchtest du mit Nicky verfahren? Wir können ja nicht mittendrin aufhören. Du hast ja auch noch eine offene Rechnung zu begleichen.

Sarah: Ich würde ihm am liebsten eine Ohrfeige verpassen (lacht, während sie so tut, als würde sie ihren Bruder ohrfeigen).

Sie setzten dieses Spiel noch eine Weile fort; es machte ihnen viel Spaß, sich Möglichkeiten auszudenken, »Vergeltung zu üben«. Danach spielten sie friedlich miteinander.

Ein Vater schilderte folgende Begebenheit, die spielerische Übertreibungen nutzt (Nonsensspiele), um den Kindern die Suche nach Konfliktlösungen zu erleichtern:

Wir saßen am Esstisch (zu sechst), unsere vierjährigen Zwillinge stritten sich um einen bestimmten Stuhl, auf dem beide sitzen wollten, und brüllten sich gegenseitig an: »Hau ab!« Beide waren unnachgiebig und den Tränen nahe.

Ich sagte: »So, jetzt sagen wir alle ›Hau ab‹ zu demjenigen, der rechts von uns sitzt.«

Das taten wir, alle sechs, und die Kinder begannen zu lachen. Dann forderten wir den Sitznachbarn zu unserer Linken auf, den Platz zu räumen. Und danach mussten imaginäre Personen verschwinden, die unter dem Tisch und auf dem Dach hockten. Nach viel Gelächter und Albernheiten nahm einer der Zwillinge anstandslos auf einem anderen Stuhl Platz, und das Problem war gelöst. Meine Idee war das nicht, ich hatte den Stuhl mit keiner Silbe erwähnt. Er setzte sich aus eigenem Antrieb um.

In diesem Beispiel löst das Lachen die innere Anspannung und Wut und mindert das Bedürfnis, mit dem Geschwisterkind um denselben Stuhl zu kämpfen.

Kooperative Aktivitäten können den Wettbewerb unter Geschwistern ebenfalls dämpfen. Gemeinsam einen Turm bauen, Geschichten erzählen, musizieren, Plätzchen backen oder basteln schweißt zusammen. Viele Kinder lieben kooperative Doktorspiele mit Mutter oder Vater als Patienten, wobei sie die Rolle der Krankenschwestern oder Ärzte übernehmen. Die Struktur dieser Spiele gewährleistet, dass die Kinder Sie gemeinsam betreuen.

Sie können auch herkömmliche Sportarten oder Spiele so abwandeln, dass keiner gewinnt oder verliert. Bei wettbewerbsorientierten Spielen wie Tennis oder Schach sollten Sie das gemeinsame Vergnügen in den Vordergrund stellen und darauf abzielen, die individuellen Fähigkeiten zu verbessern, während Sie die Bedeutung des Sieges herunterschrauben. Sie können sich sogar ein »Handicap« zulegen, beispielsweise nur mit der linken Hand Tennis spielen (wenn Sie den Schläger normalerweise in der rechten Hand halten) oder beim Schach den Einsatz Ihrer Königin »vergessen«. Wenn Sie das Vertrauen Ihrer Kinder in ihre eigenen Fähigkeiten stärken, verspüren sie kein Bedürfnis, sich in einem verbissenen Konkurrenzkampf gegen ihre Geschwister oder andere Kinder zu behaupten. Hier eine Beobachtung, die ich bei meinen Enkelkindern gemacht habe:

Ich wurde zufällig Zeuge, wie mein siebenjähriger Enkel seiner kleinen Schwester das Damespiel beizubringen versuchte. Mit drei war sie noch zu jung, um das Spiel zu erlernen, aber er wiederholte geduldig die Regeln und zeigte ihr, wie man es spielt. Er spielte nicht sein ganzes Können aus und gestattete ihr sogar zu gewinnen.

Als ich dieses Verhalten seinem Vater (meinem Sohn) gegenüber lobend erwähnte, sagte er: »Er ahmt die Art und Weise nach, wie ich ihm das Schachspiel beibringe. Ich verzichte darauf, meine Königin einzusetzen, und lasse ihn oft gewinnen.« Aufgrund dieser unterstützenden Lernerfahrung mit seinem Vater bestand bei meinem Enkel offenbar kein Bedarf, sich bei diesem Spiel in einem Konkurrenzkampf mit seiner Schwester zu messen, um seine Überlegenheit zu beweisen.

Wenn es Ihnen schwerfällt, diese verschiedenen Problemlösungsvorschläge für den Umgang mit der Rivalität unter Geschwistern umzusetzen, liegt es vermutlich daran, dass Ihnen bisher Rollenmodelle für dieses Erziehungskonzept gefehlt haben. Vielleicht verspüren Sie als Erstes den Impuls, laut zu werden oder zu strafen, wenn sich Ihre Kinder streiten, denn so haben wahrscheinlich Ihre eigenen Eltern reagiert. Doch wenn es Ihnen gelingt, hin und wieder zu einem spielerischen Ansatz überzuwechseln, gehen Sie das zugrunde liegende Problem deutlich wirksamer an als mit harschen Worten oder Strafen. Das Lachen während dieser Aktivitäten baut schmerzliche Gefühle wie Frustration, Wut, Verunsicherung, Angst und Machtlosigkeit ab, die eigentliche, wahre Ursache der Geschwisterrivalität. Darüber hinaus festigen Sie damit die Bindung zu Ihren Kindern und bringen Freude in die Familie.

Spielerische Aktivitäten bei Geschwisterrivalität

- Nicht-direktive, kindzentrierte Spiele mit jedem einzelnen Kind.
- Symbolspiele mit Puppen oder einer Plüschtierfamilie.
- Machtumkehrspiele mit jedem einzelnen Kind und darüber hinaus mit den Kontrahenten, die ein Team bilden und »Front« gegen Sie machen.
- Nonsensspiele mit absurden Übertreibungen der Faktoren, die der Rivalität Antrieb verleihen.
- Kooperative Spiele und Aktivitäten.

8. Kapitel

Lügen, mogeln und stehlen

Wenn Kinder lügen, mogeln oder stehlen, machen sich die Eltern verständlicherweise Sorgen und fragen sich, was sie dagegen unternehmen sollen. Für diese Verhaltensweisen kann es mehrere Gründe geben.

Einige Lügen repräsentieren reines Wunschdenken. Wenn Ihre kleine Tochter nach dem Besuch ihrer Freundin erzählt, sie sei auf einem Pferd geritten, können Sie das unwidersprochen akzeptieren, selbst wenn Sie wissen, dass es nicht der Wahrheit entspricht, und fragen, wie es ihr gefallen hat. Es ist überflüssig, sie der Lüge zu bezichtigen. Sie können den dahinter verborgenen Wunsch auch zur Kenntnis nehmen, indem Sie rundheraus fragen: »Hättest du denn gern ein Pferd?«

Wenn Ihr Kind seiner Fantasie allem Anschein nach freien Lauf gelassen hat, können Sie sagen: »Das ist aber eine schöne Geschichte. Sollen wir sie aufschreiben?« Bitten Sie Ihr Kind, Ihnen den Ablauf zu diktieren und das Ganze mit selbst gemalten Bildern auszuschmücken. Ein Großteil der menschlichen Kreativität wurzelt im Wunschdenken, und Sie wollen die Vorstellungskraft Ihres Kindes ja nicht abwürgen.

Der Einsatz von Strafen als Erziehungsmaßnahme kann dazu beitragen, dass Kinder lügen, mogeln und stehlen, denn Strafen rufen unweigerlich Angst, Verunsicherung und den Wunsch nach Vergeltung hervor. Wenn die Eltern Strafen einsetzen, neigen die Kinder dazu, Lügen zu erfinden, wenn sie glauben, dass sie damit »ungestraft davonkommen«. Es ist viel einfacher, zu behaupten: »Die Krümel auf dem Teppich stammen nicht von mir«, als sich den schmerzlichen Konsequenzen des eigenen Verhaltens zu stellen. Kinder, die häufig bestraft werden, versuchen außerdem, sich besser zu fühlen und ihr angeschlagenes Selbstbewusstsein wieder aufzubauen, indem sie bei Spielen schummeln oder Dinge mitgehen lassen, die sie sich wünschen. Im Anschluss daran kaschieren sie ihr Fehlverhalten mit einer Lüge, weil sie die daraus resultierenden Strafen fürchten.

Wenn Sie bei Ihren Kindern eine dieser unsozialen Verhaltensweisen entdecken, sollte der erste Schritt darin bestehen, zu einem nichtautoritären Erziehungsstil überzuwechseln. Solche Verhaltensauffälligkeiten deuten nicht zwangsläufig darauf hin, dass Ihre Kinder irgendwann in die Kriminalität abgleiten. Wenn Sie jedoch weiterhin zu Strafmaßnahmen greifen, könnte das unsoziale Verhalten im Lauf der Jahre nur noch zunehmen.

Halten Sie sich jedoch vor Augen, dass selbst Kinder, die keine Strafen fürchten müssen, gelegentlich leugnen, wenn man sie unumwunden eines Fehlverhaltens bezichtigt, weil sie sich keiner Schuld bewusst sind. Wenn Sie beispielsweise entdecken, dass Ihre Tochter einem anderen Kind eine von den Tabletten gegeben hat, die ihr verschrieben wurden, sollten Sie auf ein Kreuzverhör verzichten (»Hast du deiner Freundin etwas von deiner Medizin abgegeben?«), vor allem dann, wenn Sie den Tatbestand bereits kennen. Ihre Tochter wird die Frage vielleicht verneinen, weil sie Ihrem Tonfall entnimmt, dass sie etwas falsch gemacht haben muss. Eine bessere Methode wäre, Ihre Tochter darüber zu informieren, was Ihnen zu Ohren gekommen ist, sie zu fragen, ob sie damit ihrer Freundin helfen wollte, sich besser zu fühlen, und sie über die Risiken aufzuklären, die mit der Weitergabe verschreibungspflichtiger Medikamente verbunden sind. Sie können diese Botschaft vermitteln und gleichzeitig den Wunsch anerkennen, der Freundin zu helfen.

Lügen, mogeln und stehlen können auch symptomatisch für tiefer verwurzelte Probleme sein, beispielsweise bei schwierigen Beziehungen zu Geschwistern oder Gleichaltrigen. Wenn ein Kind von Freunden oder Geschwistern gehänselt, ständig kritisiert oder gemobbt wird, könnte es in dem fehlgeleiteten Bemühen, sein Selbstvertrauen oder Selbstwertgefühl zurückzugewinnen, mogeln oder stehlen. Wenn die Geschwister oder Freunde jedes Spiel gewinnen, sich auch auf anderen Gebieten durch herausragende Leistungen auszeichnen oder das Kind eine Behinderung hat, leidet das Selbstbewusstsein, und es beginnt unter Umständen zu »schummeln«, um mit den anderen mithalten zu können. Auch ein kranker Bruder oder eine behinderte Schwester können bewirken, dass es sich unsicher gebunden und ungeliebt fühlt, weil sich die Fürsorge und Aufmerksamkeit der Eltern auf das Sorgenkind konzentriert. Dieses Unsicherheitsgefühl kann auch nach der Geburt eines Geschwisterkinds, durch Scheidung oder Krankheit eines Elternteils oder andere belastende Ereignisse in der Familie entstehen. Falls Ihr Kind also zu mogeln oder zu stehlen beginnt, obwohl Sie grundsätzlich auf Strafen als Erziehungsmaßnahme verzichten, leidet es möglicherweise unter einer schwierigen Beziehung zu Gleichaltrigen oder Geschwistern oder unter anderen stressreichen Erfahrungen.

Mogeln und Stehlen sind in solchen Fällen symbolische, wenngleich unangemessene Methoden, mit denen Kinder ihren Bedürfnissen Geltung zu verschaffen und ihr Selbstwortgefühl zu verbessern hoffen. Wenn ein Kind ein Spiel gewinnt, erhalten Selbstvertrauen und Stolz auf die eigene Leistung zeitweilig enormen Auftrieb. Etwas zu stehlen, was jemand anderem gehört, gibt einem emotional vernachlässigten Kind das Gefühl, etwas von Wert zu besitzen. Diese unangemessenen Verhaltensweisen ermöglichen ihm einen symbolischen Ausgleich für die Faktoren, die in seinem Leben fehlen oder sich zu einer chronischen Belastung entwickelt haben.

Sie sind vielleicht versucht, streng zu sein, wenn Ihr Kind bei einem Spiel mogelt oder stiehlt. Doch das Fehlverhalten mit harschen

Worten oder Strafen zu ahnden verspricht wenig Erfolg, weil die Konsequenzen nicht an die zugrunde liegenden Ursachen gekoppelt sind. Damit laufen Sie nur Gefahr, das ohnehin angeschlagene Selbstwertgefühl noch mehr zu untergraben und einer späteren Fortsetzung der unsozialen Verhaltensweisen den Weg zu ebnen.

Ein spielerischer Ansatz, der sich direkt auf das Fehlverhalten bezieht, ist langfristig wirksamer als Korrekturmaßnahmen, gleich, welcher Art. Wenn Ihr Kind beim Schachspiel seinen bedrohten König mehrmals durch einen klammheimlichen Positionswechsel aus der Gefahrenzone bringt, weil es meint, dass Sie gerade nicht hinschauen, würden Sie die Partie vielleicht am liebsten beenden oder darauf bestehen, dass es sich an die Regeln hält. Eine hilfreichere Methode wäre jedoch, das Verhalten als Einladung zu einem Spiel anderer Art zu betrachten. Ihr Kind ist in diesem Fall nicht wirklich an einem regelkonformen Schachspiel interessiert, sondern zieht ein therapeutisches Spiel vor, das dazu beiträgt, aufgestaute Emotionen freizusetzen, Selbstvertrauen zu gewinnen, mit bisherigen Misserfolgen umzugehen und sein Selbstwertgefühl zu verbessern.

Sie können die Täuschungsmanöver Ihres Kindes zur Kenntnis nehmen und akzeptieren, indem Sie sagen: »Ich sehe, dass du die Regeln geändert hast. Habe ich auch mehrmals die Chance, meinen König in Sicherheit zu bringen?« Wenn es Nein sagt, können Sie ein Machtumkehrspiel daraus machen, bei dem Sie sich an seine Regeln halten, aber sich entrüstet geben, wenn sich der Sieg Ihres Kindes abzeichnet (»O nein, ich verliere!«). Das Ziel besteht darin, den Betrug aufzudecken und Ihr Kind zum Lachen zu ermutigen. Sie können die Rolle des frustrierten Spielers und »schlechten« Verlierers übernehmen und dadurch spiegeln, was Ihr Kind empfindet, wenn es verliert.

Das folgende Beispiel schildert die spielerische Reaktion auf ein kindliches Täuschungsmanöver:

Ich spielte ein Brettspiel mit einem vierjährigen Mädchen. Zu dem Spiel gehörte ein Kreisel, der die Anzahl der Kästchen anzeigte, die man mit den Spielsteinen weiterrücken durfte. Wer zuerst das Ende des Bretts erreichte, hatte gewonnen. Die Kleine kannte das Spiel nicht, also brachte ich es ihr bei. Wir spielten es einmal ganz durch, und ich gelangte vor ihr ans Ziel. Das Ergebnis missfiel ihr, obwohl ich kein Wort von gewinnen oder verlieren erwähnt hatte.

Bei der zweiten Spielrunde setzte sie den Kreisel in Bewegung, wenn sie an der Reihe war, hielt ihn aber jedes Mal an, wenn der Pfeil auf die von ihr gewünschte Zahl wies. Ich tat überrascht und rief: »Wie schaffst du es, mir ständig voraus zu sein?« Sie kicherte. Als sie mit ihrem Spielstein als Erste das Ende des Bretts erreichte, setzte sie ihn strahlend auf die Zielposition. Ich tat so, als würde ich in Tränen ausbrechen, und schluchzte: »Ich konnte dich einfach nicht einholen, o weh!« Sie lachte sich schief.

Solche Rollenspiele mit maßloser emotionaler Übertreibung gestatten Ihrem Kind, innere Spannungen durch Lachen freizusetzen. Sie übermitteln ihm damit die Botschaft, dass Sie bereit sind, ihm bei der Bewältigung von schwierigen Gefühlen wie Rivalität, Minderwertigkeitsempfinden oder Verunsicherung zu helfen. Wenn Sie sich auf das Spiel einlassen, das Ihr Kind in diesem Augenblick tatsächlich braucht, unterstützen Sie es dabei, schmerzliche Erfahrungen zu verarbeiten, stärken sein Selbstvertrauen und verringern die Wahrscheinlichkeit, dass es seine Ziele auch in Zukunft durch Lug und Trug anstreben wird. Darüber hinaus bietet sich allen die Möglichkeit, eine vergnügliche Aktivität miteinander zu teilen und die Bindung zu festigen. Das Spiel, mit dem Sie am Ende befasst sind, hat unter Umständen nichts mehr mit den offiziellen Spielregeln gemein!

Wenn Kinder die Spielregeln ändern, sollten Sie unbedingt ihr Alter berücksichtigen, bevor Sie davon ausgehen, dass sie sich verunsichert fühlen oder ihr Selbstwertgefühl zu wünschen übrig lässt. Jüngere Kinder haben nicht das gleiche Verhältnis zu Spielregeln wie ältere. Das vierjährige Mädchen im obigen Beispiel wusste um die Spielregeln, sah aber nichts Unrechtes darin, sie ihren Wunschvorstellungen anzupassen. Für sie gehörte das zum Spiel dazu. Nach dem sechsten oder siebten Lebensjahr begreifen Kinder eher, dass man Spielregeln beachten sollte. So eklatante Verstöße wie zuvor beschrieben wären bei einem zehnjährigen Kind grenzwertig, vor allem wenn es heimlich zu mogeln versucht. Doch spielerische Interventionen, die auf einer Umkehr der Macht basieren, können bei Kindern aller Altersstufen wirksam sein.

Die Herausforderung ist möglicherweise größer, sobald es ums Stehlen geht. Wenn Ihr Kind etwas entwendet, was Ihnen gehört, können Sie dieses Verhalten als Hilferuf bei unerfüllten Bedürfnissen, geringem Selbstwertgefühl, Verunsicherung oder aufgestauter Wut deuten. Versuchen Sie, der Sache auf den Grund zu gehen, um die verborgenen Ursachen aufzudecken. Wenn es heimlich Geld aus Ihrem Portemonnaie nimmt oder sich ohne Ihre Erlaubnis aus der Pralinenschachtel bedient, die Sie zum Geburtstag geschenkt bekommen haben, sollten Sie als Erstes die Gefühlslage Ihres Kindes zur Kenntnis nehmen (»Ich weiß, die Pralinen sind einfach unwiderstehlich«), aber sich bewusst machen, dass der Griff nach den Pralinen oder Geld ein tiefer verankertes Bedürfnis repräsentiert.

Falls sich Ihr Kind etwas aneignet, was anderen gehört, sollten Sie mit allem Nachdruck darauf bestehen, dass es die gestohlenen Gegenstände zurückgibt. Versuchen Sie einen Weg zu finden, Ihre Forderung liebevoll zu formulieren und dabei die Empfindungen der geschädigten Person zu schildern. Je nach Alter des Kindes können Sie ihm vorsichtig auf den Zahn fühlen, um die verborgenen Motive zu ermitteln (»Möchtest du, dass Dennis häufiger mit dir spielt?«, »Wünschst du dir das Spielzeug, das du ihm weggenommen hast?«, »War er gemein zu dir?«, »Hat er mehr Freunde als du?« und so weiter). Dann sprechen Sie (oder klären im Rollenspiel) mit Ihrem Kind, welche angemessenen Möglichkeiten der Bedürfnisbefriedigung es gibt.

Ein spielerischer Ansatz kann dabei hilfreich sein, vor allem wenn Ihr Kind abstreitet, etwas gestohlen zu haben (gleich, ob innerhalb oder außerhalb der Familie). Zwingen Sie es nicht zu einem Geständnis. Richten Sie Ihren Verdacht stattdessen gegen ein Plüschtier: »Teddybär, hast du die Pralinen stibitzt?« Und dann halten Sie dem Teddy mit gespieltem Ernst eine Strafpredigt: »Teddy, du weißt doch, du darfst keine Dinge nehmen, die anderen gehören.« Inzwischen hat Ihr Kind vermutlich zu kichern begonnen. Sie können das Spiel fortsetzen, indem Sie dem Teddy mit vorgetäuschter Entrüstung zur Last legen, noch weitere Dinge »gestohlen« zu haben. Oder Sie erfinden eine Geschichte von einem Bärenkind, das seine Bärenmama laufend bestiehlt und das Diebesgut mitten in seinem Zimmer hortet, zu einem riesigen Haufen aufgetürmt. Die Bärenmutter sucht hektisch nach den gestohlenen Gegenständen, obwohl sie unübersehbar sind. Ermutigen Sie Ihr Kind, eine der beiden Rollen zu übernehmen.

Durch die Einbindung von Themen wie Stehlen und Mogeln in Symbolspiele mit Plüschtieren helfen Sie Ihrem Kind, die zugrunde liegenden Gefühle zu verarbeiten. Die spielerische Übertreibung erzeugt ein heilsames Lachen und löst Spannungen, die durch Angst und Unsicherheit entstanden sind. Dazu kommt, dass Ihr Kind während des Spiels vielleicht von sich aus Themen anschneidet, die Einblicke in seine tieferen Motive und Bedürfnisse gewähren und zu einem besseren Verständnis Ihrerseits beitragen.

Für Kinder, die lügen, mogeln oder stehlen, können auch kooperative Spiele und Aktivitäten von Nutzen sein, in denen es weder Gewinner noch Verlierer gibt. Sie können sich gemeinsam kooperative Varianten der bevorzugten herkömmlichen Brettspiele oder Sportarten ausdenken. Ihr Kind wird lernen, sich zu entspannen, und ohne den Konkurrenzdruck Spaß am Spiel entwickeln.

Ich habe viele kooperative Gruppenspiele mit Kindern zwischen dem sechsten und zwölften Lebensjahr gespielt. Dabei ist mir aufgefallen, dass Kinder mit geringem Selbstwertgefühl und Verhaltensproblemen dazu neigen, sich mit anderen zu vergleichen, selbst wenn es sich um nichtkompetitive Aktivitäten handelt. Von ihnen hört man häufig Leistungsbewertungen wie »Meine Mannschaft war besser« oder »Ich habe gewonnen«. Erst wenn ich ihnen in aller Ruhe erkläre, dass es keine Gewinner oder Verlierer wie bei einem Wettbewerb gibt, entspannen sie sich und genießen das Spiel in vollen Zügen.

Denken Sie daran, dass Kinder, die lügen, mogeln oder stehlen, oft schmerzhafte Gefühle verbergen. Der Einsatz verbaler Korrekturmaßnahmen oder Strafen greift hier nicht, sondern verschlimmert die Situation oftmals noch. Solchen Kindern ist wesentlich besser mit Interventionen gedient, die eine konstruktive Lösung der zugrunde liegenden emotionalen Probleme fördern. Durch spielerische Aktivitäten, die diese Themen ansprechen, unterstützen Sie Ihr Kind bei der Aufarbeitung von Unsicherheitsgefühlen, während Sie gleichzeitig sein Selbstbewusstsein aufbauen und die Bindung festigen.

Spielerische Aktivitäten mit Kindern, die lügen, mogeln oder stehlen

- Machtumkehrspiele, wenn Ihr Kind mogelt oder die Spielregeln zu seinen Gunsten ändert.
- Symbol- und Nonsensspiele, bei denen Sie Aktivitäten, die sich auf Lügen oder Mogeln beziehen, im Rollenspiel mit Plüschtieren durch maßlose, lächerliche Übertreibung thematisieren.
- Kooperative Spiele und Aktivitäten.

9. Kapitel

Hausaufgaben

Hausaufgaben können für Eltern und Kinder beträchtlichen Stress mit sich bringen. Wissenschaftliche Fakten belegen, dass sie eigentlich überflüssig wären und zu viele Hausaufgaben sogar kontraproduktiv sein können, da sie Kindern wichtige, zum Spielen benötigte Zeit rauben. Leider ist es an den meisten Schulen üblich, den Kindern Hausaufgaben aufzugeben.

Da viele Kinder Hausaufgaben langweilig oder grauenvoll finden, sehen sich Eltern oft genötigt, hier strikte Regeln aufzustellen und durchzusetzen. Diese Situation kann einen Teufelskreis in Gang setzen: Je mehr sich die Kinder sträuben, desto intensiver wird die autoritäre Reaktion der Eltern. Die daraus resultierenden Machtkämpfe führen zu Frustration und Wut auf beiden Seiten.

Ihre Aufgabe als Eltern sollte nicht darin bestehen, Ihr Kind zur Erledigung der Hausaufgaben zu nötigen, sondern ihm Hilfestellung und Unterstützung zu bieten. Wenn Sie sich eher als Förderer und weniger als Diktator betrachten, laufen die Dinge wahrscheinlich reibungsloser. Kämpfe und Konflikte wegen der Hausaufgaben sind häufig auf drei Fehlauffassungen zurückzuführen: die Einstellung, dass Kinder ihre Hausaufgaben gleich nach Schulschluss machen sollten, die Erwartung, dass sie die Hausaufgaben im Alleingang erledigen müssen, und die Ansicht, das Thema Hausaufgaben sei eine bitterernste Angelegenheit.

Nach den langen Unterrichtsstunden und den oft anschließenden schulischen Aktivitäten auf freiwilliger Basis brauchen Kinder Zeit, um zu entspannen, zu spielen und sich vom Stress zu erholen, den der Tag mit sich gebracht hat. Wenn Sie Ihrem Kind diese Verschnaufpause gönnen, ist es hinterher wesentlich besser in der Lage, sich auf die Hausaufgaben zu konzentrieren.

Die meisten Kinder machen ihre Hausaufgaben nur ungern allein. Mein Vorschlag ist, ihnen Hilfe anzubieten. Sie sollten sich jedoch mit Belehrungen, Informationen oder Hinweisen auf Fehler zurückhalten, es sei denn, Sie werden dazu aufgefordert. Ihre Erklärungen bewirken mehr, wenn sie auf konkrete Fragen Ihres Kindes erfolgen, statt ihm ungebeten aufgedrängt zu werden.

Hausaufgaben müssen keine todernste Angelegenheit sein. Vergessen Sie nicht, dass Kinder am besten in einem spielerischen Kontext lernen. Wenn Sie in den Hausaufgaben eine hervorragende Spiel- und Kontaktmöglichkeit sehen, haben alle Spaß daran, und Ihr Kind lernt schneller und effektiver.

Einige Eltern fürchten, dass eine spielerische Herangehensweise an die Hausaufgaben Kinder verhätscheln, sie nicht ausreichend auf »den Ernst des Lebens« vorbereiten würde. Sie finden es völlig richtig, dass sie auch unliebsame Arbeiten verrichten müssen (wie ebenjene nervigen Hausaufgaben), nach ihrem Dafürhalten eine Grundvoraussetzung für den beruflichen Erfolg und die Entwicklung einer guten Arbeitsethik im späteren Leben. Diese Annahme entspricht nicht den Tatsachen. Plackerei und harte Arbeit sind weder charakterbildend noch eine Gewähr für sinnvolle Lernerfahrungen oder die Ausformung positiver Gewohnheiten. Sie führen eher zu Gefühlen und Empfindungen, die den Lernprozess beeinträchtigen, wie heimlichem Groll, Wut, Frustration oder Langeweile. Dazu kommt, dass die Beziehung zu Ihrem Kind definitiv leidet, wenn Sie Zwang anwenden, damit es seine Hausaufgaben erledigt.

Das Bedürfnis, die eigenen Fähigkeiten zu entwickeln und zu vervollkommnen, ist dem Menschen angeboren. Kinder würden niemals laufen oder sprechen lernen, wenn der Lernprozess langweilig oder unliebsam wäre. Diese Aufgaben sind schwer zu bewältigen, doch Kinder nehmen sie mit offensichtlichem Vergnügen in Angriff. Manchmal löst das Bemühen, diese Fähigkeiten und Fertigkeiten zu erwerben, Frustration aus, aber Kinder halten mit Ausdauer daran fest, obwohl niemand sie dazu zwingt. Deshalb kann man davon ausgehen, dass der Prozess, laufen oder sprechen zu lernen, als lohnenswert empfunden wird. Kinder sind so hochgradig motiviert, diese Fähigkeiten zu beherrschen, dass es keiner externen Kontrollen, Strafen oder Belohnungen bedarf.

Menschen aller Altersgruppen lernen am besten, wenn die Lerninhalte ihren persönlichen Interessen entsprechen. Wenn Kinder Dinosaurier, Ritterburgen, Steine oder Geheimcodes fesselnd finden, macht es ihnen vermutlich Spaß, Bücher zu lesen, um mehr darüber zu erfahren. Sie lassen sich auch gern auf Aktivitäten ein, die sich auf diese Interessen beziehen, sammeln, basteln oder bauen. Infolge dieser spielerischen Herangehensweise erweitern sie mühelos und mit Freuden ihr Wissen über prähistorische Epochen, das Mittelalter, Geologie oder Kryptografie.

Zu den Gründen, warum sich Kinder gegen Hausaufgaben sträuben, gehört auch, dass sie kein Mitspracherecht haben, was die Präsentation bestimmter Lerninhalte zu einem bestimmten Zeitpunkt oder in einer bestimmten Weise betrifft. Sie sollten Ihr Kind daher nicht zwingen, sondern ihm vielmehr bei der Suche nach Möglichkeiten helfen, die Hausaufgaben in eine erfreuliche Aktivität umzuwandeln und dabei die individuellen Interessen einzubeziehen. Nachfolgend finden Sie einige Beispiele für eine spielerische Herangehensweise an das Thema Hausaufgaben.

Wenn es Ihrem Kind schwerfällt, sich in die fiktive Geschichte zu vertiefen, die es im Rahmen eines Literaturprojekts durcharbeiten muss, können Sie diese abwechselnd mit verteilten Rollen (und »Comicstimme«) lesen oder es zu Voraussagen anspornen, wie sie enden könnte. Danach spielen Sie gemeinsam bestimmte Szenen mit Kostümen und Requisiten nach oder denken sich einen alternativen Verlauf der Geschichte aus.

Bei Hausaufgaben in Mathematik ist es immer ratsam, konkrete Materialien oder Beispiele aus dem wirklichen Leben zur Veranschaulichung heranzuziehen. Das macht mehr Spaß und erleichtert das Verständnis der zugrunde liegenden Konzepte. Falls Ihr Kind mit der Lösung einer schriftlichen Rechenaufgabe zu kämpfen hat, können Sie diese mithilfe eines Beispiels erläutern, das Spielsachen oder Gegenstände einbezieht, für die es sich interessiert, zum Beispiel Plastikdinosaurier, kleine Spielzeugautos oder Kekse. Wenn möglich, sollten Sie reale Objekte verwenden, mit denen Ihr Kind arbeiten kann, und die Aufgabenstellung in eine Geschichte oder ein Spiel einbetten. Ein Vater machte hier folgende Erfahrung:

Ich half meiner zwölfjährigen Tochter bei den Mathe-Hausaufgaben, bei denen es um arithmetische Verhältnisse ging, in ihrem Beispiel um das Mengenverhältnis zwischen den schwarzen und weißen Klaviertasten. Es fiel ihr schwer, das Konzept zu verstehen, sie hatte sich nie fürs Klavierspielen interessiert. Doch als ich es abwandelte und in eine imaginäre Geschichte über die Anzahl der Kekse einbettete, die sie und ihr Bruder erhalten würden, begriff sie es auf Anhieb. Der Anteil sollte dem jeweiligen Lebensalter entsprechen (zwölf und acht): Sie würde also zwölf und ihr Bruder acht Kekse erhalten. Dann wollte ich wissen, wie viel jeder bekommen würde, wenn insgesamt vierzig Kekse vorhanden waren, die nach dem gleichen Verhältnis verteilt werden sollten. Sie rechnete sich umgehend aus, dass sie 24 und ihr Bruder nur 16 erhalten würde! Es erübrigt sich wohl zu erwähnen, dass sie die Idee, Kekse nach Alter zu verteilen, toll fand.

Auch wenn Sie kein Mathe-Genie oder fachlich so versiert sind wie der Vater in unserem Fallbeispiel, lassen sich Mittel und Wege finden, die Mathematikhausaufgaben spielerisch, erfreulich und relevant für das Leben Ihres Kindes zu gestalten. Vielleicht entdecken Sie dabei sogar, dass auch Sie ein besseres Verständnis für die Mathematik gewinnen!

Im folgenden Beispiel schildert eine Mutter, wie sie ihrer Tochter mithilfe eines Nonsensspiels bei Hausaufgaben half, in denen es um Grammatik ging:

Vanessa (neun Jahre alt) sollte die freien Attribute in einer Reihe von Sätzen mit einem Kreis markieren. Das erste Beispiel auf dem Arbeitsblatt lautete: »Ich legte das Buch mit dem roten Schutzumschlag in die Mitte des Haufens.« In diesem Satz ist das freie Attribut »mit dem roten Schutzumschlag«. Als ich ihr das Konzept zu erklären versuchte, wurde sie bockig, sprang vom Esszimmertisch auf, an dem wir arbeiteten, und flüchtete auf die Couch im Wohnzimmer, wo sie einen Flunsch zog und schmollte.

Die Anweisungen auf dem Arbeitsblatt erläuterten, dass die Sätze auch ohne die Attribute einen Sinn ergaben. Diese Information brachte mich auf die Idee, zu einer spielerischen Aktivität zu greifen. Ich gesellte mich zu ihr auf die Couch und dachte mir Varianten des Satzes aus, indem ich verschiedene Teile wegließ, die sie zum Lachen brachten (zum Beispiel »Ich legte die Mitte des Haufens«). Nach etlichen Nonsensabwandlungen las ich den Satz entsprechend der Vorlage, jedoch ohne das freie Attribut (»Ich legte das Buch in die Mitte des Haufens«). Sie begriff sofort, dass »mit dem roten Schutzumschlag« das freie, weglassbare Attribut war. Sie stand auf, kehrte mit einem Lächeln an den Esszimmertisch zurück und beendete ihre Hausaufgaben problemlos und ohne weitere Hilfe.

Wenn sich Ihr Kind Fakten oder Konzepte einprägen muss, sollten Sie es zu einem Lernstil ermutigen, der seinen persönlichen Stärken entspricht. Einem Kind, das vorzugsweise visuell lernt, ist mit selbst gemalten Bildern oder Vorstellungsbildern als Erinnerungshilfe am besten gedient. Wenn Ihr Kind über Organisationstalent verfügt, können Sie vorschlagen, mit Listen, Speicherkarten oder Übersichtstabellen zu arbeiten. Wenn soziale Interaktionen den größten Erfolg versprechen, verwandeln Sie den Lernprozess in ein Quiz, bei dem Sie das Wissen gegenseitig abfragen. Wer vornehmlich auf die Bewegungsempfindung bezogen – kinästhetisch – lernt, sollte praktische Aktivitäten und Bewegung in den Mittelpunkt stellen. Sie können Ihr Kind anregen, etwas zu bauen oder die Konzepte mit seinem Körper darzustellen. Und wenn Ihr Kind musikalisch ist, helfen Sie ihm, sich ein Lied auszudenken, das sich auf die Fakten oder das Konzept bezieht.

Die beiden nachfolgenden Beispiele zeigen spielerische Aktivitäten, die sich an unterschiedlichen Lernstilen orientieren.

Julie half ihrer neunjährigen Tochter und deren Freundin beim Auswendiglernen der Quadratzahlen (4, 9, 16, 25, 36, 49 und so weiter). Um die Aufgabe kurzweiliger zu gestalten, schlug sie den Mädchen vor, jede Quadratzahl gemeinsam mit dem Körper darzustellen. Für die 16 streckte sich beispielsweise eine der beiden kerzengerade auf dem Teppich aus (die Zahl 1), während sich die andere mit Blick in die entgegengesetzte Richtung danebenlegte, die Arme zu Bogen geformt (die Zahl 6). Die Mädchen (die Gymnastikübungen mochten) hatten bei diesem Spiel viel Spaß und konnten sich die Quadratzahlen in kürzester Zeit merken.

Der elfjährigen Sally, einem kreativen, musikalischen Mädchen, fiel es schwer, sich die Hauptstädte der US-Bundesstaaten einzuprägen, bis sie ein Lied mit den Namen der Städte erfand.

Machtumkehrspiele können effektiv sein, wenn ein Kind sich von schwierigen Hausaufgaben überfordert und frustriert fühlt. Lösen Sie das Problem mit einem Rollenspiel: Weisen Sie einem Plüschtier (zum Beispiel einem Teddybären) die Rolle eines Kindes zu, das völlig ratlos ist, die Aufgabe falsch versteht, das Buch oder Arbeitsblatt verkehrt herum hält, »dumme Fehler« macht, ständig die richtigen Antworten vergisst und so fort. Achten Sie darauf, dass sich der arme Teddy plagt, jammert und Höllenqualen aussteht, weil die Aufgabe unlösbar scheint. Sie können die Rolle auch selbst übernehmen. Das Ziel besteht darin, Ihr Kind zum Lachen zu bringen und damit einen Abbau der inneren Anspannung zu bewirken. Danach werden Sie vielleicht zu Ihrer Überraschung feststellen, dass es die Aufgabe mit links bewältigt.

Aktive Machtumkehrspiele haben sich auch bei Kindern bewährt, die sich schlecht konzentrieren können und Stress abbauen müssen. Hier ein Beispiel, von dem mir eine Mutter berichtete:

Als mein Sohn Tommy acht Jahre alt war, reagierte er oft mürrisch und gereizt, wenn er seine Hausaufgaben machen sollte – bis ich auf die Idee kam, folgendes Spiel einzuführen. Wir setzten uns auf mein Bett, er umklammerte ein Kopfkissen, und ich hatte eine Minute Zeit, um es in meinen Besitz zu bringen. Ich war verblüfft, wie viel Kraft er hatte. Er hielt das Kissen eisern fest und kicherte, sobald ich Anstalten machte, es ihm zu entreißen. Doch jedes Mal gelang es ihm, den Angriff in letzter Minute abzuwehren und es noch fester zu umklammern. Er amüsierte sich königlich darüber, dass ich scheinbar schwächer und unfähig war, sein Kissen zu »erbeuten«.

Dieses Spiel trug dazu bei, seine Gefühle und den Energieüberschuss durch Gelächter freizusetzen. Danach war er immer entspannter und erledigte seine Hausaufgaben viel konzentrierter. Wir spielen dieses Spiel immer noch, obwohl er inzwischen elf Jahre alt ist. Doch jetzt muss ich die Schwäche nicht mehr vortäuschen. Er besiegt mich locker und findet es herrlich!

Manchmal brechen Kinder in Tränen aus, wenn sie sich durch eine Hausaufgabe überfordert und frustriert fühlen. Das wäre ein denkbar schlechter Zeitpunkt, Ihr Kind mit spielerischen Aktivitäten abzulenken. Am besten warten Sie, bis der Tränenstrom versiegt ist, und begegnen Ihrem Kind mit Empathie. Nach dem Gefühlsausbruch werden Sie vielleicht erstaunt feststellen, dass es keiner weiteren Hilfestellung oder moralischen Unterstützung mehr bedarf. Sollte es die Aufgabe trotzdem noch für unlösbar halten, können Sie versuchen, mit spielerischen Aktivitäten oder einer anderen Form des Beistands für Abhilfe zu sorgen.

Diese Leitlinien gelten auch für die musikalische Erziehung von Kindern. Es ist nicht Aufgabe der Eltern, ihre Kinder zum Üben zu zwingen. Wenn ein Kind von sich aus den Wunsch hat, ein Musikinstrument zu erlernen, wird es bereitwillig üben, weil es Freude macht, die Fortschritte zu beobachten. Sie sollten sich jedoch vor Augen halten, dass der von Ihrem Kind initiierte Übungsplan nicht unbedingt mit den Empfehlungen des Musiklehrers übereinstimmt. Viele Kinder lernen in Schüben, das heißt, dass sich intensive Arbeit und tage- oder wochenlanges Nichtstun abwechseln.

Sie können Ihr Kind bei seinen Ausflügen in die Welt der Musik unterstützen, indem Sie zuhören oder es, sofern möglich, musikalisch begleiten. Versuchen Sie, das Wort »spielen« statt »üben« zu verwenden. Wenn Ihr Kind sieht, dass Sie ein Instrument zu Ihrem eigenen Vergnügen spielen, regen Sie es zur Nachahmung an. Musizieren soll Spaß machen, genau wie andere Formen des Spiels. Ermutigen Sie Ihr Kind zum freien Spiel, bei dem es alle möglichen Töne mit dem Instrument erzeugt und es seine eigenen Kompositionen zusammenfügt. Sie können diese auch auf Tonträger aufzeichnen oder schriftlich festhalten, wenn Sie mit dem Notensystem vertraut sind. Denken Sie daran: Die Lust am Spiel ist der Nährboden der Kreativität.

Kinder entwickeln bis zum siebten oder achten Lebensjahr von sich aus keinen Drang, etwas systematisch zu erlernen; deshalb sollten Sie nicht erwarten, dass sich ein jüngeres Kind strikt an einen regulären Übungsplan hält oder dieses Konzept auch nur begreift. Eine spontane, spielerische Herangehensweise ist daher in der musikalischen Früherziehung besonders wichtig. Nach dem siebten Lebensjahr beginnen viele Kinder aus eigenem Antrieb, methodischer zu üben und von sich aus die Übungszeiten oder die Anzahl der Stücke im Auge zu behalten, die sie bereits beherrschen.

Wenn Ihr Kind nie Lust zum Üben hat, obwohl Sie dabei sind

und dafür sorgen, dass es Spaß macht, hat es keinen Sinn, Druck auszuüben. Es wird keine nennenswerten Fortschritte verzeichnen, und am Ende sind alle Beteiligten frustriert. Vielleicht würde ein anderes Instrument oder eine andere Aktivität mehr Anklang finden. Vielleicht möchte es den Unterricht vorerst einstellen und später einmal wieder aufnehmen. Ihr Kind hat noch sein ganzes Leben vor sich, um zu lernen. Der namhafte Autor und Pädagoge John Holt lernte erst mit vierzig, Cello zu spielen, und beherrschte das Instrument gut genug, um mit diversen Streichquartetten aufzutreten. Sein Buch *Never Too Late: My Musical Life Story (Es ist nie zu spät: Meine musikalische Lebensgeschichte)* beschreibt diese selbstbestimmte Lernerfahrung.

Übrigens: Im dritten Teil des Buches finden Sie Tipps für den Umgang Ihres Kindes mit Schulstress, die auch als Vorbereitung auf Herausforderungen dienen (zum Beispiel Prüfungen oder Vorführungen).

Spielerische Aktivitäten zur Erleichterung der Hausaufgaben

- Freies Spiel, wenn Ihr Kind von der Schule nach Hause kommt.
- Hausaufgaben so gestalten, dass sie zu einer spielerischen, erfreulichen und für das Leben des Kindes relevanten Erfahrung werden.
- Nonsensspiele (zum Beispiel Aufgaben eine absurde Note verleihen).
- Machtumkehrspiele bei Frustration infolge schwieriger Aufgabenstellung oder bei Konzentrationsschwäche.

10. Kapitel

Schlafenszeit

Konflikte vor dem Zubettgehen können in der Familie erheblichen Stress auslösen. Eine der Hauptursachen des Problems ist die Tatsache, dass jüngere Kinder oft unter diversen Ängsten leiden und sich fürchten, allein zu schlafen. Sie sträuben sich nicht gegen den Schlaf, sondern gegen die Trennung von den Eltern. Wir sollten nicht vergessen, dass der Mensch zur Gattung der Säugetiere gehört und alle landlebenden Säugetierjungen so dicht wie möglich neben der Mutter schlafen, von der sie Wärme, Schutz und Nahrung erhalten. Bei Kindern könnte der Widerstand, die Nacht allein zu verbringen, also genetisch programmiert sein.

Einige Eltern haben festgestellt, dass die Kämpfe nachlassen, wenn die Kinder die Nacht in ihrer unmittelbaren Nähe verbringen dürfen. In traditionellen Kulturen ist die Praxis des sogenannten Co-Sleeping gang und gäbe, und sie findet auch in Industrieländern wie Europa und Nordamerika zunehmend Verbreitung. Co-Sleeping bedeutet, dass die Kinder im gleichen Raum wie die Eltern schlafen, entweder im selben oder in einem eigenen Bett. Manche Eltern entsprechen dem Bedürfnis ihrer Kinder nach Nähe, indem sie bei ihnen im Kinderzimmer bleiben, bis sie eingeschlafen sind.

Die Angst vor dem Zubettgehen kann auch von einem Trauma herrühren. In diesem Fall können Sie Ihrem Kind helfen, die belastende Erfahrung mithilfe von Symbolspielen zu überwinden (und das Kind zusätzlich in Ihrer Nähe schlafen lassen). Hier ein Beispiel aus meiner Praxis:

Die dreijährige Fiona hatte plötzlich Angst, allein zu schlafen, nachdem während des Sommerurlaubs der ganzen Familie in das leer stehende Haus eingebrochen worden war. Bis dahin hatte sie allein in ihrem Kinderzimmer geschlafen. Auch die Eltern waren traumatisiert und erkannten, dass ihre eigene Angst ansteckend wirken könnte. Ich empfahl der Mutter, Fiona im gleichen Raum schlafen zu lassen, bis alle Familienmitglieder den Schock überwunden hatten, und das Geschehen mit einer Plüschtierfamilie und einer Geschichte über einen Dieb aufzuarbeiten. Sie sollte Fiona die Führung in dieser Fantasiegeschichte überlassen und versuchen, sie zum Lachen zu bringen. Fionas Angst schwand Schritt für Schritt.

Eine weitere Quelle der Angst vor dem Zubettgehen ist die kindliche Fantasie. Diese Ängste sind zwischen dem dritten und achten Lebensjahr besonders stark verbreitet. Auch sie lassen sich mit Symbolspielen in Angriff nehmen, wie das folgende Beispiel von meiner Tochter zeigt:

Im Alter von vier Jahren entwickelte Sarah plötzlich Angst vor Krokodilen, die sich unter ihrem Bett versteckt hätten. Diese Angst hielt sie wach, selbst wenn ich bei ihr im Kinderzimmer blieb. Eine Krokodil-Handpuppe trug dazu bei, sie zu bezwingen. Ich übernahm die Rolle des Krokodilbabys, das sich vor wilden Tieren fürchtete und Schutz suchte. Ich wiederholte dieses Spiel, immer wenn sie ihre Angst vor Krokodilen äußerte. Sarah lachte jedes Mal und entspannte sich, sodass sie einschlafen konnte.

Diese spielerische Aktivität half meiner Tochter, Spannungen zu lösen, ihre Angst zu überwinden und in einer Zeit, in der sie sich besonders zerbrechlich und verletzlich fühlte, meine Nähe und Verbundenheit zu spüren.

Auch Stresssituationen, denen Ihr Kind tagsüber ausgesetzt war, können Probleme verursachen, denn Kinder, die ein bestimmtes Ereignis traurig oder wütend gemacht hat, schlafen nicht leicht ein. Am besten helfen Sie Ihrem Kind, indem Sie aufmerksam zuhören. Vielleicht möchte es über die Last des Tages mit Ihnen reden. Vielleicht hat es Kummer wegen eines Mitschülers, der gemein zu ihm war, oder es ist etwas Verstörendes vorgefallen. Entwickeln Sie ein Ritual daraus, Ihr Kind vor dem Zubettgehen aufzufordern, den Tag noch einmal Revue passieren zu lassen und Ihnen zu erzählen, was es wütend, traurig, ängstlich und glücklich gestimmt hat.

Manche Kinder empfinden es als Erleichterung, sich auszuweinen, bevor sie sich entspannen und einschlafen können. Oft suchen sie sogar nach einem Vorwand, um ihren Tränen freien Lauf zu lassen, zum Beispiel weil der Lieblingsschlafanzug gerade in der Wäsche ist. Wenn Sie das Bedürfnis Ihres Kindes akzeptieren, den aufgestauten Stress durch heilsame Tränen abzubauen, weint es vermutlich bitterlich, schläft danach aber schneller ein, als wenn Sie versuchten, es abzulenken.

Für einige Kinder sind aktivere Spielformen zur Schlafenszeit ideal. Toben gehört nicht dazu, es sei denn, das Verhalten Ihres Kindes deutet auf einen Energieüberschuss hin. Bedenken Sie, dass bewegungsintensive Aktivitäten die Herzfrequenz erhöhen, was es Ihrem Kind zusätzlich erschweren könnte, zur Ruhe zu kommen. Falls es bereits hyperaktiv oder aufgeregt ist, können Machtumkehrspiele wie die Kissenschlacht, bei denen viel gelacht wird, ein gesundes Ventil für die überschüssige Energie schaffen und den Stressabbau fördern. Danach können Sie zu ruhigeren und beruhigenden Aktivitäten übergehen.

Wenn Ihr Kind sich gegen die allabendlichen Rituale vor dem Zubettgehen sperrt, können Sie ihm mit Nonsensspielen auf die Sprünge helfen. Erteilen Sie ihm die Anweisung, den Schlafanzug mit der Rückseite nach vorn anzuziehen oder sich mit der Zahnbürste die Zehen zu putzen. Das Lachen mindert den Stress und erhöht die Kooperationsbereitschaft Ihres Kindes.

Es gibt noch weitere Spielformen, die bewirken, dass sich Ihr Kind zur Schlafenszeit geborgen und sicher gebunden fühlt. Jede Aktivität mit Körperkontakt wie Rückenrubbeln oder eine kleine Fußmassage stärkt die Bindung und trägt zur Entspannung bei. Auch Regressionsspiele sind empfehlenswert, wenn Ihr Kind einen stressreichen Tag hinter sich hat. Wiegen Sie es in Ihren Armen, spielen Sie Guck-guck- oder Babyspiele mit den Zehen.

Gehen Sie nicht davon aus, dass Schlaf- oder Wiegenlieder nur etwas für Babys sind. Ältere Kinder genießen sie oft gleichermaßen. Jede Kultur hat ihr eigenes Repertoire. Wählen Sie diejenigen aus, die Ihnen und Ihrem Kind lieb und vertraut sind. Wenn Sie keine kennen, nehmen Sie irgendein anderes Lied. Fordern Sie Ihr Kind auf, mitzusingen, wenn es möchte.

Vorlesen ist ein weithin bekanntes Ritual vor dem Zubettgehen. Achten Sie darauf, Geschichten auszusuchen, die keine angsteinflößenden Szenen enthalten. Kennen Sie die Geschichte bereits, können Sie zur Abwechslung auch einmal das Licht ausschalten und sie im Dunkeln erzählen. Oder Sie denken sich gemeinsam eine Fantasiegeschichte aus, zu der auch Ihr Kind einen aktiven Beitrag leistet.

Wenn die Kämpfe zur Schlafenszeit anhalten, können Sie das Problem vielleicht aus der Welt schaffen, indem Sie mit Ihrem Kind darüber sprechen (zum Beispiel im Rahmen einer Familiensitzung) und sich um eine für alle Beteiligten annehmbare Lösung bemühen. Vielleicht möchte Ihr Kind, dass Sie bei ihm bleiben, bis es eingeschlafen ist. Es schadet nicht, auf diesen Wunsch einzugehen, selbst wenn Sie es jahrelang immer wieder tun. Oder Ihr Kind möchte noch eine Weile allein im Bett lesen, bevor Sie ihm einen Gutenachtkuss geben und das Licht löschen. Möglicherweise möchte Ihr Kind auch nicht ins Bett geschickt werden, sondern Ihnen beweisen, dass es selbst weiß, wann es an der Zeit ist, schlafen zu gehen. Kinder sind irgendwann zwischen dem sechsten und zwölften Lebensjahr imstande, zu lernen, Verantwortung für diese Entscheidung zu übernehmen. Gleich, welcher Lösung Sie auch den Vorzug geben, bleiben Sie flexibel und aufgeschlossen dafür, neue Wege zu gehen. Ihr Kind braucht vielleicht für einige Wochen eine bestimmte Routine zur Schlafenszeit, zieht später aber eine andere vor.

Zusammenfassend könnte man sagen, dass die wichtigsten Schlüsselkomponenten des Einschlaferfolgs darin bestehen, dem Bedürfnis Ihres Kindes nach Nähe und Bindung zu entsprechen, ihm beim Abbau von Stress zu helfen, indem Sie ihm die Möglichkeit geben, sich mit Ihnen über das Tagesgeschehen auszutauschen, zu weinen, zu spielen oder zu lachen, und ihm erlauben, bis zu einem gewissen Grad selbst zu entscheiden, wann es an der Zeit ist, ins Bett zu gehen.

Spielerische Aktivitäten zur Schlafenszeit

- Symbolspiele, bei denen Ängste vor dem Einschlafen angesprochen werden.
- Aktive Machtumkehrspiele, aber nur dann, wenn das Kind einen Energieüberschuss erkennen lässt (zum Beispiel Kissenschlachten).
- Nonsensspiele, bei denen Ihr Kind herumalbern darf (zum Beispiel Zehen, bürsten statt Zähne putzen).
- Aktivitäten mit Körperkontakt (zum Beispiel Rückenrubbeln oder Fußmassage).
- Regressionsspiele.
- Schlaflieder.
- Vorlesen aus Büchern oder gemeinsam ausgedachte Geschichten.

Dritter Teil

Bindungsspiele als Hilfe in schwierigen Zeiten

Das problematische Verhalten von Kindern ist häufig eine Folge von Stress oder unverarbeiteten traumatischen Erfahrungen. Deshalb legt das Konzept der straffreien Erziehung großen Wert darauf, Kindern bei der Bewältigung seelischer Erschütterungen und Belastungen zu helfen. In diesem Teil des Buches werden spezifische Situationen angesprochen, die Stress oder Traumata verursachen und später zu Verhaltensproblemen führen können, wenn der Heilungsprozess ausbleibt. Sie werden sehen, welche Spielformen dazu beitragen, Stress abzubauen und die emotionale Stabilität des Kindes wiederherzustellen.

Bitte beachten Sie, dass es hier nicht um Schuldzuweisungen geht. Das Leben selbst ist oft stressreich und mit Schwierigkeiten und Problemen gespickt, wenn Kinder heranwachsen, selbst wenn sie die liebevollsten Eltern haben, die man sich nur wünschen kann. Auch die emotionalen Auswirkungen eines Geburtstraumas oder medizinischer Interventionen im frühen Kindesalter können dazu beitragen. Verhaltensprobleme können sich gleichermaßen bei Kindern mit Entwicklungsstörungen oder hochsensibler Psyche bemerkbar machen, die vielleicht eine niedrigere Frustrationstoleranz haben oder sich eher überfordert fühlen als andere. Wie dem auch sei: Auch wenn Sie keinerlei Schuld trifft, können Sie immer zur Problemlösung beitragen, indem Sie Ihrem Kind helfen, die Schwierigkeiten des Lebens zu bewältigen.

1. Kapitel

Geburtstrauma

Die Geburt ist oft die erste traumatische Erfahrung im Leben eines Kindes. So unwahrscheinlich es auch klingen mag, aber Forschungsergebnisse belegen, dass sich viele Kinder zwischen dem zweiten und vierten Lebensjahr sowohl an ihre eigene Geburt als auch an das Gefühl der Todesangst und Hilflosigkeit erinnern, das sie dabei empfunden haben.

Die Geburt ist nicht zwangsläufig eine traumatische Erfahrung, doch bedauerlicherweise treten bei vielen Entbindungen Komplikationen auf, die für Mutter und Kind gleichermaßen traumatisch enden. Zu den Ursachen potenzieller Traumata gehören Frühgeburt, extrem lange Wehen, Steißlage, akuter Sauerstoffmangel und Nabelschnurumschlingung. Auch medizinische Eingriffe wie der Einsatz der Geburtszange oder Saugglocke können ein Neugeborenes traumatisieren, ebenso wie eine unsanfte Behandlung und die Trennung von der Mutter. Der Kaiserschnitt kann für den Säugling ebenfalls eine traumatische Erfahrung darstellen, vor allem wenn es sich um einen Noteingriff handelt.

Forscher haben festgestellt, dass Kinder, die eine traumatische Geburt hatten, häufiger weinen als andere, bei denen die Entbindung ohne Komplikationen verlaufen ist. Einige der besonders stark traumatisierten Säuglinge weinten monatelang jeden Tag. Der Tränenstrom könnte ein Versuch sein, die emotionale Auswirkung des Geburtsschocks zu verarbeiten.

Bei Kindern, die unter einem Geburtstrauma leiden und viel weinen, sollte man auf einen spielbasierten Ansatz während der ersten Lebensmonate verzichten. Wenn ein Kind aus unerfindlichen Gründen weint (nach eingehender Überprüfung aller unmittelbaren Bedürfnisse und des aktuellen Gesundheitszustands), ist es möglich, dass es einfach weinen muss. Statt mit einer spielerischen Aktivität abzulenken, können Sie es in die Arme nehmen, damit es sich geliebt, getröstet und geborgen fühlt, während sich die innere Anspannung durch die heilsamen Tränen löst. (Weitere Informationen über diesen Ansatz finden Sie in meinen Büchern *Warum Babys weinen* und *Auch kleine Kinder haben großen Kummer*.)

Babys, die ein Geburtstrauma erlitten haben, lassen bisweilen Stresssymptome erkennen, wenn sie älter werden, beispielsweise Ängste, Durchschlafprobleme und aggressives oder unkooperatives Verhalten. Während einer langen Wehendauer im Geburtskanal stecken zu bleiben ist eine Erfahrung, die zur Folge haben kann, dass sich das Kind später vor Tunneln fürchtet oder »Theater macht«, wenn es gilt, ihm ein T-Shirt über den Kopf zu ziehen. Bei einer straffen Nabelschnurumschlingung sträubt es sich möglicherweise irgendwann, im Kindersitz angeschnallt zu werden. Diese Symptome treten mit größerer Wahrscheinlichkeit auf, wenn Ihr Kind während des ersten Lebensjahrs keine Möglichkeit hatte, seinen Tränen in Ihren Armen freien Lauf zu lassen und damit das Trauma aufzuarbeiten.

Sie können den Heilungsprozess fördern, indem Sie das Bedürfnis Ihres Kindes akzeptieren, zu weinen (Tobsuchtsanfälle inbegriffen!). Eine zusätzliche Unterstützung ist ein spielbasierter Ansatz, wenn es nicht weint. Hier können vor allem Symbolspiele mit Requisiten oder Themen gute Dienste leisten, die an das spezifische Geburtstrauma anknüpfen. Folgendes Beispiel aus meiner Praxis beschreibt ein solches Geburtssimulationsspiel mit einem Kind, das per Kaiserschnitt zur Welt kam:

Jennys Mutter hatte nach zehnstündiger Wehentätigkeit, einschließlich Presswehen, die sich über mehrere Stunden hinzogen, einen Notfallkaiser-

schnitt. Jenny weinte viel in den ersten Monaten nach der Geburt. Da sie sich der heilsamen Wirkung des Weinens in den Armen einer primären Bezugsperson nicht bewusst war, versuchte die Mutter, die Tränenflut durch wiederholtes Schaukeln und Stillen als Trostspender einzudämmen. Mit fünfzehn Monaten ließ Jenny erste Anzeichen von Stresssymptomen erkennen. Sie hatte Einschlafprobleme, wachte nachts mehrmals auf und schlug bisweilen ihre Mutter.

Auf meinen Vorschlag hin führte die Mutter zwei therapeutische Spielformen ein. Im ersten Spiel häufte sie ein paar Kissen auf Jenny und fragte: »Wo ist Jenny?« Sobald die Kleine aus den Kissen aufgetaucht war, rief die Mutter mit gespielter Überraschung: »Da bist du ja!« Beim zweiten Spiel nahm die Mutter auf der Couch Platz, während Jenny vor ihr stand. Die Mutter nahm das Mädchen mit den Knien in die Zange und fragte: »Jetzt zeig doch mal, wie stark du bist – schaffst du es, dich zu befreien?« Sie ließ ihre Tochter noch ein wenig zappeln, bevor sie die Umklammerung lockerte. Wenn Jenny sich freigestrampelt hatte, erklärte die Mutter staunend: »Na, so was, du hast es geschafft!« Bei beiden Spielen förderte die Mutter das Lachen ihrer Tochter und wiederholte die Spiele so oft, wie Jenny es wollte. Danach besserten sich sowohl Jennys Schlafgewohnheiten als auch das aggressive Verhalten.

Die Aktivität Jennys im ersten Spiel (aus den Kissen auftauchen) trug dazu bei, sie von dem Gefühl der Machtlosigkeit und des Kontrollverlusts zu erlösen, höchstwahrscheinlich eine Folge des Notfallkaiserschnitts. Beim zweiten Spiel wirkte der Befreiungsakt, der nach einer kurzen Zeit aktiver Bemühungen glückte, Gefühlen wie Frustration und Angst entgegen, die durch die stundenlangen unproduktiven Wehen entstanden sein könnten.

Der nachfolgende Bericht einer Mutter schildert ebenfalls den Verlauf von einem aktiven Geburtssimulationsspiel nach einem Kaiserschnitt:

Mein Sohn kam per Kaiserschnitt zur Welt, eine Notfallmaßnahme. Als er achtzehn Monate alt war, machte ich aus seinem alten Babygym eine Höhle, ähnlich wie die Gebärmutter, und fügte mithilfe eines Stuhls, über den ich rote Decken drapierte, einen »Geburtskanal« hinzu. Er fand es herrlich, in seine »Höhle« hineinzukrabbeln. Wenn er darin spielte, stürmte er in den ersten Wochen jedes Mal an der Seite der Höhle ins Freie, statt den Tunnel zu benutzen. Doch schließlich schaffte er es, durch den Tunneleingang hinauszukriechen.

Wenn die Kinder bei solchen Aktivitäten lachen, lässt dies darauf schließen, dass aufgestaute Spannungen, Ängste und Frustrationen freigesetzt werden.

Falls Sie lange und schwierige Wehen hatten, zögert Ihr Kind möglicherweise, sich in einen »Tunnel« zu begeben. In diesem Fall können Sie den Tunnel verkürzen oder heller machen. Oder Sie schicken ein Plüschtier voraus. Es ist wichtig, dass Ihr Kind Sie am Ende des Tunnels sehen kann, wenn Sie es ermutigen hindurchzukriechen. Vor allem aber sollte diese Aktivität rundherum Spaß machen.

Die Trennung von der Mutter unmittelbar nach der Geburt kann ebenfalls traumatisch sein. In der nachfolgenden Spielcoachingsitzung stellte eine Mutter die Geburt ihrer Tochter symbolisch mit Puppen nach und erzählte ihr die Geschichte ihrer Entbindung, einschließlich der physischen Trennung voneinander.

Eine Mutter brachte ihre vierjährige Tochter Emily zu einer Eltern-Kind-Spielsitzung in meine Praxis. Da Emily nach der Entbindung für mehrere Stunden von ihr getrennt worden war, hatte sie das Gefühl, diese Erfahrung sei für beide traumatisch gewesen. Während der Spielsitzung reinszenierte die Mutter mithilfe von zwei Puppen den Geburtsverlauf und die Trennung. Sie sagte: »Die Puppenmama ist traurig, weil man ihr Baby weggebracht hat, und das Baby ist auch traurig.« Dann stellte sie den Zusammen-

hang zu ihrer eigenen Erfahrung her. »Ich war unendlich traurig und wütend, als du im Krankenhaus von mir getrennt wurdest.«

Emily folgte dem Spiel mit großem Interesse und machte eifrig mit. Sie spielten die Geburt mehrmals durch und wandelten die Geschichte ab, sodass die Puppenmutter nach der imaginären Geburt mit ihrem Kind kuschelte. Später wollte Emily das Baby spielen; ihre Mutter wickelte sie in eine Decke, wiegte sie in den Armen und gab ihr die Flasche, die mit Wasser gefüllt war. Emily blickte ihrer Mutter in die Augen und strahlte dabei vor Freude.

Regressionsspiele wie am Ende des vorangegangenen Beispiels sind vor allem dann hilfreich, wenn Brüche in der ungeheuer wichtigen Bindungsphase nach der Geburt entstanden sind.

Kinder, die unmittelbar nach der Geburt in den Brutkasten müssen, haben durch die längere Trennung von der Mutter oftmals ein zusätzliches Trauma zu verkraften. Das nachfolgende Beispiel aus meiner Praxis zeigt, wie die Kombination eines Geburtssimulationsspiels mit einem Trennungsspiel (Guck-guck) genutzt werden kann, um die traumatische Erfahrung im Brutkasten zu bewältigen:

Die kleine Debbie, ein Jahr alt, wachte jede Nacht auf und schlief erst nach einer Stunde oder zwei wieder ein. Sie war drei Wochen zu früh geboren worden; bei der Mutter wurde während der Entbindung eine Epiduralanästhesie durchgeführt. Kurz nach der Geburt musste Debbie zu einer zweitägigen Lichttherapie in den Brustkasten.

Als ihre Mutter mich konsultierte, erklärte ich ihr, dass sie Debbie zur Bettgehzeit oder nachts in die Arme nehmen sollte, damit sie sich ausweinen konnte, um ihr bei der Verarbeitung des Traumas zu helfen. Tagsüber sollte sie den Heilungsprozess mit Geburtssimulationsspielen unterstützen; ein großer Umzugskarton (ein symbolischer Brutkasten) leistete dabei gute Dienste. Die Mutter ermutigte Debbie, hinein- und hinauszukriechen, und die beiden spielten Guck-guck und andere lustige Spiele, während Debbie sich im »Brutkasten« aufhielt.

Nach der Umsetzung dieser Empfehlungen begann Debbie, besser zu schlafen.

Spielerische Aktivitäten für Kinder, die ein Geburtstrauma erlitten haben

- Symbolspiele mit Requisiten oder Themen, die in Zusammenhang mit dem spezifischen Geburtstrauma stehen (Geburtssimulationsspiele).
- Regressionsspiele.
- Trennungsspiele, wenn das Kind nach der Geburt von der Mutter getrennt wurde.

2. Kapitel

Geburt eines Geschwisterkinds

Die Geburt eines Geschwisterchens kann zu den stressreichsten Erfahrungen im Leben eines Kindes gehören. Wie gut Sie es auch auf den kleinen Bruder oder die kleine Schwester vorbereitet haben, die Realität eines Babys in der Familie kann belastend oder sogar traumatisch sein. Der damit verbundene Stress findet oft in Aggressivität, Trotzreaktionen, Regressionsverhalten oder mangelnder Kooperationsbereitschaft ihren Niederschlag. Zum Glück gibt es einige therapeutische Spielformen, die Ihrem Kind das Gefühl vermitteln, dass es nach wie vor geliebt wird, ihm ermöglichen, seinen Gefühlen freien Lauf zu lassen, und ihm helfen, das neue Familienmitglied zu akzeptieren.

Wichtig ist, Ihr Kind immer wieder spüren zu lassen, dass es Ihrer Liebe gewiss sein kann. Eine effektive Möglichkeit, diese Liebe zum Ausdruck zu bringen und die sichere Bindung zu erhalten, besteht darin, nicht-direktive, kindzentrierte Spiele einzuplanen. Sie werden sich wahrscheinlich auf die Zeiten beschränken müssen, in denen das Baby schläft oder jemand anders die Betreuung übernehmen kann. Forschungsergebnisse belegen, dass schon eine halbe Stunde pro Woche, die für solche Bindungsspiele genutzt wird, das problematische Verhalten von Kindern grundlegend verändern kann. Noch besser wären tägliche Spielsitzungen.

Neben dem nicht-direktiven Spiel können Sie auch zu Symbolspielen mit Puppen oder Plüschtieren greifen, die Ihre Familie repräsentieren. Diese Aktivität schlage ich am häufigsten Eltern vor, die gerade Familienzuwachs bekommen haben. Hier ein Beispiel für eine therapeutische Spielsitzung:

Der vierjährige Andy wurde nach der Geburt seiner kleinen Schwester eifersüchtig und entwickelte Verhaltensprobleme. Während Andys Eltern zuschauten, stellte ich eine Bärenfamilie aus zwei großen Bären, einem kleineren Bären und einem Babybären zusammen. Ich schlüpfte in die Rolle des Babybären und weinte, und er tat so, als würde er die Windeln des Babybären wechseln. Er lachte lauthals, als er verkündete, die Windeln des Babybären wären ständig nass. Aus irgendeinem Grund fand er das urkomisch. Dann dachte er sich eine lange Geschichte aus, in der die Bäreneltern mit dem kleinen Bären eine Flugreise unternahmen, während der Babybär zu Hause bleiben musste.

Andy fand einen Weg, über seine Situation zu lachen, und verlieh seinen Emotionen und geheimen Wünschen in einer erfundenen Geschichte Ausdruck, in der er mit seinen Eltern, aber ohne die kleine Schwester verreiste. Das Gelächter im Rahmen solcher Spiele dient als Ventil für starke Gefühle wie Wut oder Eifersucht, und die symbolischen Elemente tragen zusätzlich dazu bei, diese Empfindungen zu verarbeiten.

Falls Ihr Kind nicht gern mit Plüschtieren oder Puppen spielt, können Sie auch mit anderen Spielsachen eine symbolische Familie zusammenstellen:

Eine Mutter suchte mich wegen ihres dreijährigen Sohnes auf, der nach der Geburt seines kleinen Bruders extrem eifersüchtig war. Als ich das Bärenfamilienspiel vorschlug, erklärte sie, ihr Sohn mache sich nichts aus Plüschtieren. Auf meine Frage hin stellte sich heraus, dass er am liebsten mit Zügen spielte. Ich schlug vor, das Spiel abzuwandeln und Lokomotiven zu verwenden, um die einzelnen Familienmitglieder zu repräsentieren. Später berichtete sie, ihr Sohn habe sich mit Freuden darauf eingelassen und viel gelacht.

Empfehlenswert wäre, diese Spiele mindestens einmal am Tag nach der Geburt eines Geschwisterchens einzuplanen. Die meisten

Eltern stellen dabei fest, dass sich das Verhalten des älteren Kindes nach und nach merklich bessert.

Machtumkehrspiele erfüllen ebenfalls diesen Zweck, vor allem wenn das ältere Kind dazu neigt, aggressiv zu werden. Manche Kinder lassen ihre Wut an dem Neuankömmling aus. Folgendes Beispiel aus meiner Praxis beschreibt die Umsetzung dieser Spielform:

Eine Mutter suchte meinen Rat, weil ihr zweijähriger Sohn nach der Geburt seines Brüderchens vor einem halben Jahr plötzlich Aggressionen entwickelt hatte. Das schwierige Verhalten hatte sich unlängst noch verschlimmert, und sie wusste nicht mehr ein noch aus. Ich schlug unter anderem Machtumkehrspiele vor, insbesondere wenn der Zweijährige gegenüber dem Kleineren handgreiflich wurde.

Später bedankte sich die Mutter in einer kurzen Mitteilung für die Tipps und erstattete Bericht. Ihrem Sohn hatte es großen Spaß gemacht, Mama und Papa statt des kleinen Bruders zu schubsen. Alle hatten während des Spiels gelacht, und die Atmosphäre in der Familie hatte sich insgesamt verbessert. Sie bedankte sich nochmals für das neue Hilfsmittel in ihrem Erziehungsrepertoire und beteuerte, dass sie diese spielerischen Aktivitäten fortsetzen würden.

Wenn Ihnen die Energie fehlt, sich mit Ihrem Kind auf aktive Machtumkehrspiele einzulassen, können Sie auch eine symbolische Variante wählen, wie im nachfolgenden Beispiel (von einer Mutter) beschrieben:

Während der Schwangerschaft und nach der Geburt meiner Tochter war ich ziemlich abgespannt und brachte selten die Kraft auf, mich auf Kampf- und Tobespiele mit meinem fünfjährigen Sohn einzulassen, wenn er wütend oder frustriert war. Wir stellten fest, dass es auch anders ging, zum Beispiel mit einem Kissendialog statt einer Kissenschlacht, wobei ich immer die Besiegte spielte und etwas sagte wie: »O nein, bitte nicht schlagen oder auf mir herumtrampeln!«

Einmal, das war nach der Geburt, erklärte er, eines der Kissen sei ein Babykissen. Deshalb rief ich mit schriller Stimme: »Nicht das Babykissen schlagen! Aufhören! Aufhören!« Er mochte dieses Spiel und lachte sich jedes Mal schief, wenn er auf das Kissen losging.

Sie können auch Zeichnungen von einem Baby oder eine Figur aus Ton oder Knetmasse benutzen. Wenn Sie Ihr Kind auffordern, seine Wut an einem Gegenstand auszulassen, der den Neuankömmling in der Familie symbolisiert, steht nicht zu befürchten, dass Sie damit das aggressive Verhalten Ihres Kindes noch verstärken. Ganz im Gegenteil, diese Form des therapeutischen Spiels bietet ihm ein Ventil für seine Wut- und Angstgefühle und mindert die aggressiven Impulse im realen Leben.

Manchmal richten sich die Aggressionen gegen die Eltern. Aus der Sicht eines kleinen Kindes sind Vater und Mutter schuld an der Situation, weil sie den Rivalen ins Haus geholt haben, und die Wut auf sie ist bis zu einem gewissen Grad nachvollziehbar. Gleichzeitig fürchten sie aber auch, die Liebe der Eltern zu verlieren, wenn sie ihre Wut allzu offen abreagieren. Diese widerstreitenden Gefühle können erheblichen Stress bei einem Kind auslösen.

Wenn Ihr Kind Sie anbrüllt oder tätlich wird, sollten Sie versuchen, Ruhe zu bewahren. Sollten Sie zurückschreien oder Isolation als Strafe verhängen (Auszeit, Zimmerarrest), verstärken Sie bei ihm das Gefühl, dass die Bindung zu Ihnen brüchig geworden ist. Regen Sie stattdessen eine spielerische Kissenschlacht an wie zuvor beschrieben. Während dieser Spiele werden Wutgefühle durch das Lachen freigesetzt, und Ihr Kind erkennt, dass sie das Band zwischen Ihnen nicht zerstören können.

Regressionsspiele können nach der Geburt eines Geschwisterkinds ebenfalls viel bewirken. Manche Kinder beginnen aus eigenem Antrieb, sich wie ein Baby zu verhalten, wenn die Familie Zuwachs bekommen hat; sie profitieren in besonderem Maß von dieser spielerischen Rückzugsmöglichkeit auf eine frühere Entwicklungsstufe. Wenn Sie darauf eingehen und Ihr Kind wie ein Baby umsorgen, spürt es Ihre Liebe und Zuwendung in einer Phase des Umbruchs, in der es sich verwirrt, verängstigt oder ungeliebt fühlt.

Im folgenden Beispiel waren Regressions- und Machtumkehrspiele angezeigt:

Als die Schwester der siebenjährigen Caroline drei Monate alt war, suchte mich ihr Vater auf, weil ihm das Verhalten seiner großen Tochter Sorge bereitete. Er beschrieb sie als emotional verschlossen, weil es ihr schwerfiel, Gefühle zu zeigen. Außerdem hatte sie begonnen, sich häufig »wie ein Baby aufzuführen«. Der Vater hatte ein zweites Mal geheiratet, und die Mutter des Babys war eine zusätzliche Belastung für Caroline, die ihre eigene Mutter vermisste.

Ich riet dem Vater, seine Tochter nicht ständig zu ermahnen, sie solle sich wie ein großes Mädchen benehmen, sondern vielmehr auf das Babyspiel einzugehen. Er sollte sie in eine Decke wickeln, mit ihr kuscheln, sie in den Armen wiegen, ihr Lieder vorsingen und sie füttern. Darüber hinaus empfahl ich ihm Machtumkehrspiele wie die Kissenschlacht, bei der sie ihn »besiegen« durfte. Ich erklärte ihm, dass Caroline ihrer Wut in einem geschützten Raum Ausdruck verleihen sollte und Lachen ein wichtiges emotionales Ventil ist.

Gleichermaßen hilfreich ist eine Abwandlung des Nonsensspiels, bei dem die Eltern verbal miteinander wetteifern, wer von beiden mit dem älteren Kind spielen darf. Es eignet sich am besten für Kinder ab dem vierten Lebensjahr. Die meisten finden es herrlich und lachen, wenn die Eltern um das Privileg kämpfen, Zeit mit ihnen zu verbringen. Ein optimales Ende des »Streitgesprächs« wäre, dass Sie beide kooperativ mit Ihrem Kind spielen, indem Sie beispielsweise eine Decke an jeweils zwei Zipfeln fassen, Ihr Kind darin wie in einer Hängematte schaukeln und dazu singen. Für manche Eltern könnte es schwierig werden, gleichzeitig verfügbar zu sein, wenn die Familie gerade Zuwachs bekommen hat, doch wenn es Ihnen gelingt, sich hin und wieder mit dieser Aktivität vollumfänglich auf die Bedürfnisse Ihres älteren Kindes zu konzentrieren, werden Sie feststellen, dass sich die Mühe lohnt.

Anmerkung: Im 7. Kapitel des zweiten Teils finden Sie Tipps, wie Sie die Geschwisterrivalität spielerisch in den Griff bekommen, wenn sie auch nach der Säuglingsphase fortbesteht.

Spielerische Aktivitäten für Kinder nach der Geburt eines Geschwisterkinds

- **Nicht-direktive, kindzentrierte Spiele.**
- **Symbolspiele mit einer Teddybärenfamilie.**
- **Machtumkehrspiele.**
- **Nonsensspiele (zum Beispiel: Eltern »kämpfen« um das Privileg, mit dem Kind spielen zu dürfen).**

3. Kapitel

Scheidung der Eltern

Wenn sich Eltern scheiden lassen, sehen sich Kinder einer Vielzahl schmerzlicher Emotionen gegenüber, zu denen Traurigkeit, Angst, Schuld- und Schamgefühle, Verwirrung, Machtlosigkeit und Loyalitätskonflikte gehören. Diese Gefühle können Verhaltensprobleme hervorrufen, beispielsweise Aggressivität, mangelnde Kooperationsbereitschaft, Schulunlust oder Konzentrationsschwierigkeiten im Unterricht.

Scheidungskinder brauchen Stabilität, Bestätigung, Bindung und sehr viel Liebe. Die meisten im ersten Teil des Buches beschriebenen spielbasierten Aktivitäten wirken unterstützend, insbesondere Symbolspiele (zum Thema Scheidung), Kontingenz-, Nonsens-, Trennungs-, Machtumkehr- und Regressionsspiele, alle Aktivitäten mit Körperkontakt und kooperative Spiele.

Wenn Ihr Kind noch klein ist und gern mit Plüschtieren, Puppen oder Handpuppen spielt, können Sie Symbolspiele mit einer Tierfamilie spielen, die genauso strukturiert ist wie die Ihre. Stellen Sie die Geschichte Ihrer Familie nach, indem Sie beispielsweise erklären: »Mamabär und Papabär sind nicht mehr gut miteinander ausgekommen, deshalb haben sie beschlossen, getrennt voneinander zu leben. Papabär wohnt jetzt dort drüben, und Mamabär ist in dieses Haus gezogen. Aber beide lieben ihr Bärenkind und möchten mit ihm zusammen sein. Deshalb haben sie beschlossen, dass es abwechselnd bei der Mama und beim Papa wohnen darf. Auch wenn Mama und Papa nicht mehr unter einem Dach leben, haben sie ihr Kind lieb, und daran wird sich nichts ändern.«

Wenn sich Ihr Kind auf das Spiel einlässt, können Sie damit beginnen, gemeinsam die Gefühle zu ergründen, die im Zuge der elterlichen Trennung entstanden sind. Fragen Sie beispielsweise: »Was mag das Bärenkind wohl empfunden haben, als Papa Bär ausgezogen ist? War es sauer?« Falls dies so ist, können Sie Ihrem Kind vorschlagen, dass das Bärenkind dem Bärenpapa einen Tritt versetzt. Sie können dies demonstrieren, oder Ihr Kind übernimmt das selbst. Wenn das Symbolspiel es zum Lachen bringt, befinden Sie sich auf dem richtigen Weg. Wenn das Kind die Führung übernimmt und die Geschichte weiterspinnt, lassen Sie es spielen, wie es will. Durch dieses Symbolspiel zeigen Sie ihm, dass Sie seine Gefühle verstehen und akzeptieren. Gleichzeitig erzählen Sie ihm eine Geschichte, die ihm reale Informationen und die Sicherheit bietet, dass Sie Ihr Kind nie verlassen werden.

Manchmal erfinden Kinder ihre eigenen therapeutischen Spiele mit symbolischen Elementen. Hier ein Beispiel von einer geschiedenen Mutter:

Als Danielle drei Jahre alt war, beschloss ihr Vater, sich von der Familie zu trennen, weil es da eine andere Beziehung gab. Er zog in ein Apartment, wir hatten keine Ahnung, wo sich seine neue Bleibe befand. Gelegentlich kam er auf einen Sprung vorbei, sagte Danielle kurz Hallo, packte ein paar Kleidungsstücke und andere Sachen zusammen und verschwand auf schnellstem Weg. Wenn sich meine Tochter erkundigte, ob sie mitkommen dürfe, sagte er jedes Mal Nein. Und auf ihre Frage, wo er wohne, verweigerte er die Auskunft. Das führte zu Konflikten, Verwirrung und verletzten Gefühlen, nicht nur bei ihr, sondern auch bei mir.

Nachdem sich dieses Verhaltensmuster ein paar Wochen lang wiederholt hatte, eskalierte die Situation: Er hatte wie üblich abgelehnt, sie mitzunehmen. Dann schloss er die Haustür hinter sich und ließ sie auf den Treppenstufen in unserem Haus zurück, wo sie in Tränen ausbrach und einen Wutanfall bekam. Ich stand ihr bei ihrem Gefühlsausbruch zur Seite, bis sie sich ausgeweint hatte.

Als wir am nächsten Tag einkaufen gehen wollten, blieb sie an der Haustür stehen und bat mich, ich solle mich nach draußen begeben. Ich tat ihr den Gefallen. Sie knallte die Tür von innen zu. Als ich die Tür langsam öffnete, lachte sie unbändig. Sie forderte mich abermals auf hinauszugehen, und das Spiel wiederholte sich. Ich spähte ins Innere des Hauses und sah, dass sie auch dieses Mal wie verrückt lachte. Dann rief sie mich herein, und ich musste mich neben sie auf die Treppe setzen. Sie legte den Kopf auf die Stufen und tat so, als ob sie weinte, wobei sie mir von Zeit zu Zeit einen verstohlenen Blick zuwarf und lachte. Dann stand sie auf, ging zur Tür und schlug sie hinter sich zu. Als sie sie wieder öffnete, gab ich vor zu weinen und schlug mit den Händen auf die Treppenstufen ein, was sie zum Lachen brachte. Wir spielten dieses Spiel ungefähr eine Stunde lang.

Danach hatte Danielle kein Problem mehr damit, wenn ihr Vater uns verließ. Und sie verkraftete auch meine dauerhafte Trennung von ihm und den darauffolgenden Umzug in einen anderen Bundesstaat. In späteren Jahren erinnerte sie mich manchmal an unser gemeinsames Spiel auf den Treppenstufen, was uns immer zum Lachen brachte.

In diesem Beispiel erfand das Kind spontan ein therapeutisches Spiel, das einen Aspekt der Trennung vom Vater in symbolischer Form (die Tür zuschlagen) thematisierte. Die Mutter nahm aktiv am Spielgeschehen teil, indem sie die Fortsetzung, den Rollentausch und die Führung ihrer Tochter ermutigte.

Dieses Beispiel enthält darüber hinaus ein Trennungsszenario (eine Person innerhalb des Hauses, die andere Person draußen). Trennungsspiele, beispielsweise Verstecken, tragen dazu bei, die Angst Ihres Kindes vor dem Verlassenwerden zu überwinden; deshalb sollten Sie solche Spielaktivitäten so oft wie möglich einplanen.

Kontingenzspiele bieten Ihrem Kind in einer Zeit, in der es sich machtlos und außerstande fühlt, den Lauf der Ereignisse zu beeinflussen, ein gewisses Maß an Kontrolle. Tragen Sie es beispielsweise huckepack und überlassen Sie es ihm, die Richtung zu bestimmen, in die das »Pferdchen« laufen soll. Dieses Spiel gewährleistet außerdem den Körperkontakt zu Ihrem Kind.

Um ihm zu helfen, seine (möglicherweise gegen Sie gerichtete) Wut zu entlasten, sind Machtumkehrspiele ideal, bei denen Sie sich mit einem Kissen »niedergestreckt« unter einem Berg von Kissen begraben, in einen imaginären Käfig sperren oder mit einer Plastikspinne angreifen lassen. Werden Sie Ihrer Rolle gerecht, indem Sie Angst und Schwäche vortäuschen. Wenn Ihr Kind auf den Elternteil wütend ist, der den gemeinsamen Haushalt verlassen hat, können Sie es auffordern, ihn zu zeichnen oder aus Ton beziehungsweise Knetmasse zu modellieren. Danach darf es das Konterfei nach Herzenslust bekritzeln oder die Skulptur mit Fausthieben traktieren. Währenddessen spielen Sie die Rolle des Elternteils, dem es an den Kragen geht, und verleihen Ihren Höllenqualen lautstark Ausdruck. Je mehr Ihr Kind lacht, desto größer ist die befreiende Wirkung. Wenn Sie ebenfalls Wut auf Ihren Ex verspüren, wird dieses Spiel auch für Sie eine gute Therapie sein!

Nonsensspiele können diesem ernsten und belastenden Thema eine humorvolle Note verleihen. Im folgenden Beispiel aus meiner Praxis wird der Einsatz von Machtumkehr- und Nonsensspielen beschrieben, um einem Kind über die Scheidung der Eltern hinwegzuhelfen:

Nach der Trennung der Eltern und dem Umzug mit seiner Mutter und seinem jüngeren Bruder in das Haus einer Tante in einem anderen Stadtteil wurde der fünfjährige Billy mit einem Mal eigensinnig, aggressiv und rebellisch. Er versuchte mehrmals, seinen Bruder, seine Mutter und seine Tante zu schlagen. Ich erklärte der Mutter, dass Billy ihr insgeheim vorwarf, seinen Vater verlassen zu haben, und die aufgestaute Wut ein gesundes Ventil erforderte. Ich riet ihr zur Einführung von zwei Varianten des Machtumkehrspiels, um das Lachen zu fördern: Billy sollte sie mit einem Kissen schlagen, wobei sie Schwäche vortäuscht und zu Boden geht, und sie in einen imaginären Käfig aus Stühlen sperren. Diese Spiele bewirkten, dass Billy durch Lachen und Spiel »Dampf ablassen« konnte.

Als die Ehe eineinhalb Jahre später rechtskräftig geschieden wurde, verlobte sich die Mutter erneut, und Billys aggressives Verhalten trat wieder auf. Sie suchte mich ein weiteres Mal auf, und ich riet ihr und ihrem Verlobten, wieder auf die bewährten Machtumkehrspiele mit Billy zurückzukommen. Als Ergänzung empfahl ich Nonsensspiele, bei denen Mutter und Sohn das Wort »Scheidung« auf absurde Weise aussprechen sollten, um gemeinsam darüber zu lachen.

Einige Eltern glauben, aggressives Verhalten müsse mit aller Strenge unterbunden, statt ermutigt werden. Doch wenn Sie Ihrem Kind gestatten, Sie beispielsweise in einer Kissenschlacht zu schlagen oder ein Bildnis des Vaters beziehungsweise der Mutter zu zerstören, leisten Sie Gewaltausbrüchen keineswegs Vorschub. Ganz im Gegenteil, die Wut wird durch das Lachen befreit und der Wunsch nach Gewaltanwendung oder Rache gedämpft.

Kooperative Spiele sind ebenfalls ein hervorragendes Gegengewicht für Scheidungskinder. Wenn die häusliche Atmosphäre von Unfrieden und Feindseligkeit zwischen den Eltern geprägt ist, können kooperative Spiele für die Kinder eine Beruhigung und heilsame Ablenkung bieten. Werden Spiele miteinander statt gegeneinander gespielt, gewinnen Ihre Kinder das Vertrauen zurück, dass Sie auf derselben Seite stehen und gemeinsam ein Ziel verfolgen.

Beginnt Ihr älteres Kind, sich wie ein Baby zu benehmen, sollten Sie sich nicht scheuen, seinem Bedürfnis zu entsprechen, und es wie ein hilfloses kleines Wesen behandeln. Das von ihm in die Wege geleitete Regressionsspiel stellt vielleicht eine Möglichkeit dar, Erinnerungen an eine Zeit heraufzubeschwören, als das Familienleben noch harmonischer war. Wenn Sie ihm diesen Rückzug auf frühkindliche Verhaltensmuster eine Weile zugestehen, kann es Ihre Zuwendung und Aufmerksamkeit verinnerlichen und genug Kraft daraus gewinnen, um die neue Familiensituation zu bewältigen.

Mit diesen verschiedenen therapeutischen Spielformen bieten Sie Ihrem Kind wertvolle Navigationshilfen durch das Trauma, das eine Scheidung verursacht. Abgesehen von den spielbasierten Aktivitäten in diesem Kapitel können bei Scheidungskindern auch Gruppen- und Einzeltherapien angeraten sein. Der Vorteil einer Gruppentherapie ist, dass oft ein Gefühl der Verbundenheit mit anderen Scheidungskindern entsteht, die das gleiche Schicksal teilen. Diese Gemeinsamkeit kann dem Gefühl der Entfremdung oder Ausgrenzung entgegenwirken, dem Gefühl, anders zu sein als andere Kinder, das Scheidungskinder häufig schmerzhaft überkommt. Solche Quellen der Unterstützung und Heilung sind vor allem unmittelbar vor und nach einer Scheidung zu empfehlen, wenn die Gefühle aller Beteiligten hohe Wellen schlagen und Sie vielleicht weder die Zeit noch die emotionalen Ressourcen für spielbasierte Aktivitäten mit Ihren Kindern haben.

Spielerische Aktivitäten, die Kindern helfen, die Scheidung der Eltern besser zu verkraften

- **Symbolspiele** mit Requisiten oder Themen, die sich auf die Scheidung beziehen (zum Beispiel mit einer Teddybärenfamilie, in der sich die Eltern scheiden lassen).
- **Trennungsspiele** (zum Beispiel Versteckspiel).
- **Kontingenzspiele** (zum Beispiel huckepack nehmen).
- **Nonsensspiele** (zum Beispiel das Wort »Scheidung« auf komische Weise aussprechen).
- **Machtumkehrspiele** (zum Beispiel sich von Ihrem Kind mit

einem Kissen »niederschlagen« lassen oder eine Zeichnung beziehungsweise eine Skulptur aus Ton oder Knetmasse des abwesenden Elternteils zerstören).
- Kooperative Spiele und Aktivitäten.
- Regressionsspiele.

4. Kapitel

Naturkatastrophen und Gewalterfahrungen

Niemand kann mit absoluter Sicherheit sagen, wann sich Brände, Überschwemmungen, Erdbeben, Wirbelstürme, Tsunamis oder Erfahrungen von Terror oder Gewalt ereignen. Aufgrund ihrer Unvorhersehbarkeit ist es unmöglich, Kinder auf solche Heimsuchungen vorzubereiten. Das Trauma, das sie auslösen können, ist weitgehend auf diesen schlagartigen, unerwarteten Aspekt zurückzuführen, der bei Kindern und Erwachsenen ein Gefühl der Machtlosigkeit und Verletzlichkeit hervorruft. Eine natürliche Reaktion bei Kindern und Erwachsenen gleichermaßen ist die Befürchtung, dass sich solche Katastrophen wiederholen könnten und es daher geboten ist, auf der Hut zu sein und jederzeit damit zu rechnen. Diese erhöhte mentale Wachsamkeit geht oft mit dem physiologischen Zustand der Übererregung, des Hyperarousal, einher.

Zu den schwerwiegenden Verhaltensproblemen, die nach unvorhergesehenen traumatischen Erfahrungen auftreten können, gehören das Klammern, die Weigerung, zu Bett oder in die Schule zu gehen, Schlafstörungen sowie der Rückzug auf eine frühere Entwicklungsstufe, das Regressionsverhalten.

Auch wenn Sie Ihr Kind nicht für solche Schicksalsschläge wappnen können, fällt Ihnen als Eltern die wichtige Aufgabe zu, es bei der Bewältigung der traumatischen Erfahrung zu unterstützen. Bedenken Sie, dass »Weinen und Wüten« unerlässliche Mechanismen im Heilungsprozess sind. Nach dem Terrorangriff vom 11. September 2001 auf das World Trade Center in New York neigten jüngere Kinder, die Augenzeuge der Tragödie geworden waren, laut Aussage der Eltern plötzlich zu vermehrten Wutausbrüchen, eine

Entwicklung, die Monate andauerte. Diese Gefühlsexplosionen repräsentierten vermutlich das Bedürfnis, die seelischen Spannungen zu lösen und die Auswirkungen des Traumas zu verkraften.

Manchmal brechen Kinder wegen eines nichtigen Anlasses, der die traumatischen Erinnerungen auslöst, in Tränen oder Geschrei aus. Bei einem Kind, das ein verheerendes Feuer überlebt hat, kann das bereits ein Streichholz sein, das jemand anzündet. Doch einige Vorkommnisse, die zu einem Wutanfall führen, scheinen in keinerlei Zusammenhang zum ursprünglichen Trauma zu stehen. Ein Kind, das einen Wirbelsturm miterlebt hat, wird vielleicht einen Wutanfall haben, weil Sie ihm die »falschen« Frühstücksflocken vorsetzen (»Zerbrochener-Keks-Phänomen«). Wenn ein Kind sich durch Stress überfordert fühlt und das Bedürfnis hat zu weinen, kann auch ein nichtiger Anlass als Auslöser für einen Wutanfall dienen. In solchen Situationen ist es wichtig, liebevoll und unterstützend zu reagieren und gleichzeitig zuzulassen, dass der Weinkrampf oder Wutanfall seinen Lauf nimmt. (Weitere Informationen zum Thema finden Sie in meinem Buch *Auch kleine Kinder haben großen Kummer*.)

Bei Kindern, die unter traumatischen Ereignissen leiden, kann auch das Spiel den Heilungsprozess beschleunigen. Sie binden bestimmte Elemente der traumatischen Erfahrung spontan in das Spielgeschehen ein. Eine Mutter schilderte mir Folgendes:

Bei einem Großflächenbrand fielen unlängst mehr als dreihundert Häuser in unserer Stadt den Flammen zum Opfer. Die Evakuierung blieb uns erspart, aber meine Eltern, die am gleichen Ort leben, mussten zeitweilig zu uns übersiedeln, weil sich das Feuer ihrem Anwesen bedrohlich näherte. Mehrere Tage lang wussten sie nicht, ob ihr Haus überhaupt noch stand. Während dieser Zeit bemerkte ich plötzlich, dass meine fünfjährige Tochter beim Spielen so tat, als ob ihre Puppe Angst vor Feuer hätte; sie schuf eine imaginäre Szene, in der sie der Puppe ein Gefühl der Sicherheit vermittelte.

Falls Ihr Kind durch eine Naturkatastrophe in Angst und Schrecken versetzt wurde, sollten Sie den Folgen mit einer nicht-direktiven Methode entgegenwirken, indem Sie die Wahl seiner Spielaktivitäten beobachten und unterstützen. Kinder, die sich im Spielkontext relativ sicher fühlen, bringen das Thema der traumatischen Erfahrung meistens spontan zum Ausdruck und finden mithilfe Ihrer liebevollen Aufmerksamkeit einen Weg, den Selbstheilungsprozess in Gang zu setzen.

Wenn Ihr Kind nach Ihrer Einschätzung in der Lage ist, eine direktivere Methode zu verkraften, können Sie Symbolspiele mit problembezogenen Requisiten oder Themen vorschlagen, die sich auf Elemente des erschütternden Ereignisses beziehen. Wenn es beispielsweise einen Brand in der nächsten Umgebung miterlebt hat, können Sie ihm ein Spiel mit einem Spielzeug-Feuerwehrauto vorschlagen, das sich um das Thema Feuer rankt. Diese direkte Vorgehensweise ist am wirkungsvollsten, wenn Sie einen spielerischen Kontext schaffen, der Sicherheit vermittelt und eine Freisetzung der Gefühle durch Lachen fördert. Das Spiel bietet dem Kind die Möglichkeit, die seelische Erschütterung nach und nach zu überwinden.

Ein spielerischer, von Lachen geprägter Ansatz reicht oft aus, um Traumata zu überwinden, die infolge von Naturkatastrophen entstehen. Hier ein Beispiel für die Anwendung der Spieltherapie bei meiner eigenen Tochter nach einem Erdbeben:

Als Sarah zwölf Jahre alt war, wurden wir in den frühen Morgenstunden plötzlich von einem Erdbeben geweckt. Ich lief in ihr Zimmer, um sie zu beruhigen, und sie klammerte sich zitternd und weinend an mich. Ich fürchtete jedoch, dass Nachbeben erfolgen könnten, und war außerstande, ihr meine volle Aufmerksamkeit zu widmen. Nach dieser Begebenheit hatte sie Angst, allein in ihrem Zimmer zu schlafen, deshalb ließ ich sie bei mir schlafen.

Als nach einigen Wochen noch keine Besserung eingetreten war, ging ich dazu über, auf einer Matratze in ihrem Zimmer zu nächtigen, weil ich ihr dabei helfen wollte, sich wieder an das eigene Bett zu gewöhnen. Außerdem spielte ich zur Schlafenszeit ein Fantasiespiel mit ihr, das sich um das Thema Erdbeben rankte. Ich erklärte es ihr und holte ihre Zustimmung ein, bevor wir loslegten. Wir löschten das Licht, und ich setzte mich für ein paar Minuten schweigend auf ihr Bett, dann schrie ich plötzlich: »Erdbeben!«, während ich mit voller Kraft am Bettgestell rüttelte. Sarah lachte schallend. Wir spielten das Spiel jeden Abend, und ich schlief weiterhin in ihrem Zimmer.

Eines Abends nach unserem üblichen Erdbebenspiel mit viel Gelächter sagte sie: »Ich habe Angst«, und brach in Tränen aus. Sie weinte minutenlang, und ich blieb bei ihr. Schließlich legte sie sich hin und schlief ein. Am darauffolgenden Abend sagte sie zu mir: »Du kannst heute in deinem eigenen Zimmer schlafen. Ich habe keine Angst mehr.« Seit dem Erdbeben waren genau vier Wochen vergangen.

In diesem Beispiel weinte meine Tochter während des ursprünglichen Traumas, aber nicht ausreichend, um die Entwicklung posttraumatischer Ängste zu verhindern. Die spielerische Reinszenierung des Erdbebens trug zur Freisetzung dieser Ängste durch heilsames Lachen bei und ebnete den Weg für tiefer verwurzelte Gefühle und Empfindungen, die in diesem Kontext ans Tageslicht kamen. Sie weinte auch nach den Spielsitzungen, doch diese emotionale »Entladung« schien das letzte noch fehlende Element für den Abschluss des Heilungsprozesses gewesen zu sein.

Kontingenzspiele können dem Gefühl der Macht- und Hilflosigkeit nach traumatischen Ereignissen entgegenwirken. Nehmen Sie Ihr Kind beispielsweise huckepack und lassen Sie sich von ihm durch Antippen der rechten oder linken Schulter die Richtung weisen. Umfang und Komplexität der dabei geltenden Regeln sollten auf das Alter des Kindes abgestimmt sein. Wenn Sie seinen Befehlen bedingungslos Folge leisten, gewinnt es nach und nach das Gefühl der Kontrolle über seine kleine Welt zurück. Huckepackritte stellen für traumatisierte Kinder eine zusätzliche Bestätigung dar, dass sie sich sicher und geborgen fühlen können, weil sie Körperkontakt mit ihren Bezugspersonen gewährleisten. Halten Sie nach ergänzenden spielerischen Aktivitäten Ausschau, die eine liebevolle Berührung einschließen, und achten Sie darauf, Ihr Kind, sooft es möchte, in die Arme zu nehmen und mit ihm zu kuscheln.

Nach Naturkatastrophen, Terroranschlägen oder Kriegserfahrungen ist eine professionelle Psychotherapie angeraten, vor allem dann, wenn Ihr Kind außer den seelischen auch körperliche Schäden davongetragen hat, ein Familienmitglied verletzt wurde oder umgekommen ist, wenn seine Funktionsfähigkeit beeinträchtigt ist (wenn es zum Beispiel Ess- oder Schlafstörungen entwickelt, sich weigert, Ihnen von der Seite zu weichen oder zur Schule zu gehen) oder posttraumatische Symptome auftreten, die länger als einen Monat andauern. Die Empfehlungen in diesem Kapitel können helfen, doch möglicherweise reichen sie nicht aus. Und falls Sie ebenfalls traumatisiert sind, fehlen Ihnen unter Umständen die erforderlichen emotionalen Ressourcen, um Ihrem Kind ausreichend Beistand zu leisten.

Spielerische Aktivitäten zur Förderung des Heilungsprozesses bei Naturkatastrophen und Terroranschlägen

- **Nicht-direktive, kindzentrierte Spiele.**
- **Symbolspiele mit Requisiten oder Themen, die sich auf das traumatische Ereignis beziehen.**
- **Kontingenzspiele (zum Beispiel Huckepackritte, wobei das Kind die Kommandos erteilt).**
- **Aktivitäten mit Körperkontakt.**

5. Kapitel

Krankheiten, Unfälle und Klinikaufenthalte

In diesem Kapitel finden Sie Tipps für den Umgang mit Kindern während oder nach einer Krankheit, einem Unfall oder einem Klinikaufenthalt. Unfälle sind in der Kindheit etwas Alltägliches. Viele Kinder ziehen sich Beulen, blaue Flecken, Schnittwunden, aufgeschürfte Knie und einige sogar Knochenbrüche zu. Die natürliche Reaktion auf solche Kalamitäten ist Weinen, ein wichtiger Bestandteil des Heilungsprozesses. Verletzungen ziehen nicht nur körperliche Beeinträchtigungen, sondern auch seelische Erschütterungen nach sich. Zu den schmerzlichen Gefühlen und Empfindungen, die mit diesem emotionalen Trauma verknüpft sind, gehören Verwirrung, Angst, Enttäuschung oder Wut. Deshalb weinen Kinder oft, noch lange nachdem der physische Schmerz bereits abgeklungen ist.

Das Beste ist also, Ihrem Kind nach einer Verletzung mit liebevoller Aufmerksamkeit zu begegnen und ihm die Möglichkeit zuzugestehen, den Tränen freien Lauf zu lassen. Danach können weitere Interventionen in Form von Spiel und Spaß gute Dienste leisten. Diese spielerischen Aktivitäten sind auch dann hilfreich, wenn Kinder sich nicht sicher genug fühlen, um zu weinen, oder wenn Weinen für sie körperlich schwierig oder schmerzhaft ist.

Symbolspiele mit Requisiten oder Themen, die sich auf den Unfall beziehen, können sich als gleichermaßen geeignet erweisen. Wenn Kinder in einem Kontext, in dem sie sich sicher fühlen, an den Unfall erinnert werden, lachen sie meistens, und dieses Lachen trägt zur Bewältigung der Angst- und Wutgefühle bei, die sich infolge des Unfalls angesammelt haben.

Spiele dieser Art lassen sich bei Kindern jeder Altersgruppe anwenden, beim Säuglingsalter angefangen. Eine Mutter schilderte folgendes Beispiel:

Als meine Tochter ungefähr fünf Monate alt war, begann sie, sich vom Bauch auf den Rücken zu rollen und umgekehrt, immer wieder, ohne anzuhalten. Beim ersten Mal rollte sie dabei von unserem breiten Doppelbett hinunter, wo sie ihren Mittagsschlaf gehalten hatte. Zum Glück liegt die Matratze wegen der Kinder auf unserem Schlafzimmerboden, sodass sie nicht tief fiel. Ich lief sofort zu ihr, als ich sie schreien hörte. Sie beruhigte sich schnell wieder, nachdem ich sie hochgenommen hatte, fing aber wieder an zu weinen, als wir uns ein paar Minuten später der Bettkante näherten.

Nachdem sie sich ausgeweint hatte, sagte ich zu ihr: »Du bist aus dem Bett gefallen und bist furchtbar erschrocken. Sollen wir darüber reden?« Ich legte sie bäuchlings auf das Bett und sagte: »Du bist herumgerollt und hast ›Bum‹ gemacht!«

Als ich »Bum« sagte, rollte ich sie behutsam auf den Rücken und setzte eine völlig perplexe Miene auf, als wäre ich gerade auf dem Fußboden gelandet. Ich tat so, als weinte ich wie ein Baby. Sie starrte mich an, dann lachte sie laut auf. Ich wiederholte die Abfolge mehrmals, und sie lachte jedes Mal. Nach dem fünften oder sechsten Durchgang wurde das Lachen gedämpfter, und nach zwei weiteren Runden verlor sie das Interesse.

Für mich war es eine wunderbare Erfahrung, festzustellen, dass man selbst mit einem so kleinen Kind über ein Problem »reden« und es durch Spielen und Lachen (aber auch Weinen) lösen kann. Danach hatte sie nie mehr Angst aus dem Bett zu fallen.

Eine Krankheit oder ein Aufenthalt in der Klinik ist für das Kind und die ganze Familie mit großem Stress verbunden. Auch wenn Sie besorgt sind und sich überfordert fühlen, sollten Sie sich daran erinnern, dass das Spiel ein wichtiges Gegengewicht zum Ernst der Situation liefert. Es kann keine medizinische Beratung oder

Behandlung ersetzen, doch bestimmte spielbasierte Interventionen tragen dazu bei, Kindern die Verarbeitung von Gefühlen zu erleichtern, die durch Schmerzen, Krankheiten und Klinikaufenthalte verursacht wurden. Spiel und Lachen können den Genesungsprozess insgesamt beschleunigen.

Eine geeignete Spielintervention für Kinder, die einige Zeit im Krankenhaus verbracht haben, ist das Symbolspiel mit Requisiten oder Themen, die sich auf Ärzte, Kliniken und medizinische Verfahren beziehen. Geben Sie Ihrem Kind einen Arztkoffer und regen Sie es an, frei damit zu spielen. Kinder, die in ein Krankenhaus eingewiesen wurden, spielen in der Regel eifrig damit. Klinken Sie sich in das Spiel ein, wenn Ihr Kind Sie dazu einlädt, indem Sie vielleicht die Rolle des Patienten übernehmen. Sie können ein Machtumkehrspiel daraus machen, indem Sie Angst oder Bestürzung vorschützen. Wenn Ihr Kind lacht, befinden Sie sich auf dem richtigen Weg. Sie sollten nicht überrascht sein, wenn es noch Wochen oder Monate nach der Entlassung aus der Klinik Doktor spielen will.

Die wahre Ursache des Traumas, unter dem Ihr Kind leidet, könnte eine völlig andere als vermutet sein. Vielleicht denken Sie, es sei vor allem durch die Schmerzen oder körperlichen Beschwerden entstanden. Doch möglicherweise wurde es stärker durch die Trennung von Ihnen, das erzwungene Bewegungsdefizit oder andere missliche Umstände (beispielsweise nicht sehen zu können, weil es eine Augenbinde tragen musste) traumatisiert. Der am schwersten zu verkraftende Teil der Erfahrung war aber vielleicht die Ungewissheit, was passieren wird. Das Spiel mit dem Arztkoffer und die Thematisierung des Klinikgeschehens wird vermutlich aufdecken, was Ihr Kind am meisten belastet hat.

Selbst kleine Unfälle oder medizinische Maßnahmen können für Kinder mit Stress, Angst und dem Gefühl der eigenen Verletzlichkeit befrachtet sein. Eine Mutter beschrieb folgende Situation:

Eines Abends brachte ich meine sieben Jahre alte Tochter in die Notaufnahme der Klinik, weil sie Bauchschmerzen hatte. Wie sich herausstellte, war es nichts Ernstes, und sie schickten uns schließlich nach Hause. Aber danach hatte sie zahlreiche Ängste und fürchtete, wieder ins Krankenhaus gehen zu müssen. Sie weinte viel, erzählte mir von ihren Ängsten, und ich hörte aufmerksam zu. Außerdem schlug ich vor, Doktor zu spielen, worauf sie sich zunächst nicht einlassen wollte.

Vor ein paar Tagen war sie schließlich einverstanden und lachte viel bei dem Spiel. Ich tat so, als hätte ich ein Krokodil verschluckt, und jammerte laut, dass mein Bauch wehtat – mit dieser schrecklichen Kreatur darin. Meine Tochter eröffnete mir lachend, dass sie mich für lange Zeit im Krankenhaus behielte und mich später nochmals einliefern würde. Dann holte sie ihre Puppe und erklärte mir, das sei eine Krankenschwester; die Arme habe ihre Augäpfel verloren, die versehentlich in meinem Bauch gelandet wären. Ich müsse eine Weile in der Klinik bleiben, um sie herausoperieren zu lassen! Wir lachten beide. Ich konnte sehen, dass sie sich nach diesem Spiel erheblich besser fühlte.

Falls Ihr Kind an einer chronischen Krankheit leidet, ist das vermutlich eine Belastung für die ganze Familie. Wenn es genug Kraft hat, sich aufzusetzen und sich mit Spielsachen zu beschäftigen, kommen ihm die nicht-direktiven, kindzentrierten Spiele zugute, bei denen Sie ihm die Regie überlassen und seinen Anweisungen folgen. Diese »Sitzungen« festigen die Bindung und erleichtern gleichzeitig die Aufarbeitung verstörender Gefühle. Mithilfe kleiner Spielsachen können Sie mit ihm spielen, während es im Bett sitzen bleibt. Achten Sie bei allen Spielaktivitäten darauf, dass viel gelacht wird. Lachen kann Ängste abbauen, das Immunsystem stärken und körperliche Schmerzen lindern.

Auch ältere Kinder können von bestimmten Spielformen profitieren, wenn sie krank sind. Im folgenden Beispiel beschreibt eine Mutter, wie sie ihrem Sohn den Umgang mit einer beängstigenden medizinischen Diagnose erleichterte. Dabei kamen mehrere spielbasierte Strategien zum Einsatz, zu denen auch Symbol- und Machtumkehrspiele gehörten:

Als Sam acht Jahre alt war, stellte man bei ihm ein Loch in der oberen Herzkammer fest (Atriumseptumdefekt). Eines der Symptome war, dass er beim Sport oder wenn er draußen spielte, rasch ermüdete. Dazu kam eine verringerte Lebenserwartung (ungefähr fünfzehn Jahre weniger als der Durchschnitt). In den folgenden drei Jahren suchten wir mehrere Kinderkardiologen auf, die medizinische Untersuchungen durchführten und uns Ratschläge für das weitere Vorgehen erteilten; die Empfehlungen waren teilweise widersprüchlich. Zum Glück schloss sich das Loch später von allein, sodass Sam um eine Operation herumkam.

Während dieser drei Jahre halfen ihm therapeutische Spiele, die Gedanken und Gefühle in Hinblick auf seine Situation zu verarbeiten. Der erste Befund war beängstigend und ein Schock, und die anschließenden Arztbesuche glichen einer emotionalen Achterbahnfahrt. Kurz nach der Anfangsdiagnose ermutigte ich ihn, zu malen, wie es sich anfühlt, ein Loch im Herzen zu haben. Zuerst waren seine Bilder wilde, von Wut geprägte Kritzeleien. Daraus entwickelten sich allmählich Zeichnungen, die Menschen mit einem Loch im Herzen darstellten. Ich gab ihm außerdem ein Kissen, mit dessen Hilfe er seine Gefühle in welcher Form auch immer offenbaren konnte. Diese Spieltherapiesitzungen endeten häufig mit einer Kissenschlacht, bei der ich spielerisch überreagierte, wenn er mich schlug. Seine anfängliche Wut verwandelte sich in Gelächter, und bisweilen brach er in Tränen aus.

Er verlieh seinen Gefühlen und Empfindungen auch mithilfe von Ton Ausdruck, modellierte Menschen oder Tiere mit einem Loch im Herzen. Manchmal schenkte er sie mir. Den Rest bewahrte er an einem bestimmten Platz in seinem Zimmer auf und brachte sie mir von Zeit zu Zeit, aus heiterem Himmel, wie mir schien. Mir wurde klar, dass ich am besten mit ihm über seinen Gesundheitszustand reden konnte, wenn er mit seinen Tonfiguren zu mir kam.

Falls sich Ihr Kind einer medizinischen Intervention unterziehen muss, die es belastet, können Sie dabei auf Spiele zurückgreifen, um den Ablauf zu erleichtern und die Kooperationsbereitschaft zu fördern. Statt Schmerz oder Angst in den Fokus zu rücken, sollten Sie seine Aufmerksamkeit von der stressreichen Situation ablenken. Das Lachen, das mit diesem spielerischen Ansatz einhergeht, trägt zur Entspannung und Kooperationsbereitschaft bei. Ein zusätzlicher Vorteil ist, dass später die angenehmen Erinnerungen überwiegen.

Im folgenden Beispiel bereitet eine Mutter ihre Tochter in spielerischer Weise auf einen schwierigen medizinischen Eingriff vor:

Sally hatte bis zum dritten Lebensjahr eine Magensonde und Pumpe für die Sondenkost. In dieser Zeit waren Erbrechen (bis zu fünfmal am Tag) und Untergewicht ein großes Problem. Wir setzten alles daran, die Situation so oft wie möglich mit Spiel und Spaß zu erleichtern. Während sie über die Sonde ernährt wurde, was Stunden dauerte, lasen wir ihr etwas vor, oder ich dachte mir kleine Parodien aus, und sie lachte und klatschte Beifall. Ich führte auch Puppentheaterstücke für sie auf, musizierte und machte akrobatische Verrenkungen wie eine Cheerleaderin, während sie an die Pumpe angeschlossen war. Wir versuchten, die Besuche beim Arzt und in der Klinik so heiter wie möglich zu gestalten. Ich erinnere mich, dass ich mit Sally im Sportwagen durch die Gänge des Krankenhauses raste und wir so taten, als befänden wir uns auf einem Parcours im Vergnügungspark. Sally ist inzwischen fünf Jahre alt und ein glückliches, selbstsicheres Kind.

Falls Ihr Kind sehr schwach oder krank ist, können Sie versuchen, es mit einem geführten Fantasiespiel emotional aufzubauen und die Aufmerksamkeit von seinem Zustand abzulenken. Wie im letzten Beispiel besteht das Ziel darin, Angst oder Schmerzen zeitweilig »auszublenden« und Ihrem Kind stärkende, positive und schmerzfreie Vorstellungsbilder zu vermitteln. Dieser Ansatz setzt voraus, dass Sie sich Geschichten ausdenken, die Ihrem Kind das Gefühl verleihen, kraftvoll und stark zu sein. Besonders wirksam sind Geschichten, die Ihr Kind als Helden oder Heldin darstellen und Elemente seiner realen Lebenswelt einbeziehen. Geschichten mit humorvollen Aspekten, Abenteuern, Überraschungen und Magie sind besonders effektiv. Später, wenn Ihr Kind seine Gesundheit und Kraft wiedergewonnen hat, können Sie durch Symbolspiele zum Thema Ärzte und Krankenhaus dazu beitragen, dass es diese Erfahrung emotional verkraftet.

Geführte Fantasiespiele sind vor allem empfehlenswert bei Kindern, die über eine lebhafte Vorstellungskraft verfügen. Ich habe diesen Ansatz bei meiner Tochter ausprobiert, wie im folgenden Beispiel beschrieben:

Zwischen dem achten und zwölften Lebensjahr meiner Tochter Sarah griff ich zu geführten Fantasiespielen, wenn sie Fieber oder Kopfschmerzen hatte. Ich setzte mich mit einem nassen Waschlappen auf ihre Bettkante und erzählte ihr Geschichten über einen magischen Tümpel in einem Wald, zu dem ein schmaler Pfad führte. Die Wasseroberfläche war mit Seerosenblättern bedeckt, auf denen Frösche saßen, die den Tümpel bewachten. Ich beschrieb, wie ich den Pfad entlangging und den Waschlappen in das magische Wasser tauchte, das heilende Eigenschaften besaß. Ich erklärte den Fröschen, dass Sarah sich nicht wohlfühlte, und sie trugen mir auf, ihr gute Besserung zu wünschen. Dann legte ich ihr den Waschlappen auf die Stirn. Danach fühlte sie sich immer besser und gestärkt – dank unserer Geschichte vom »magischen Tümpel«.

Sobald Ihr Kind nach einer Krankheit oder einem chirurgischen Eingriff wieder zu Kräften kommt, sollten Sie nicht überrascht sein, wenn es plötzlich zu Weinkrämpfen oder Wutanfällen neigt. Diese Manifestation starker Gefühle deutet darauf hin, dass der emotionale Heilungsprozess nach dem medizinischen Trauma eingesetzt hat. Kindern, die sehr krank sind, fehlt die Energie, um zu weinen. Deshalb sind Tränen ein gutes Zeichen, dass das Kind sich auf dem Weg der Besserung befindet (natürlich vorausgesetzt, dass es nicht weint, weil es körperliche Schmerzen hat). Bieten Sie Ihrem Kind während dieser Gefühlsausbrüche einen sicheren Halt, ohne ihm Einhalt zu gebieten. Nachdem es seinen Tränen oder seiner Wut freien Lauf gelassen hat, ist es wahrscheinlich ruhiger, entspannter und positiver gestimmt. Wie zuvor erwähnt, dient oft ein nichtiger Anlass als emotionaler Auslöser für Wutanfälle (das »Zerbrochener-Keks-Phänomen«).

Einige Kinder reagieren mit der Rückkehr zu einer früheren Entwicklungsstufe auf ein medizinisches Trauma (oder andere schwerwiegende seelische Erschütterungen). Wenn Ihr Kind beginnt, sich wie ein Baby zu verhalten, sehnt es sich vielleicht nach der Geborgenheit und einer innigen Beziehung zu Ihnen, die es in dieser Phase seines Lebens verspürt hat. Es ist völlig in Ordnung, diesem Bedürfnis zu entsprechen, indem Sie mit Ihrem Kind kuscheln, es in den Armen wiegen, ihm etwas vorsingen, Babyspiele mit ihm spielen und so weiter.

Anmerkung: Im 9. Kapitel dieses Teils finden Sie Tipps, wie Sie Kinder auf medizinische Interventionen vorbereiten.

Spielerische Aktivitäten für Kinder nach Krankheiten, Unfällen und Klinikaufenthalten

- Symbolspiele (zum Beispiel Unfälle im Rollenspiel darstellen, Arztkoffer oder Ton beziehungsweise Knetmasse zum Modellieren bereitstellen).
- Nicht-direktive, kindzentrierte Spiele.
- Machtumkehrspiele.

- Nonsensspiele mit Gelächter, um Kindern die Bewältigung medizinischer Verfahren zu erleichtern.
- Geführte Fantasiespiele für kranke Kinder: Kraft verleihende Geschichten, die humorvolle Aspekte, Abenteuer, Überraschungen und Magie enthalten.
- Regressionsspiele.

6. Kapitel

Trennungstrauma

Die meisten Kinder leiden eine Zeit lang unter normaler Trennungsangst, die mit etwa acht Monaten beginnt und ein paar Jahre andauern kann. In dieser Phase neigen sie dazu, sich an die Eltern (oder Bezugspersonen) zu klammern, während der Trennung zu weinen und die Eltern bei ihrer Rückkehr stürmisch zu begrüßen. Kinder können sich in dieser Altersstufe an neue Betreuer gewöhnen, aber es bedarf oft mehrerer Besuche oder Begegnungen, bevor sie sich bei ihnen sicher und geborgen fühlen.

Sie können Ihrem Kind mit Guck-guck-Spielen auf einfache Weise helfen, die Trennung besser zu verkraften, wie folgendes Beispiel zeigt:

Zwischen dem ersten und zweiten Lebensjahr überließ ich meinen Sohn hin und wieder der Obhut einer Babysitterin, wenn ich zum Arzt oder Zahnarzt musste. Obwohl er sie gut kannte und sich in ihrer Gegenwart wohlfühlte, fiel ihm die Trennung von mir jedes Mal schwer, und er brach oft in Tränen aus.

Ich entdeckte, dass er besser damit zurechtkam, wenn wir vorher Guck-guck gespielt hatten. Ich ging nach draußen und winkte ihm durch das geöffnete Fenster zu. Dann kauerte ich mich auf den Boden, sodass er mich nicht sehen konnte, und sprang unverhofft wieder hoch, worüber er sich köstlich amüsierte. Er lachte immer aus vollem Halse. Nach mehrmaligen Wiederholungen dieses einige Minuten dauernden Spiels kehrte ich jedes Mal wieder ins Haus zurück, um ihm einen Abschiedskuss zu geben, bevor ich mich wirklich auf den Weg machte. Nach den Guck-guck-Spielen weinte er nie, sondern winkte mir zum Abschied gut gelaunt nach.

Eine längere Trennung von den Eltern (oder anderen primären Bezugspersonen) in der frühen Kindheit kann beträchtlichen Stress auslösen. Je länger die Trennung, desto stärker ist die Traumatisierung. Eine permanente Trennung von den Eltern (sei es durch Verlassenwerden oder Tod) kann ein schweres Trauma bei Kindern – gleich, in welchem Alter – nach sich ziehen, das vielleicht einer therapeutischen Intervention bedarf, um das Gefühl des Verlusts, der Verwirrung, Angst und Wut zu überwinden.

Trennungstraumata können auch dann entstehen, wenn keine physische Trennung erfolgt. Wenn Sie extrem gestresst, niedergeschlagen, sorgenvoll, wütend oder einfach mit tausend anderen Dingen gleichzeitig beschäftigt sind, können Sie Ihrem Kind vermutlich nur sehr wenig Zeit oder Aufmerksamkeit schenken. Vielleicht hat sich bei Ihnen nach der Entbindung eine Wochenbettdepression eingestellt, die dem Aufbau einer positiven, stabilen Bindung im ersten Lebensjahr Ihres Kindes im Wege stand. Ungeachtet der Gründe für die emotionale Distanz zwischen Ihnen und Ihrem Kind sollten Sie sich bewusst machen, dass es sich im Stich gelassen fühlt, wenn die Beziehung zu ihm belastet ist.

Bei Kindern, die ein Trennungstrauma erlitten haben (sei es durch körperliche Trennung oder emotionale Distanz), machen sich oft problematische Verhaltensweisen bemerkbar, wie Aggressionen, Klammern oder Kooperationsverweigerung. Oft werden sie auch unausstehlich und anstrengend. In solchen Fällen ist es besonders wichtig, jegliche Strafen zu vermeiden, die eine räumliche Trennung zwischen Kind und Eltern nach sich ziehen (Auszeit, Zimmerarrest), weil es nichts gibt, wovor es sich mehr fürchtet. Ich befürworte einen straffreien Erziehungsansatz für alle Kinder, auch wenn sie nicht traumatisiert sind.

Auch bei der Bewältigung von Trennungstraumata – ob sie auf eine physische Trennung oder emotionale Distanz zurückzuführen sind – leistet das Spiel gute Dienste. Genau wie bei der normalen Trennungsangst gehören Trennungsspiele wie Guck-guck und Verstecken zu den wirksamsten therapeutischen Interventionen, wie das folgende Beispiel belegt:

Die dreijährige Ellen erlitt ein Trennungstrauma, als ihre Mutter mit einer Appendizitis ins Krankenhaus eingeliefert wurde. Nach der Rückkehr der Mutter wachte das kleine Mädchen oft mitten in der Nacht weinend auf und schrie: »Mami, Mami!« Als die Mutter mich aufsuchte, empfahl ich ihr, die Tränenflut zu akzeptieren, ohne sie zu unterbinden. Außerdem sollte sie tagsüber Guck-guck mit Ellen spielen, um ihr Kind zum Lachen zu bringen. Nachdem sie diese Ratschläge umgesetzt hatte, schwanden Ellens Ängste und Albträume.

Körperkontakt ist gleichermaßen wichtig für Kinder, die ein Trennungstrauma erlitten haben. Die physische Nähe trägt dazu bei, das angeschlagene Gefühl der Sicherheit und Geborgenheit, des Vertrauens und der Verbundenheit wieder aufzubauen.

Kinder sind sehr erfinderisch, wenn es gilt, Nähe zu schaffen, auch wenn Erwachsene diese Aktivitäten teilweise als unangenehm oder lästig empfinden. Indem Sie dieses Verhalten als Bemühung betrachten, den Kontakt nach einer physischen oder emotionalen Trennung wiederherzustellen, lässt es sich oft in ein Spiel umwandeln.

Falls sich Ihr dreijähriger Sohn beispielsweise auf Ihre Füße stellt und die Arme um Ihre Knie schlingt, können Sie so tun, als würden Sie nichts bemerken, und versuchen, hin und her zu gehen, wobei Sie sich bitterlich beklagen, wie schwer Ihnen jeder Schritt fällt. Vermutlich wird er das lustig finden. Oder Sie geben vor aneinanderzukleben. Und wenn Ihre fünfjährige Tochter Ihnen wiederholt und sehr zu Ihrem Missfallen über das Gesicht leckt, können Sie es ihr gleichtun und sagen: »Lecker! Du schmeckst wie Schokoladeneis!« Solche spielerischen Methoden sprechen das zugrunde liegende Bedürfnis Ihres Kindes nach Nähe und einer sicheren Bindung an.

Kinder, die ein Trennungstrauma erlitten haben, sträuben sich manchmal gegen zwischenmenschliche Kontakte – eine Selbstschutzmaßnahme, die verhindern soll, dass sie sich wieder zu eng an jemanden binden (und verletzt werden). Wenn sich Ihr Kind körperlicher Nähe widersetzt, sollten Sie seine Grenzen respektieren, aber nach Möglichkeiten Ausschau halten, die Berührung in spielerische Aktivitäten einzubringen.

Selbst Kindern, die sich verschließen, fällt es schwer, dem Reiz des Hände-übereinanderlegen-Spiels zu widerstehen oder eine Einladung zum Armdrücken auszuschlagen (die Sie in ein Machtumkehrspiel verwandeln können). Vielleicht lässt Ihr Kind zu, dass Sie im Zusammenhang eines Doktorspiels seinen Puls messen oder eine Salbe auftragen. Oder Sie verstecken ein Spielzeug in Ihrem Ärmel oder unter Ihrem T-Shirt, das Ihr Kind suchen muss. Vielleicht dürfen Sie es beim Fangenspiel kurz in die Arme schließen oder beim Schubkarrenspiel an den Knöcheln halten. Wenn der Heilungsprozess angestoßen wird und Ihr Kind sein Vertrauen nach und nach zurückgewinnt, wird es den körperlichen Kontakt mit Ihnen zunehmend begrüßen.

Alle adoptierten Kinder haben ein Trennungstrauma von ihrer leiblichen Mutter durchlitten. Kinder, die vor der Adoption bei Pflegeeltern oder in einem Waisenhaus gelebt haben, müssen zusätzliche Trennungserfahrungen verkraften. Das folgende Beispiel aus meiner Praxis zeigt die Vorteile von Trennungsspielen mit einem adoptierten Kind:

Nach dem Tod der Mutter kam der zwei Tage alte David aus Rumänien in ein Waisenhaus. Im Alter von zehn Monaten wurde er von US-amerikanischen Eltern adoptiert. Schon bald offenbarten sich die ersten Verhaltensprobleme. Als er drei Jahre alt war, empfahl ein Verhaltenstherapeut eine Aus-

zeit als Strafmaßnahme, doch dadurch verschlimmerte sich Davids Verhalten noch.

Ein Jahr später erfuhren die Eltern von meiner Arbeit, strichen den Zimmerarrest aus ihrem Erziehungsrepertoire und kamen in meine Beratung. Sie beschrieben David als eigenwilligen, impulsiven, leicht reiz- und ablenkbaren, unkooperativen und aggressiven Jungen, der zu Eifersuchtsanwandlungen neigte. Im Kindergarten wurde er ständig handgreiflich, wollte stets der Erste sein und fand es zum Lachen, wenn sich andere Kinder verletzten. Er lief oft davon und versteckte sich – sowohl im Kindergarten als auch zu Hause, vor allem wenn seine Eltern Forderungen an ihn stellten. Ein Psychologe hatte festgestellt, dass die Gefahr von Entwicklungsstörungen wie Hyperaktivität, Aufmerksamkeitsprobleme und Aggressionen bei ihm bestand.

Ich gab der Mutter Tipps zur straffreien Erziehung und empfahl, das Weinen und Wüten ihres Sohnes uneingeschränkt zu akzeptieren. Dass David ständig davonlief, war für mich ein Hinweis darauf, dass er unter einem unverarbeiteten Trennungstrauma litt; deshalb schlug ich tägliche Versteck- und Fangenspiele vor. Ich erklärte der Mutter, je mehr er lachte, desto zügiger würde der Heilungsprozess vonstattengehen und eine positive Verhaltensänderung erfolgen.

Acht Wochen später besprachen wir die Ergebnisse, und die Mutter berichtete, das Verhalten ihres Sohnes habe sich erheblich gebessert. Im Kindergarten und zu Hause war er viel weniger aggressiv, ergriff nicht mehr die Flucht, sondern zeigte sich eher zur Kooperation bereit. Konzentrationsfähigkeit und Aufmerksamkeit beim Spielen hatten sich erhöht, und er fing an, im Kindergarten auch einmal stille Aktivitäten auszuprobieren, zum Beispiel Malen. Er hatte sogar mit großer Sorgfalt und Überlegung ein Blumenbild zustande gebracht, was noch nie vorgekommen war.

Der kleine David musste gleich zwei traumatische Erfahrungen verkraften: die Trennung von der leiblichen Mutter und von seinen Bezugspersonen im Waisenhaus. Das Versteckspiel, der Übergang zu straffreien Erziehungsmaßnahmen und das Wissen, dass auch starke Gefühle wie Tränen- und Wutausbrüche von seinen Eltern akzeptiert wurden, spielten vermutlich eine gleichermaßen wichtige Rolle im Heilungsprozess.

Symbolspiele mit Puppen oder Plüschtieren können ein wirksames Mittel sein, ein Kind über seine Adoption aufzuklären und ihm gleichzeitig eine Aufarbeitung des Trennungstraumas zu ermöglichen. Das wird auch in folgendem Beispiel aus meiner Praxis deutlich:

Der zweijährige Trevor war im Alter von sieben Monaten aus einem chinesischen Waisenhaus adoptiert worden. Neben anderen spielbasierten Aktivitäten (unter anderem auch Trennungsspielen) schlug ich seinen Eltern vor, ihm die Geschichte seiner Adoption anhand einer Teddybärenfamilie zu erzählen.

Bei einem der Nachfolgegespräche berichtete die Mutter, dass er die Teddybär-Aktivitäten liebte. Mitten im Spiel fielen ihm plötzlich Begebenheiten aus dem Waisenhaus ein, die er genau beschrieb! Sie war überzeugt, dass er sich an den Aufenthalt im Waisenhaus erinnerte und dass ihm die Möglichkeit, seine Erfahrungen zum Ausdruck zu bringen und im Spiel mit den Teddybären auszuagieren, dabei half, sie in einen sinnvollen Kontext zu stellen und seine Gefühle aufzuarbeiten.

Auch Regressionsspiele sind bei adoptierten Kindern empfehlenswert, denen es während des Aufenthalts in einem Waisenhaus vielleicht an Liebe und Aufmerksamkeit mangelte. Lassen Sie zu, dass Ihr Kind sich wie ein Baby verhält, während Sie es in die Arme nehmen und wiegen.

Spielerische Aktivitäten für Kinder, die unter einem Trennungstrauma leiden

- Trennungsspiele (zum Beispiel Guck-guck, Verstecken, Fangen und so weiter).
- Aktivitäten mit Körperkontakt.
- Symbolspiele mit einer Teddybärenfamilie, um die Geschichte des Kindes auszuagieren.
- Regressionsspiele.

7. Kapitel

Schulstress

Die Schule kann für Kinder eine ungeheure Belastung sein. Sie fühlen sich oft allein dadurch gestresst, dass sie stundenlang stillsitzen und sich mit Aktivitäten befassen müssen, die sie nicht frei gewählt haben. Ungeeignete Unterrichtsmethoden können Angst und Stress noch verstärken. Wenn Eltern oder Lehrer großen Wert auf die Zensuren legen, baut sich bei vielen Schülern Prüfungsangst auf. Sensible Kinder werden durch den hohen Lärmpegel oder die grelle Beleuchtung leicht überstimuliert. Auch der Zeitdruck, unter dem Schüler arbeiten müssen, kann überfordern.

Manchmal sind die Stressursachen schwerwiegender. Es erübrigt sich wohl, zu erwähnen, dass harsche Disziplin, Schikane auf dem Schulhof oder sexueller Missbrauch durch den Lehrer traumatische Auswirkungen haben können. Es gibt immer einen triftigen Grund für die Ängste und Abwehrhaltung Ihres Kindes gegenüber der Schule, und deshalb ist es wichtig, mit dem Lehrpersonal über Ihre Befürchtungen zu sprechen.

Kinder, die sich durch die Schule überfordert fühlen, zögern vielleicht, offen über ihr Problem zu sprechen. Doch sie entwickeln oft aufschlussreiche Symptome: Sie suchen Streit mit den Geschwistern, leiden unter Schlafstörungen, klagen über Kopfschmerzen, sträuben sich gegen Schule und Hausaufgaben oder klinken sich aus Familienaktivitäten aus, um sich stundenlang mit Computerspielen abzulenken. Darüber hinaus neigen sie verstärkt zu Wutausbrüchen.

Wenn Sie glauben, dass sich hinter diesen Verhaltensweisen Schulstress verbergen könnte, sollten Sie der Ursache auf den

Grund gehen. Zögern Sie nicht, sich mit den Lehrern oder dem Rektor der Schule in Verbindung zu setzen, um das Problem zu lösen, das Ihrem Kind zu schaffen macht.

Es ist außerdem wichtig, sich bewusst zu machen, dass dieses schwierige Verhalten unter Umständen nichts mit der Schule zu tun hat. Krankheit, Depressionen oder Alkoholismus im Elternhaus gehören ebenfalls zu den Faktoren, die bei einem Kind erheblichen Stress auslösen können; vergewissern Sie sich also, dass Sie auch die potenziellen Stressursachen innerhalb Ihrer Familie erforscht haben, bevor Sie zu der Annahme gelangen, die Schule sei dafür verantwortlich.

Sie können Ihrem Kind helfen, den Schulstress durch therapeutische Spiele abzubauen. Nachfolgend sind spielbasierte Methoden beschrieben, mit denen Sie drei spezifischen schulisch bedingten Stresssituationen entgegenwirken: Angst vor der Schulordnung, Mobbing und »gemeine« Lehrer.

Angst vor der Schulordnung

Manchmal entwickeln Kinder Angst, gegen eine der zahlreichen Verhaltensmaßregeln zu verstoßen, die in der Schulordnung festgehalten sind, auch dann, wenn der Lehrer keine harschen Disziplinarmaßnahmen anwendet. Diese Situation trifft häufiger bei Kindern zu, die im Elternhaus eine straffreie Erziehung genossen haben. Allein der Gedanke an eine Bestrafung – gleich, welcher Art (beispielsweise Ausschluss von der Pause) – kann sie in Angst und Schrecken versetzen.

In solchen Fällen lässt sich das Problem sehr gut in einem Spiel ansprechen. Eine wirksame Methode besteht darin, Ihr Kind durch Übertreibung und Albernheit zum Lachen zu bringen (Nonsensspiele), wie das nachfolgende Beispiel von meinem Sohn zeigt:

Bis zum zehnten Lebensjahr besuchte Nicky eine Schule, in der die Lehrer keine Strafen verhängten. Mit zehn wechselte er auf eine Schule über, an der Disziplinarmaßnahmen nach herkömmlichem Muster üblich waren. Am ersten Schultag kam er mit einer Mappe nach Hause, die eine Kopie der Schulordnung mitsamt den Konsequenzen bei Regelverstößen enthielt und den Eltern vorgelegt werden sollte. Nachdem wir die Liste gemeinsam durchgelesen hatten, verlieh Nicky seiner Besorgnis Ausdruck, sich alle merken zu können, und seiner Beklemmung angesichts der Folgen, falls er eine ungewollt missachten sollte. Er gestand, ihm sei angst und bange, zur Schule zu gehen.

Um ihm bei der Bewältigung der Angst zu helfen, dachte ich mir ein paar zusätzliche, alberne Regeln aus, nur so zum Spaß. Zum Beispiel: 1) Es ist verboten, die Schule anzuzünden. 2) Schülern ist es verboten, mit dem eigenen Auto zur Schule zu fahren. 3) Schülern ist es verboten, unbekleidet zum Unterricht zu erscheinen. 4) Es ist verboten, Schulbücher zu verspeisen. Nicky lachte, während ich die Litanei der Regeln mit gespielter Ernsthaftigkeit herunterbetete. Danach ging er den Besuch seiner neuen Schule entspannter und zuversichtlicher an (und verstieß nie gegen die Schulordnung).

Das Lachen meines Sohnes war das Schlüsselelement, das es ihm ermöglichte, seine Angst vor einem Verstoß gegen die Schulordnung loszulassen.

Mobbing

Viele Kinder leiden darunter, dass sie in der Schule gehänselt, schikaniert, gemobbt werden. Abgesehen davon, dass Sie über dieses Problem unbedingt mit dem Lehrpersonal sprechen sollten, können Sie Ihr Kind auch zu Hause unterstützen. Die nachfolgend beschriebene Erfahrung habe ich mit meinem eigenen Sohn gemacht:

Als Nicky sechs Jahre alt war, erzählte er mir, dass ein boshaftes Kind absichtlich seinen Bauklotzturm umgeworfen hatte. Ich half ihm mit einem Symbolspiel, die Erfahrung zu verarbeiten. Ich errichtete einen Miniaturturm aus kleinen Klötzchen und wählte eine Monster-Handpuppe, die das Bauwerk zerstörte. Nicky lachte und machte eifrig mit, bestand darauf, die Rolle des Rüpels zu übernehmen. Nachdem wir dieses Spiel mehrmals gespielt hatten, empfand er mehr Selbstsicherheit, um in die Schule zu gehen.

Wenn ein älteres Kind von einem Mitschüler seelisch verletzt, gequält oder schikaniert wird, können Sie ihm vorschlagen, ein Bild des »Fieslings« zu malen oder ihn aus Ton beziehungsweise Knetmasse zu modellieren. Danach fordern Sie es auf, das Konterfei oder die Skulptur zu zerstören. Aber gehen Sie nicht zu ernst an solche Aktivitäten heran. Ermutigen Sie Ihr Kind zum Lachen, indem Sie den Part des Bösewichts spielen und lautstark Ihre Höllenqualen zum Ausdruck bringen, wenn Ihr symbolischer Stellvertreter das Zeitliche segnet. Ihr Kind wird während der dramatischen Darbietung vermutlich lachen, was dazu beiträgt, Anspannung und Wutgefühle abzubauen.

»Gemeine« Lehrer

Ihr Kind könnte gestresst sein und den Lehrern die Schuld zuweisen, selbst wenn diese hoch qualifiziert und einfühlsam sind. Möglicherweise ist es das schulische Umfeld in seiner Gesamtheit, das es als Belastung empfindet. Manchen Kindern fällt es schwer, stundenlang stillzusitzen; sie langweilen sich oder sind der Ansicht, dass die Unterrichtsmethode und ihr persönlicher Lernstil schlecht zueinanderpassen. Vielleicht hat der Lehrer Ihr Kind nicht aufgerufen, als es sich gemeldet hat, und es fühlt sich übergangen. Oder es wurde für eine bestimmte Projektarbeit einer

Gruppe von Mitschülern zugeteilt, mit denen es »nicht viel am Hut hat«. In solchen Situationen könnte es sagen: »Ich hasse meinen Lehrer.« Oder: »Mein Lehrer ist gemein.«

Ihr Kind braucht Sie als Verbündeten und fühlt sich weder unterstützt noch verstanden, wenn Sie das Verhalten des Lehrers verteidigen oder ihm vor Augen halten, wie fantastisch er ist (auch wenn es der Wahrheit entspricht). Wenn Ihr Kind ihn als gemein empfindet, sollten Sie es akzeptieren, ohne ein Werturteil zu fällen. Welche Gründe es für die Abneigung gegen den Lehrer auch geben mag, Sie können Ihrem Kind mit Symbolspielen zum jeweils relevanten Schulthema helfen. Viele Kinder spielen von sich aus mit Freunden oder Geschwistern »Schule« und können dadurch die realen Schulerfahrungen besser verarbeiten. Wenn Sie die Emotionen Ihres Kindes wertfrei zur Kenntnis nehmen und es motivieren, sie im Spiel zum Ausdruck zu bringen, beschleunigen Sie den Heilungsprozess.

Beim Schulespielen sollten Sie Ihrem Kind die Wahl der Rolle (Lehrer oder Schüler) und die Regie überlassen. Ihre Aufgabe besteht darin, dafür zu sorgen, dass das Spiel nicht allzu ernst wird. Wenn Ihr Kind den Part des Schülers übernommen hat, können Sie die Aktivität in ein Machtumkehrspiel verwandeln, indem Sie einen unfähigen Lehrer mimen, dem offenkundige Fehler unterlaufen, oder einen gestrengen Pädagogen darstellen, der drastische Strafen verhängt. Wenn Ihr Kind lieber der Lehrer sein möchte, können Sie ein aufmüpfiges Kind spielen, das sich irgendwann (auf übertriebene Weise) der Autorität beugt, wenn der Lehrer es zurechtweist oder bestraft. Solange der aberwitzige und humorvolle Aspekt im Vordergrund steht, wird Ihr Kind die Spielsituation nutzen, um seiner inneren Anspannung durch Lachen Luft zu machen.

Wenn Ihr Kind zu alt ist, um Schule zu spielen, können Sie ihm vorschlagen, den Lehrer zu zeichnen oder aus Ton oder Knetmasse zu modellieren und das Bild oder die Skulptur anschließend zu zerstören, während Sie die Geräuschkulisse eines Menschen beisteuern, der Folterqualen leidet. Diese Methode gleicht der zuvor beschriebenen für den Umgang mit Mobbing.

Sie üben weder harsche Kritik, noch untergraben Sie die Autorität des Lehrers, wenn Sie Ihrem Kind gestatten, Aggressionen gegenüber einem symbolischen Stellvertreter abzureagieren, oder wenn Sie die Rolle eines inkompetenten oder »gemeinen« Lehrers spielen. Ihr Kind muss wissen, dass Sie bereit sind, das gesamte Spektrum seiner Gefühle und Empfindungen zur Kenntnis zu nehmen und vorbehaltlos zu akzeptieren. Wenn der symbolische Angriff auf den Lehrer im geschützten häuslichen Umfeld bewirkt, dass Stress oder Wutgefühle gemindert werden, dann sollte Ihr Kind die Gelegenheit erhalten, seinem Bedürfnis Rechnung zu tragen. Mithilfe dieser Methode wird der Stress verarbeitet, dem es sich in der Schule ausgesetzt fühlt, gleich, ob der Lehrer die Schuld daran trägt oder nicht. Danach wird Ihr Kind gestärkt in die Schule zurückkehren, sich verstanden und zuversichtlich fühlen und Sie später vielleicht mit der Feststellung überraschen, dass der Lehrer doch nicht so schlecht ist wie gedacht!

Anmerkung: Tipps für den Umgang mit Kindern, die unter Hausaufgabenstress leiden, finden Sie im Teil 2 des Buches, 9. Kapitel. Informationen zur Vorbereitung des Kindes auf eine neue Schule oder eine bevorstehende Prüfung siehe Teil 3, 9. Kapitel.

Spielerische Aktivitäten zur Bewältigung von Schulstress

- **Nonsensspiele** (zum Beispiel absurde Verhaltensregeln für die Schule vorschlagen).
- **Machtumkehrspiele** (zum Beispiel Spiele, bei denen die Eltern

die Rolle eines unfähigen oder »gemeinen« Lehrers übernehmen).
- Symbolspiele mit Spielsachen oder Themen, die sich auf den Schulstress beziehen (zum Beispiel: Das Kind übernimmt die Rolle des »Tyrannen« oder zerstört eine Tonskulptur des »Tyrannen« oder Lehrers).

8. Kapitel

Phobien und Ängste

Wenn Kinder Angst haben, fangen sie bisweilen an zu klammern, weinerlich, störrisch oder unkooperativ zu werden. Verängstigte Kinder widersetzen sich außerdem der Trennung von ihren Bezugspersonen, leiden unter Schlafstörungen oder legen aggressive Verhaltensweisen an den Tag. Ihre Fähigkeit, zu lernen, innerlich zu wachsen und liebevolle Bindungen zu anderen Menschen einzugehen, ist beeinträchtigt. Wenn Sie Schritte einleiten, um Ihrem Kind bei der Überwindung seiner Ängste zu helfen, bessert sich sein Verhalten, und das Stressniveau für die gesamte Familie wird gesenkt.

Ängste in der Kindheit lassen sich vor allem auf zwei Ursachen zurückführen. Entwicklungsbedingte Ängste können durch das wachsende Todesbewusstsein und eine lebhafte Fantasie entstehen, während traumatische Ängste nach seelischen Erschütterungen auftreten. Sie können Ihrem Kind mit spezifischen Spielformen bei der Überwindung beider Angstkategorien helfen.

Entwicklungsbedingte Ängste

Mit ungefähr drei Jahren wird Kindern die Existenz des Todes bewusst, sowohl des eigenen als auch der Eltern. Dieses Bewusstsein der Sterblichkeit kann zu einem Gefühl der Verletzlichkeit und zu neuen Ängsten führen. Zu den typischen Symptomen gehören Angst vor der Dunkelheit, vor der Badewanne, Toilette, Tieren und imaginären Ungeheuern. Diese frühkindlichen Ängste können bis zum achten Lebensjahr andauern, manchmal sogar länger.

Symbolspiele mit Requisiten oder Themen, die in Zusammenhang mit der Angst des Kindes stehen, haben sich hier besonders bewährt. Im folgenden Beispiel griff eine Mutter zu symbolischen Spielen mit ihrem dreijährigen Sohn, der eine Schlangenphobie entwickelt hatte:

Eric erkrankte unmittelbar vor seinem dritten Geburtstag an den Windpocken. Damit begann seine panische Angst vor Schlangen. Ich weiß nicht, ob es purer Zufall war oder etwas damit zu tun hatte, dass die Windpocken juckten. Eines Abends glaubte er, Schlangen auf dem Fußboden zu sehen. Und auf mir! Es kam mir fast wie eine Wahnvorstellung vor. Die Angst kehrte am Abend zurück, vor allem wenn er todmüde war. Manchmal wachte er mitten in der Nacht auf und bildete sich ein, Schlangen zu sehen. Das ging monatelang so weiter.

Sein älterer Bruder interessierte sich damals brennend für Kobras, und Eric fand sie ebenfalls faszinierend, daher wusste er einiges über Schlangen. Ich versuchte, ihn zum Lachen zu bringen. Wir modellierten Schlangen aus Knetmasse, schufen ganze Schlangenfamilien. Es machte Spaß, sie anschließend mit dem Messer zu zerstückeln, und wir lachten viel. Wir spielten auch mit Plastikschlangen und taten so, als fürchteten wir uns vor ihnen. Seine Angst ließ allmählich nach.

Das folgende Beispiel zeigt die Anwendung eines Symbolspiels bei meiner Tochter, die Angst vor Spinnen hatte. Das Szenario entwickelte sich zu einem Machtumkehrspiel, in dem ich Angst vortäuschte:

Als Sarah vier Jahre alt war, entwickelte sie eine Spinnenphobie. Um ihr bei der Überwindung dieser Angst zu helfen, griff ich zu einem Spiel, bei dem ich mit meinem Finger über ihren Arm oder ihr Gesicht huschte und sagte:

»Huch, da krabbelt eine Spinne!« Damit löste ich immer schallendes Gelächter aus. *Danach wollte sie die Spinne spielen, also wechselten wir uns ab. Wenn sie an der Reihe war, tat ich zutiefst verängstigt. Nachdem wir das Spiel mehrmals wiederholt hatten, geriet sie beim Anblick einer Spinne nie mehr in Panik.*

Mein Sohn genoss das folgende Machtumkehrspiel, als er anfing, sich vor bestimmten Tieren zu fürchten:

Mit drei entwickelte Nicky plötzlich Angst vor allen Tieren (realen oder imaginären), die Menschen fraßen, Haie, Löwen, Tiger und Drachen eingeschlossen. Er weigerte sich sogar, Bücher anzuschauen, die Abbildungen von ihnen enthielten. Es machte ihm jedoch Spaß, einen Tiger zu spielen, der im ganzen Haus Jagd auf mich machte. Er lachte unbeschwert, als ich Angst vortäuschte und weglief. Wenn ich mich fangen ließ, tat er so, als würde er mich mit Genuss verspeisen.

Eine Mutter beschrieb folgendes Machtumkehrspiel mit ihren beiden Söhnen und deren Freunden:

Zwischen dem vierten und achten Lebensjahr meiner Söhne spielte ich mit ihnen und ihren Freunden oft draußen, und zwar ein Spiel, das wir »Die böse Hexe« nannten. Ich tat so, als wäre ich eine hungrige Hexe, die Kinder anlockte und in den Suppentopf steckte. Aber ich konnte ihrer nur habhaft werden, wenn sie die Sicherheit ihres Zufluchtsorts verließen, um sich auf Schatzsuche zu begeben. Wenn es mir gelang, ein Kind zu erwischen, landete es in einem imaginären Topf, und ich setzte meine Jagd nach weiteren Opfern fort. Das gefangene Kind konnte jedoch entkommen, wenn es von einem anderen Kind abgeklatscht wurde.

Während sich die Kinder gegenseitig befreiten, sobald ich wegschaute, gab ich mich zunehmend entmutigt und erschöpft. Am Ende des Spiels waren alle Kinder frei und sammelten die Schätze ein. Ich rollte auf dem Boden hin und her, hungrig und verzweifelt, weil sich kein Kind mehr in meinem Suppentopf befand und ich darben musste. Die Kinder fanden das Spiel herrlich und lachten viel.

Wenn Sie die Ängste Ihres Kindes mit symbolischen Aktivitäten oder Machtumkehrspielen in Angriff nehmen, sollten Sie diese schrittweise einführen und den Reaktionen Ihres Kindes einfühlsam begegnen. Überlassen Sie ihm die Führung. Es wird Ihnen zeigen, ob das prekäre Gleichgewicht zwischen Angst und Sicherheitsgefühl gewahrt ist.

Kinder scheinen intuitiv zu wissen, welche therapeutischen Aktivitäten hilfreich sein könnten, und erfinden manchmal selbst Spiele, um ihre Ängste zu besiegen. Im Folgenden sind zwei Spiele beschrieben, die sich meine Tochter ausgedacht hat:

Im Alter von sechs Jahren erfand Sarah ein Spiel, das sie »Das Gefahrenhaus« nannte. Sie stellte sich auf das Dach des kleinen Spielhauses in unserem Garten und verkündete, sie biete Rettungsdienste an. Als Erstes sollte ich ein kleines Mädchen darstellen, das in einen Teich gefallen war und nicht schwimmen konnte. Sie eilte herbei und zog mich mit einem Stock an Land. Dann musste ich auf einen Baum klettern und so tun, als steckte ich dort oben fest. Sie kam mit einem Seil, an dem sie mir hinunterhalf. Dann erhielt ich die Anweisung, auf einem Gartenstuhl Platz zu nehmen, der sich in einem brennenden Haus befände. Sie schleppte ein imaginäres Trampolin herbei und forderte mich auf, mich mit einem Sprung in Sicherheit zu bringen. Und schließlich erklärte sie, ich sei von giftigen Schlangen umzingelt, die sie mit einem Stock, sprich Gewehr, erschoss.

Als sie acht war, dachte sie sich ein anderes interessantes Spiel aus, »Das Spiel der Finsternis«. Wenn es abends dunkel wurde, schaltete sie das Licht aus, und ich musste mich so leise wie möglich im Zimmer verstecken, während sie Lärm machte, damit sie nicht hörte, wo ich mich befand. Dann tastete sie sich durch den dunklen Raum und suchte mich. Sobald sie mich entdeckt hatte, sollte ich »Buh!« rufen. Natürlich lachte sie dabei. Nach mehreren Wiederholungen wollte ich von ihr wissen, warum ihr das Spiel so gut gefiel. »Ich verliere dabei meine Angst vor der Dunkelheit«, erklärte sie spontan.

Durch »Ausspielen« dieser Fantasieszenen arbeitete meine Tochter einen Teil ihrer Ängste auf. Ich hatte das Gefühl, dass meine aktive Beteiligung in hohem Maß zur therapeutischen Wirksamkeit beitrug. Wenn Ihr Kind Sie also zu solchen Spielen auffordert, sollten Sie alles daransetzen, die erforderliche Zeit und Energie aufzubringen.

Zwischen dem achten und zwölften Lebensjahr denken Kinder oft mit einem neuen Bewusstsein über das Konzept des Todes und den Sinn des Lebens nach. Die Angst vor dem Tod kann in diesem Stadium der Entwicklung zurückkehren. Im Gegensatz zu den frühkindlichen, irrationalen Ängsten können die Ängste nun ziemlich realistisch sein. Spiele, die Kindern gestatten, dem Thema Tod eine humorvolle Seite abzugewinnen, sind unter Umständen sehr hilfreich. Das folgende Beispiel zeigt, wie mein Sohn mit einem Nonsensspiel seine Angst vor dem Tod überwand:

Als Nicky zehn Jahre alt war, schien er sich intensiv mit Themen wie Tod und Krieg zu beschäftigen, denn er stellte ständig Fragen dazu, zum Beispiel: »Wozu lebe ich überhaupt, wenn ich doch irgendwann sterben muss?« Oder: »Muss ich in den Krieg ziehen und kämpfen, wenn ich groß bin?« Ich bemühte mich, seine Fragen zu beantworten und ihn bestmöglich zu beruhigen. Doch seine Obsession und Ängste hielten an, und zwei Albträume, in denen es um den Tod ging, brachten ihn zum Weinen. Ich unterstützte sein Bedürfnis, den Tränen freien Lauf zu lassen, und versuchte gleichzeitig mit einem spielerischen Ansatz, ihn bei der Bewältigung dieser schwierigen Entwicklungsphase zu unterstützen.

Eines Abends sagte ich beim Zubettgehen zu ihm: »Vor welchem Wort, das mit T anfängt, hast du Angst?« (Gemeint war das Wort »Tod«, das ich jedoch nicht aussprach.) »Lass mich raten: Torten? Türgriffe? Tautropfen?« Er begann zu lachen und ließ sich auf das Spiel ein, spontan Gegenstände zu benennen, die mit dem Buchstaben T begannen. Gemeinsam taten wir, als fürchteten wir uns davor. Nachdem wir dieses Spiel ein paarmal vor dem Zubettgehen gespielt hatten, verblasste sein zwanghaftes Interesse am Tod.

Als meine Tochter einen Albtraum hatte, griff ich zu einer ähnlichen Methode:

Nachdem Sarah, zu dem Zeitpunkt acht Jahre alt, den ganzen Tag auf einem Hügel Schlitten gefahren war, wachte sie nachts von einem Albtraum auf, in dem sie mit dem Schlitten eine Klippe hinunterstürzte. Sie brach in Tränen aus, die aber bald versiegten. Sie erklärte jedoch, sie habe Angst einzuschlafen.

»Das war ein ziemlich furchteinflößender Traum. Dachtest du, du müsstest sterben?«, hakte ich nach.

Sie erwiderte aufgebracht: »Sag das Wort nie wieder. Es macht mir Angst.«

Dann kam mir die Idee, meine Frage neu zu formulieren und »sterben« durch ein Wort zu ersetzen, das sich darauf reimte: »Dachtest du, du müsstest mir den Spaß verderben?« Sie lachte, und das jedes Mal, wenn wir das Wortspiel wiederholten. Danach legte sie sich wieder hin und schlief umgehend ein.

Traumatische Ängste

Zusätzlich zu den normalen, entwicklungsbedingten Ängsten während der Kindheit können traumatische Ereignisse Angstzustände auslösen. Auch hier tragen Symbolspiele in hohem Maß zur

Überwindung der Angst bei. Eine Variante des Symbolspiels ist das Rollenspiel. Wenn Ihr Kind unter posttraumatischen Ängsten leidet, können Sie ihm helfen, die Erfahrung auf spielerische Weise zu verarbeiten und den Desensibilisierungsprozess einzuleiten.

Eine Mutter schilderte das folgende Fallbeispiel:

Als meine Tochter sechs Jahre alt war, wohnten wir in einer Kleinstadt. Normalerweise ging sie nach der Schule immer gemeinsam mit einem Kind aus der Nachbarschaft nach Hause. Eines Tages war das Mädchen nicht zum Unterricht erschienen. Als meine Tochter allein den Heimweg antrat, näherte sich ein Auto mit ein paar Jugendlichen, die sie zu sich winkten. Sie ließ vor Schreck die Dose mit dem Pausenbrot fallen und lief davon. Nach diesem Zwischenfall hatte sie Angst, auch nur einen Fuß vor die Tür zu setzen, selbst in meiner Begleitung. Wenn sie zu Fuß die Hauptstraße entlangging, Hand in Hand mit ihrem Vater und mir, brach sie in Tränen aus und flehte uns an, sie nach Hause zurückzubringen. Wie oft wir auch versuchten, sie zu beschwichtigen oder mit ihr darüber zu reden, die Ängste ließen nicht nach, und deshalb suchten wir Hilfe bei einem lokalen Kriseninterventionsdienst.

Der Psychologe führte ein kurzes Gespräch mit uns dreien, um etwas über den Auslöser zu erfahren, bevor er sich mit unserer Tochter über die Angst unterhielt, von den Jugendlichen entführt zu werden. Dann schlug er ein Rollenspiel vor, bei dem alle Familienmitglieder (wir, unsere Tochter und ihre beiden älteren Brüder) abwechselnd die Rolle des Kindes und der Teenager übernehmen sollten. Wir sollten »knüppeldick auftragen« und Spaß daran haben. Wir ließen uns bereitwillig auf den Vorschlag ein. Wir stellten die Begebenheit ein- oder zweimal am Tag nach, eine ganze Woche lang.

Beim nächsten Beratungstermin konnten wir berichten, dass sich die Ängste in Luft aufgelöst hatten und unsere Tochter wieder genauso unbeschwert war wie früher! Von da an – und für den Rest der Schulzeit – ging sie ohne Begleitung eines Erwachsenen nach Hause, und die Angst kehrte nie mehr zurück.

Im folgenden Beispiel aus meiner Praxis entwickelte ein Kind Ängste, nachdem es von einem traumatischen Ereignis gehört hatte, das jemand anderen betraf. Die Mutter half ihrem Sohn, sie mit Symbol- und Machtumkehrspielen abzubauen:

Der fünfjährige Victor hatte Angst vor Polizisten und dem Tod, nachdem er vom Schicksal einer Familie erfahren hatte, deren erwachsener Sohn von einem Polizisten erschossen worden war. Er fragte ständig, ob man ihn und seinen Bruder umbringen würde, oder zielte mit dem Finger auf seine Mutter und schrie: »*Peng, peng!*« *Ich schlug ein Spiel mit einem imaginären Polizisten in Uniform und Dienstmütze und ein Machtumkehrspiel vor, bei dem die Mutter Angst vortäuschen und sich auf den Boden fallen lassen sollte, wenn der Sohn sie mit seiner* »*Schusswaffe*« *bedrohte. Ich erklärte ihr, dass Victor seine Ängste mithilfe dieser Spiele auflösen könne, vorausgesetzt, sie brächten ihn zum Lachen.*

Kinder können selbst durch scheinbar nebensächliche Situationen traumatisiert werden, wenn beispielsweise ein Lehrer sie während des Unterrichts korrigiert. Sensible Kinder empfinden Verbesserungen oft als Kritik und fürchten danach, Fehler zu begehen. Im folgenden Beispiel wurde die Leistungsangst sowohl in Symbol- als auch in Machtumkehrspielen thematisiert:

Die sechsjährige Wendy war im Malkurs von ihrer Lehrerin auf Unstimmigkeiten in ihren Zeichnungen hingewiesen worden. Seither war ihr die Lust am Malen vergangen, und sie zögerte, neue Dinge auszuprobieren. Sie las auch schon recht flüssig, weigerte sich aber, laut vorzulesen – aus Angst, ihr könnte ein Fehler unterlaufen. Sie wurde nervös und verlor auch bei anderen Aktivitäten leicht ihr Selbstvertrauen, wenn sie Fehler beging (zum Beispiel bei einem Online-Phonetik-Programm).

Ihre Mutter brachte sie zu einer Spielcoachingsitzung in meine Praxis. Wir begannen mit nicht-direktiven, kindzentrierten Aktivitäten und einem

Machtumkehrspiel mit ihrer Mutter; dann eröffnete ich den beiden, dass ich ihnen und einem Plüschlöwen ein neues Spiel beibringen würde. Ich warnte Wendy vorab, dass es dem Löwen schwerfalle, etwas Neues zu lernen und er am Anfang eine Menge Fehler mache. Ich gab Wendy acht unterschiedlich geformte Bauklötze, die zu einem Satz gehörten, und platzierte das gleiche Set vor dem Löwen. Ich bat Wendy, mit ihren Klötzchen etwas zu bauen, und dann würden wir sehen, ob der Löwe es nachbauen könne.

Nachdem Wendy eine einfache Blockkonstruktion errichtet hatte, schlüpfte ich in die Rolle des Löwen und versuchte, das Bauwerk zu kopieren, wobei mir natürlich ein Fehler unterlief. Wir wiederholten das Ganze mehrmals, wobei Wendy jeden Fehler des Löwen korrigierte. Dann tat ich so, als bekäme der Löwe einen Wutanfall, weil er so frustriert war. Wendy kicherte. Nun wollte sie den Löwen spielen, wobei sie es sichtlich genoss, Fehler zu machen und einen Wutausbruch vorzutäuschen. Wir tauschten die Rollen mehrmals, auch die Mutter nahm teil. Irgendwann tröstete Wendy den Löwen mit den Worten: »Jeder macht Fehler.« Wir setzten die Aktivitäten ungefähr eine halbe Stunde fort, bis sie etwas anderes spielen wollte. Nach der Sitzung bat sie ihre Mutter, ihr haargenau den gleichen Plüschlöwen zu schenken.

In der darauffolgenden Woche erklärte sie ihrer Mutter: »Ich bin das genaue Gegenteil vom Löwen. Ich habe keine Angst, Fehler zu machen.« Die Mutter bemerkte auch eine Veränderung in Wendys Einstellung zu ihren Online-Phonetik-Übungen. Wenn ihr ein Fehler unterlief und die Computerstimme »Falsch« verkündete, konterte das Mädchen: »Na und?« Früher hatte sie immer erregt und eingeschüchtert auf die Korrekturen reagiert. Ein paar Wochen später legte sie ein Malbuch an und verkündete selbstbewusst, dass sie ihre Bilder veröffentlichen wolle.

Dass die Angst vor Fehlern in einem spielerischen Kontext zur Sprache kam, half Wendy, Selbstvertrauen zu gewinnen. Ihr Wunsch, einen ähnlichen Löwen wie den in der Sitzung zu haben, deutete darauf hin, dass sie das Spiel zu Hause fortsetzen wollte.

Zusammenfassend sollten Sie sich noch einmal vor Augen halten, dass Ängste bei Kindern entweder die Begleiterscheinung einer ganz normalen Entwicklungsphase oder aber die Folge einer traumatischen Erfahrung sein können. In beiden Fällen können sie zu Verhaltensproblemen beim Kind führen und Stress für die ganze Familie mit sich bringen. Sie können Ihr Kind dabei unterstützen, diese Ängste mithilfe spezifischer therapeutischer Spielformen zu überwinden. Wenn sie dennoch die Fähigkeit Ihres Kindes beeinträchtigen, den normalen Alltag im häuslichen oder schulischen Bereich zu bewältigen, oder länger als einen Monat nach dem traumatischen Ereignis andauern, ist eine professionelle Beratung angeraten.

Spielerische Aktivitäten zur Bewältigung von Phobien und Ängsten

- Symbolspiele mit Requisiten oder Themen, die sich auf die Phobie/Angst beziehen (zum Beispiel Schlangen aus Ton oder Knetmasse, Fehler machen).
- Machtumkehrspiele, die auf Ängste des Kindes Bezug nehmen (zum Beispiel Tiger, Monster, Hexen, Polizisten).
- Nonsensspiele, in denen die Angst übertrieben oder grotesk dargestellt wird (zum Beispiel Angst vor dem Buchstaben T vortäuschen, wenn sich ein Kind vor dem Tod fürchtet).

9. Kapitel

Vorbereitung auf große Herausforderungen

Das Leben eines Kindes ist angefüllt mit Herausforderungen wie dem ersten Schultag, medizinischen Maßnahmen, der Geburt eines Geschwisterkinds oder einem Umzug. Manchmal schlägt sich die Angst vor so einschneidenden Ereignissen in Problemverhalten nieder. Die Kinder fangen an zu klammern, quengeln, stellen Ansprüche, werden widerspenstig, »unerträglich« oder aggressiv. Einige neigen zum Rückzug auf frühere Entwicklungsstufen, wenn sich eine Herausforderung abzuzeichnen beginnt.

Sie bereiten Ihr Kind am besten durch Symbolspiele mit problembezogenen Requisiten oder Themen auf die Herausforderung vor. Dieser Ansatz gleicht den in früheren Kapiteln beschriebenen Strategien zur Bewältigung traumatischer Erfahrungen (zum Beispiel Naturkatastrophen oder medizinischen Interventionen) und hat sich auch bei Ängsten und Phobien bewährt.

Das folgende Beispiel beschreibt den Einsatz von Symbolspielen bei der Vorbereitung eines Kindes, das mit dem Schulbus fahren muss:

Die fünfjährige Anne-Marie wusste, dass sie im September zum ersten Mal in ihrem Leben mit einem Schulbus fahren musste. Im Juli machten sich Anzeichen von Stress bemerkbar, und sie stellte immer wieder Fragen, die den Bus betrafen. Auf meinen Vorschlag hin besorgten die Eltern einen großen Pappkarton (Verpackungsmaterial eines neuen Kühlschranks), schnitten eine Tür und Fenster aus und malten ihn gelb an (wie den Schulbus). Anne-Marie und ihre Eltern spielten während der Sommermonate stundenlang die Fahrt mit dem Bus aus Pappe in allen Einzelheiten durch. Am ersten Schul-

tag stieg Anne-Marie selbstsicher ein, als der Schulbus vor der Tür ihres Elternhauses hielt, um sie abzuholen.

Manchmal erfinden Kinder ihre eigenen Symbolspiele, um sich für Neuerungen in ihrem Leben zu rüsten. Das folgende Beispiel zeigt, wie mein Sohn den ersten Tag im Kindergarten probte:

Nicky kam mit drei in den Kindergarten; am Tag zuvor erfand er ein Spiel mit imaginären kleinen Kindern (die oft Eingang in seine Fantasiewelten fanden). Er brachte sie zum Kindergarten, ging ohne sie in ein Restaurant zum Essen und holte sie im Anschluss wieder ab. Dann brachte er sie zu mir und erkundigte sich, wie es ihnen im Kindergarten gefallen habe. Offensichtlich wollte er, dass ich mich zu ihrem Sprachrohr machte, also kam ich der Aufforderung nach, schlüpfte in die Rolle der Kinder und erzählte in allen Einzelheiten, womit sie sich im Kindergarten die Zeit vertrieben hätten. Er bestand darauf, das Spiel mehrmals zu wiederholen. Dann beschloss er, dass ich das Kind und er der Vater sein sollte, der mich zum Kindergarten fuhr. Er schnallte mich in einem imaginären Kindersitz an und brauste mit seinem imaginären Auto los. Den ersten Tag im Kindergarten ging Nicky eifrig und selbstbewusst an.

Rollenspiele können sich auch als hilfreiche Technik erweisen, wenn es gilt, Kinder auf medizinische Maßnahmen vorzubereiten. Eine Mutter schilderte folgende Begebenheit:

Als Caitlin drei Jahre alt war, fiel sie von der Wohnzimmercouch und prallte mit dem Gesicht, genauer gesagt mit einem Zahn und der Lippe, gegen unseren hölzernen Couchtisch. Die Verletzung blutete stark und zog ein großes Geschrei nach sich. Später erfuhren wir, dass der Zahn gezogen werden musste, weil er an der Wurzel abgestorben war und sich über der Stelle ein Abszess gebildet hatte. Mein Mann und ich wollten bei der Extraktion dabei sein, die mit örtlicher Betäubung durchgeführt werden sollte.

Um sie darauf vorzubereiten, baute ich ihr Puppenhaus auf und schlug vor: »Komm, lass uns Zahnarzt spielen und einen Zahn ziehen.« Caitlin wählte die Puppen aus, die alle dabei Anwesenden repräsentierten, sie selbst eingeschlossen. Beim ersten Mal übernahm ich sämtliche Rollen, bis auf ihre. Als der Zahnarzt an der Reihe war, erklärte ich ihr den Ablauf der Prozedur und zeigte ihr die Instrumente. Das war ziemlich komisch, weil die Instrumente im Vergleich zu den Puppen riesig waren! Dann spielten wir die einzelnen Schritte durch, angefangen bei der Spritze, die ein Taubheitsgefühl im Mund hervorruft. Das Spiel machte ihr offenbar so großen Spaß, dass sie es mehrmals wiederholen wollte. Beim ersten Durchgang war sie neugierig und wie gebannt, doch mit jeder Wiederholung wurde sie aktiver, brachte sich zunehmend ein. Und je öfter wir spielten, desto mehr lachte sie. Schließlich übernahm sie die Rolle des Zahnarztes.

Dieses Rollenspiel trug dazu bei, die Angst abzubauen, die sich im Vorfeld einer solchen Behandlung entwickelte, und bereitete sie optimal auf die Erfahrung vor. Als der Tag der Extraktion kam, war Caitlin ruhig, entspannt und kooperativ. Sie brach weder in Tränen aus, noch wehrte sie sich. Die Prozedur löste allem Anschein nach kein Trauma aus. Der Zahnarzt war beeindruckt von der Ruhe und Gelassenheit, mit der ein Kind in diesem Alter auf die Behandlung reagierte.

Kinder entwickeln manchmal ihre eigenen kreativen Strategien, um die Angst vor einem beängstigenden Ereignis, wie zum Beispiel einem medizinischen Eingriff, zu überwinden, wie das folgende Beispiel zeigt:

Als Nancy vier Jahre alt war, mussten ihr die Polypen entfernt werden. Nach unserem Vorgespräch mit dem Chirurgen hatte sie Angst vor der Narkose. Ich erklärte ihr, wie man sie zum Einschlafen bringen würde, doch das schien nicht zu helfen. Der Ablauf kam ihr immer noch unheimlich vor. Ein paar Tage später, als wir zur Schlafenszeit im Bett saßen und malten, ließ sie sich plötzlich hinfallen, legte meine Hand über ihre Nase und ihren Mund, atmete höchst dramatisch ein und aus und tat so, als würde sie wegdämmern. Dann brach sie in unbändiges Gelächter aus! Nach mehreren Wiederholungen musste ich mich hinlegen, während sie mir Nase und Mund zuhielt. Ich gab ebenfalls vor, einzuschlafen, was uns beide zum Lachen brachte. Wir spielten dieses Spiel, bis uns (tatsächlich) die Augen zufielen, und am nächsten Morgen nach dem Aufwachen ging es weiter! Sie erfand verschiedene Varianten und spielte bis eine Stunde vor dem Eingriff. Sie konnte sogar die OP-Schwestern und den Chirurgen zum Mitmachen bewegen!

Nancy war entspannt, unbeschwert und in hervorragender mentaler Verfassung, und der Heilungsprozess ging rasch und ohne emotionale Nachwirkungen vonstatten. Der Arzt und die Schwestern staunten, wie locker sie das Ganze nahm und wie problemlos der Umgang und die Kommunikation mit ihr waren. Ein erheblicher Unterschied zu anderen Kindern, die operiert werden mussten, erklärten sie.

Nonsensspiele können Kindern helfen, Lampenfieber oder Leistungsangst zu besiegen, beispielsweise vor einer Prüfung in der Schule, einem Klaviervortrag, einer Ballett- oder Theateraufführung. Sie können Ihr Kind geraume Zeit vorher in einem spielerischen Kontext ermutigen, absichtlich Fehler zu machen – zum Beispiel Quizfragen bewusst falsch zu beantworten, auf dem Klavier die falschen Tasten anzuschlagen, die Abfolge der Tanzschritte durcheinanderzubringen oder einen auswendig gelernten Text fehlerhaft wiederzugeben. Spornen Sie Ihr Kind an, albern zu sein und zu lachen. Damit werden Ängste abgebaut. Der Spruch »Schlechte Generalprobe, gute Premiere« enthält ein Körnchen Wahrheit, weil den Mitwirkenden bereits Fehler unterlaufen sind, die sich nur selten wiederholen, wenn es darauf ankommt. Das Spiel ermöglicht Kindern, die sich einem öffentlichen Auftritt oder einer Prüfung in der Schule gegenübersehen, im Vorfeld alle nur erdenklichen Fehler zu machen, während die Anspannung durch die heilsame Wirkung des Lachens gelöst wird.

Bei einigen Kindern, die beklommen auf eine große Herausforderung wie die Geburt eines Geschwisterkinds oder einen Umzug reagieren, können Regressionsspiele unterstützend wirken. Oft weisen sie indirekt auf dieses Bedürfnis hin, indem sie den Anstoß zu Babyspielthemen geben. Hier ein Beispiel von meinem Sohn:

Als Nicky vier Jahre alt war, eröffnete ich ihm, dass ich ein Kind erwartete. Abgesehen davon, dass er mich mit Fragen löcherte, genoss er es, selbst Baby zu spielen. Er kroch auf allen vieren und tat, als könnte er nicht sprechen. Ich ließ mich darauf ein und gab vor, seine Windel zu wechseln und ihn zu stillen. Das Regressionsspiel bot ihm vermutlich die Möglichkeit, sich zu vergewissern, dass er noch ein Baby sein durfte, wenn er wollte, und ich auch nach der Geburt seiner Schwester für ihn verfügbar sein würde.

Das folgende Beispiel aus meiner Praxis illustriert das Bedürfnis nach Regressionsspielen bei einem sechsjährigen Jungen:

Als die Familie den Umzug in ein größeres Haus plante, in dem Richard sein eigenes Zimmer erhalten sollte, reagierte er mit Unbehagen auf die bevorstehende Veränderung. Er erklärte, er wolle nicht »groß werden«, und fiel in der häuslichen Umgebung oft in die Babysprache zurück. Ich riet seiner Mutter, Babyspiele zu ermutigen und ihren Sohn auf spielerische Weise (ohne ihn zu hänseln) wie einen Säugling zu behandeln (in die Arme nehmen, wiegen, Flasche geben und so weiter).

Das Regressionsverhalten des Jungen deutete darauf hin, dass er die Babyphase noch einmal intensiv nachvollziehen musste, bevor er eine positive Einstellung zur bevorstehenden Veränderung entwickeln konnte.

Mithilfe der verschiedenen therapeutischen Spielformen bereiten Sie Ihr Kind emotional auf die unvermeidlichen Herausforderungen im Leben vor. Spiel und Lachen bauen Ängste ab, stärken die Kooperationsbereitschaft und fördern eine harmonische Beziehung zu ihm.

Spielerische Aktivitäten zur Vorbereitung auf große Herausforderungen

- Symbolspiele mit Requisiten oder Themen, die sich auf die Herausforderung beziehen (zum Beispiel Schule spielen, Doktorspiele).
- Nonsensspiele, bei denen Sie Ihr Kind ermutigen, Fehler in Zusammenhang mit der Herausforderung zu machen (zum Beispiel Prüfung in der Schule oder öffentlicher Auftritt).
- Regressionsspiele.

10. Kapitel

Eltern in Wut

Wenn Eltern in Wut geraten, können sie bei ihren Kindern Stress auslösen. Die meisten verlieren von Zeit zu Zeit die Geduld mit ihren Sprösslingen. Manchen entgleitet außerdem die Kontrolle über sich selbst, und sie tun Dinge, die sie später bereuen: Sie bestrafen ihre Kinder mit harschen Worten oder schlagen sie sogar. Wenn Eltern ausrasten, fühlen sich Kinder verängstigt, verwirrt und verlassen. Normalerweise sind die Eltern ein Refugium für sie. In ihren Armen suchen sie Schutz und Trost, wenn sie Angst haben oder sich verletzt fühlen. Doch sollten die Eltern selbst den Stress verursachen, gibt es niemanden mehr, der sie tröstet, und keinen Zufluchtsort, der Sicherheit bietet.

Die elterliche Wut kann zwei Gründe haben. Zum einen können aktuelle Lebensumstände dafür verantwortlich sein. Vielleicht fühlen Sie sich durch Schwierigkeiten am Arbeitsplatz, in der Beziehung, Gesundheits- oder Geldprobleme überfordert. Oder Ihr Bedürfnis nach Ruhe und Entspannung, Freizeitaktivitäten oder Zeit für sich selbst ist auf der Strecke geblieben.

Der zweite Grund für wütende Eltern kann weit in die Vergangenheit zurückreichen. Das Verhalten Ihrer Kinder beschwört vielleicht Erinnerungen an Belastungen und ungelöste Probleme in Ihrer eigenen Kindheit heraus. Wenn Ihr Sohn weint, denken Sie möglicherweise an die erboste Reaktion Ihres Vaters auf einen Tränenausbruch zurück. Vielleicht führen Ihnen die ständigen Forderungen Ihrer Tochter vor Augen, dass Ihre Mutter Ihnen nie die Aufmerksamkeit zuteilwerden ließ, die Sie gebraucht hätten. Und wenn Ihr Sohn seine kleine Schwester schlägt, erinnern Sie sich vielleicht an Ihren älteren Bruder, der handgreiflich wurde. Falls Sie als Kind misshandelt wurden oder Grundbedürfnisse unerfüllt geblieben sind, kochen die Wutgefühle vermutlich schneller hoch, vor allem wenn Sie keine Gelegenheit hatten, Ihre Kindheitstraumata therapeutisch aufzuarbeiten.

Diese Auslösemechanismen oder »Trigger«, die in Ihrer Biografie verankert sind, werden oft auf der unbewussten Ebene wirksam, sodass Ihnen die Verbindung zu Ihrer eigenen Kindheit entgeht. Erfolgt ein solcher Schlüsselreiz, schaltet sich der Teil des Gehirns aus, der eine angemessene und liebevolle Reaktion auf das Verhalten Ihres Kindes ermöglichen würde. Ihre Aufmerksamkeit konzentriert sich in erster Linie auf das eigene Überleben, als wären Sie wieder ein hilfloses Kind. Diese Veränderung in der Gehirnfunktion bewirkt, dass Sie verletzend reagieren, was zu Brüchen in Ihrer liebevollen Beziehung führen kann.

Kinder reagieren unterschiedlich auf diese zeitweilige emotionale Distanz. Einige legen ein forderndes, unausstehliches oder aggressives Verhalten an den Tag. Die Situation kann schnell eskalieren, und so entsteht ein Teufelskreis aus Wut und verletzten Gefühlen auf beiden Seiten. Andere Kinder werden schweigsam und verschlossen, kapseln sich in ihrer Angst und Not ab.

Zum Glück lassen sich die Schäden, die in diesen Augenblicken der emotionalen Distanz entstehen, wieder beheben. Wenn Sie feststellen, dass Sie die Beherrschung verlieren, klinken Sie sich bewusst aus der Situation aus, indem Sie alles Erforderliche tun, um Ihre Fassung und Ihren inneren Frieden zurückzugewinnen. Sie können eine Besinnungspause im Badezimmer einlegen, tief durchatmen und bis zehn zählen, sich ein Kissen vorhalten und laut schreien oder jemanden anrufen, der Ihnen nahesteht, um Dampf abzulassen. Auch wenn sich Ihr Kind kurzfristig verlassen fühlt, sollten Sie sich erst im Griff haben, um sicherzugehen, dass Sie Ihre Wut nicht mehr an ihm auslassen werden.

Sobald Sie sich beruhigt haben, sollten Sie versuchen, die liebevolle Beziehung wieder aufzubauen. Je nach Alter Ihres Kindes können sowohl eine Entschuldigung als auch die Erklärung angemessen sein, dass Ihr Verhalten nichts mit ihm zu tun hatte. Wenn Ihr Kind daraufhin sagt: »Ich hasse dich« oder »Du bist gemein«, akzeptieren Sie seine Äußerungen, indem Sie beispielsweise erwidern: »Ich verstehe dich. Ich weiß, dass ich deine Gefühle verletzt und dir Angst gemacht habe. Ich hätte dich nicht anschreien dürfen.« Wenn Ihr Kind weint, sollten Sie das Bedürfnis unterstützen, seinen Gefühlen auf diese Weise freien Lauf zu lassen.

Sie können sich außerdem bemühen, den Bruch in der Beziehung zu Ihrem Kind mithilfe verschiedener therapeutischer Spielformen zu kitten. Machtumkehrspiele tragen dazu bei, das Trauma zu verarbeiten, das Ihr Wutausbruch hinterlassen hat. Hier ein Beispiel für eine angeleitete Eltern-Kind-Spielsitzung:

Der dreijährige Manuel wurde wegen seines aggressiven Verhaltens gegenüber anderen Kindern vom Kindergarten ausgeschlossen. Seine Mutter Michelle hatte ihn autoritär erzogen, ihn häufig bestraft und wiederholt die Beherrschung verloren und ihn angebrüllt. Sie hatte jedoch eine Therapie begonnen und war bemüht, zu einem weniger autoritären Erziehungsstil überzuwechseln. Dennoch hatte sich bei Manuel eine Menge Wut aufgestaut, nach Ansicht seiner Mutter eine unmittelbare Folge ihrer früheren Disziplinarmaßnahmen.

Zu Beginn der Spielsitzung überließen wir Manuel die Wahl des Spielzeugs, mit dem er sich beschäftigen wollte. Er entschied sich für kleine Holzbauklötze. Nach ein paar Minuten begann er, wütend mit den Klötzen nach seiner Mutter zu werfen. Das war für uns das Signal, ein Machtumkehrspiel einzuleiten. Ich gab ihm ein Kissen und forderte ihn auf, seine Mutter damit »niederzuschlagen«. Er ließ sich freudestrahlend darauf ein und lachte. Michelle spielte ihre Rolle perfekt und ließ sich dramatisch zu Boden fallen. Den Rest der Stunde verbrachten wir mit weiteren Machtumkehrspielen.

Manuel begrub seine Mutter unter Kissen, sperrte sie in einem Gefängnis aus Stühlen ein und gab vor, den Schlüssel zu ihrer Zelle wegzuwerfen, erschreckte sie mit Plastikkäfern, Schlangen und einer Krokodil-Handpuppe und verabreichte ihr imaginäre Spritzen aus einem Arztkoffer. Wir ermutigten das Spiel und brachten ihn damit eine Dreiviertelstunde lang zum Lachen. Gegen Ende änderte es sich plötzlich, und ein eher sanfter, einfühlsamer Teil seiner Persönlichkeit gewann die Oberhand. Er tat so, als wäre seine Mutter krank, und versorgte sie liebevoll mit Zubehör aus dem Arztkoffer.

Ich bat Michelle, die Machtumkehrspiele zu Hause fortzusetzen. Wenige Wochen später berichtete sie, Manuels Verhalten sei nun völlig verändert und er habe seine Aggressionen gegenüber anderen Kindern überwunden.

Bei älteren Kindern können auch Brettspiele in ein Machtumkehrspiel umgewandelt werden, bei dem Sie Ihr Kind gewinnen lassen und sich im Anschluss mit gespielter Entrüstung darüber beklagen, dass Sie verloren haben. Diese Aktivität fördert das Gefühl, Ihnen zumindest symbolisch überlegen zu sein, ein heilsamer Kontrast zu seiner Position während Ihres vorangegangenen Wutausbruchs.

Symbolspiele mit Handpuppen oder Plüschtieren sind vor allem bei jüngeren Kindern hilfreich. Wenn Sie Spielsachen als Requisiten verwenden, können Sie im Rollenspiel eine Situation reinszenieren, in der beispielsweise das Bärenkind ein Verhalten an den Tag legt, das die Bärenmama (oder den Bärenpapa) zur Weißglut bringt, was wiederum zur Folge hat, dass sich das Bärenkind verletzt fühlt und Angst bekommt. Erklären Sie Ihrem Kind, dass die Bärenmama in diesem Augenblick keine gute Mutter ist. Das Symbolspiel ermöglicht ihm, den Sinn des Geschehens besser zu erfassen. Vielleicht äußert es den Wunsch, aktiv am Spiel teilzunehmen. In diesem Fall schlagen Sie ihm vor, die Rolle des Bärenkindes zu übernehmen und der Bärenmama zu sagen, dass sie nicht wütend werden sollte. Sie können auch tauschen und ihm die Elternrolle überlassen.

Nonsensspiele sind ebenfalls geeignet, Ihrem Kind beim Umgang mit der elterlichen Wut zu helfen. Man kann beispielsweise Gefühle in einem Rollenspiel maßlos übertreiben und spielerisch miteinander ausagieren, wie eine Mutter berichtete:

Wenn Katie (fünf Jahre alt) und ich wütend aufeinander sind, bringen wir unsere Gefühle manchmal körperlich zum Ausdruck, indem wir einen imaginären Kampf zwischen Katzen nachspielen, der es uns ermöglicht, Aggressionen mit Armen, Händen und der Stimme herauszulassen. Wenn Worte einfach nicht ausreichen und ich sehe, dass Katie ein Ventil für ihre Wut braucht, beginne ich, wie eine erzürnte Katze zu fauchen und meine Hände wie Katzenpfoten zu spreizen. Für Katie ist das eine Aufforderung zum Mitmachen, und dann fauchen wir uns gegenseitig an und gehen für einige Minuten mit unseren »Tatzen« aufeinander los, bis wir beide lachen müssen. Danach reden wir darüber, was uns in Rage versetzt hat und wie wir das Problem lösen können.

Bei älteren Kindern ist es manchmal hilfreich, die problematische Situation nachzuspielen. Um ihr eine zusätzliche komische Note zu verleihen, können Sie einen Rollentausch vornehmen. Ihr Kind übernimmt Ihren Part und Sie den Ihres Kindes. Übertreiben Sie die Situation, die Wutgefühle ausgelöst hat. Das Lachen, das in solchen Nonsensspielen erfolgt, wirkt befreiend: Es hilft allen Beteiligten, Spannungen abzubauen und den Riss in der Beziehung zu kitten. Darüber hinaus gewinnen Sie wie gesagt vielleicht ungeahnte Erkenntnisse und eine neue Perspektive, wenn Ihr Kind Ihnen Ihr eigenes Verhalten vor Augen führt.

Aktivitäten mit Körperkontakt dienen ebenfalls dazu, Brüche in der Beziehung zu kitten. Wenn Ihr Kind es ablehnt, sich von Ihnen umarmen zu lassen oder mit Ihnen zu kuscheln, können Sie die Berührung in spielerische Aktivitäten einbeziehen. Hier einige Vorschläge: Abklatschspiele, Doktorspiele, Huckepacktragen oder ein Machtumkehrspiel, bei dem Ihr Kind die Arme um Sie schlingen muss, damit Sie ihm nicht entkommen.

Kooperative Spiele erfüllen den gleichen Zweck, weil sie Ihr Kind daran erinnern, dass Sie keine Feinde, sondern Verbündete sind. Andere kooperative Aktivitäten, wie gemeinsam zu musizieren, können ebenfalls von Vorteil sein.

Während Ihr Kind heranwächst, werden Sie vermutlich noch viele Augenblicke erleben, in denen die Beziehung brüchig wird. Doch jedes Mal, wenn es Ihnen gelingt, sie wieder zu kitten, festigen Sie die Bindung. Sollten Sie außerstande sein, den Schaden zu beheben, der durch Ihren unkontrollierten Wutausbruch entstanden ist, oder falls die negativen Bindungserfahrungen Ihres Kindes die positiven überwiegen, wäre es an der Zeit, eine Therapie für sich selbst in Betracht zu ziehen. Wenn Sie Schritte einleiten, um einen Bezug zu Ihrer eigenen Kindheit herzustellen und traumatische Ereignisse aufzuarbeiten, werden Sie vermutlich feststellen, dass Sie mehr Geduld mit Ihrem Kind haben und in der Lage sind, die Beziehung zu ihm auf spielerische Weise zu kitten.

Spielerische Aktivitäten, die Kindern helfen, die elterliche Wut zu verkraften

- Machtumkehrspiele.
- Symbolspiele mit Handpuppen oder Plüschtieren, um den Streit mit Ihrem Kind zu reinszenieren.
- Nonsensspiele mit Albernheiten, Übertreibung oder Rollentausch, um den Streit zu reinszenieren.
- Aktivitäten mit Körperkontakt.
- Kooperative Spiele und Aktivitäten.

Dank

Ich möchte mich bei allen bedanken, die das Manuskript gelesen und mir unschätzbar wertvolle Rückmeldungen gegeben haben. Zu meinen wichtigsten Lektoren gehörten mein Mann Ken Solter, mein Sohn Nicholas Solter und meine Schwiegertochter Sonja Solter.

Meinen Testlesern Dr. Maria Fisk, Melanie Jacobson, Stephanie Jamgochian und Heather Stevenson danke ich ebenfalls für das hilfreiche Feedback.

Mein Dank geht darüber hinaus an alle Eltern (in verschiedenen Ländern), die mit ihren Fallbeispielen zur Veranschaulichung und Erläuterung der Konzepte beigetragen haben. Sämtliche Namen wurden geändert, außer denjenigen meiner eigenen Kinder. Auch den Eltern, die mich konsultiert haben, bin ich zu großem Dank verpflichtet, denn ich habe aus jeder Beratung gelernt.

Und schließlich danke ich meiner Kollegin Dr. Mary Galbraith, die den Begriff *attachment play* (Bindungsspiel) prägte.

Anhang A

Übersicht über die neun Formen des Bindungsspiels

Leitlinien für nicht-direktive, kindzentrierte Spiele
- Stellen Sie verschiedene Spielsachen und Materialien bereit (Bauklötze, Puppen, Puppenhaus, Handpuppen, Knetmasse, Kleiderkiste zum Kostümieren, Mal- und Bastelzubehör, kleine Spielfiguren, Tiere, Fahrzeuge und so weiter).
- Setzen Sie sich zu Ihrem Kind (wenn möglich, auf den Fußboden) und widmen Sie ihm Ihre ungeteilte, entspannte Aufmerksamkeit. Sorgen Sie dafür, dass Sie in dieser Zeit nicht durch das Telefon oder durch andere Kinder gestört werden.
- Verzichten Sie darauf, zu bestimmen, wo's langgeht. Überlassen Sie Ihrem Kind die Spielführung und richten Sie sich nach seinen Wünschen.
- Folgen Sie der Spielaufforderung Ihres Kindes.
- Anmerkungen zum Spiel Ihres Kindes sind erlaubt, aber halten Sie sich mit Analysen und Belehrungen zurück.
- Verhalten Sie sich permissiv: Erlauben Sie, was möglich ist, aber setzen Sie Sicherheitsgrenzen (zum Beispiel: »Ich kann nicht zulassen, dass du die Bauklötze gegen das Fenster wirfst«).
- Planen Sie mindestens einmal in der Woche (wenn möglich, öfter) eine halbe Stunde für diese therapeutischen Spielsitzungen ein (bei mehreren Kindern für jedes Kind einzeln).

Leitlinien für Symbolspiele mit problembezogenen Requisiten oder Themen

Vom Kind initiiert

- Wenn Ihr Kind in irgendeinem Spiel eine Szene nachstellt, die Ähnlichkeit mit einer früheren traumatischen Erfahrung hat, sollten Sie die Gelegenheit nutzen, das Symbolspiel zu ermutigen, und ihm Ihre ungeteilte Aufmerksamkeit widmen.

Vom Erwachsenen initiiert

- Wählen Sie eine Zeit, in der Sie beide entspannt und ausgeruht sind. Vergewissern Sie sich, dass sich Ihr Kind bei Ihnen sicher und geborgen fühlt.
- Fordern Sie Ihr Kind zum Spiel mit einem Spielzeug oder zu einer Aktivität auf, die ein Element des traumatischen Ereignisses aufgreift (zum Beispiel Spielzeugautos, Ambulanz, Feuerlöschfahrzeug, Arztkoffer, Teddybärenfamilie).
- Ermutigen Sie Fantasiespiele, Dialog und Gelächter.
- Beobachten Sie sorgfältig das Verhalten Ihres Kindes. Wenn Sie den Eindruck haben, dass ihm das Spiel gefällt, setzen Sie die Aktivität fort. Wenn es sich zu verschließen scheint, das Interesse verliert oder erste Anzeichen von Stress erkennen lässt, sollten Sie die Aktivität beenden oder abwandeln.

Leitlinien für Kontingenzspiele

Grundlegende Kontingenzspiele

- Warten Sie, bis Ihr Kind eine Aktivität einleitet (zum Beispiel einen Gegenstand auf den Fußboden wirft, Sie in die Nase zwickt und so weiter).
- Reagieren Sie darauf mit kontingenten Verhaltensabläufen (verlässlich wiederholte lustige Geräusche oder Bewegungen; strecken Sie zum Beispiel jedes Mal, wenn Ihr Kind Sie in die Nase zwickt, die Zunge heraus).

- Antworten Sie stets mit der gleichen Reaktion auf die Initialaktivität Ihres Kindes.
- Fördern Sie Lachen.
- (Weiterführend:) Gehen Sie zu Varianten der Kontingenzspiele über (zum Beispiel Huckepackritte, bei denen Ihr Kind Ihnen die Kommandos durch Antippen bestimmter Körperpartien erteilt).

Nachahmende Kontingenzspiele
- Imitieren Sie spielerisch Geräusche, Bewegungen oder Mimik Ihres Kindes.
- Ahmen Sie die Vorgaben verlässlich und deckungsgleich nach.
- Älteren Kindern können Sie ein traditionelles Imitationsspiel vorschlagen (zum Beispiel »Kommando Pimperle«) und ihm dabei die Führung überlassen.

Leitlinien für Nonsensspiele

Vom Kind initiiert
- Wenn Ihr Kind bewusst etwas »falsch« macht (zum Beispiel die Socken über die Hände zieht), sollten Sie sich spielerisch darauf einlassen, indem Sie es ermutigen, albern zu sein und Fehler zu begehen.
- Fördern Sie das Lachen.

Vom Erwachsenen initiiert
- (Bei Erziehungskonflikten:) Übertreiben Sie das Verhalten oder den Konflikt, sodass er lächerlich erscheint, oder erfinden Sie ein albernes Spiel, das den Konflikt thematisiert.
- (Bei Ängsten:) Schlagen Sie ein Spiel vor, bei dem Sie beide vorgeben, Angst vor einer Belanglosigkeit zu haben (zum Beispiel vor dem Laut »S«, wenn Ihr Kind an einer Schlangenphobie leidet).
- Fördern Sie Lachen.

- Vergewissern Sie sich, dass Ihr Kind nicht das Gefühl hat, gehänselt oder belächelt zu werden.

Leitlinien für Trennungsspiele
- Schaffen Sie eine zeitlich begrenzte räumliche Trennung von Ihrem Kind durch Spiele wie Guck-guck, Verstecken oder Fangen.
- Finden Sie sich gegenseitig und stellen Sie die visuelle und/oder physische Verbindung wieder her.
- Fördern Sie Lachen.
- Bleiben Sie nicht zu lange in Ihrem Versteck oder von Ihrem Kind getrennt, wenn es erste Anzeichen von Stress erkennen lässt.

Leitlinien für Machtumkehrspiele
- Tun Sie so, als wären Sie schwach, verängstigt, unbeholfen oder schwer von Begriff.
- Lassen Sie zu, dass Ihr Kind Sie »niederschlägt«, in Angst und Schrecken versetzt, einfängt, Sie warten lässt oder in einem Spiel besiegt (Sie können diese Verhaltensweisen auch mit Handpuppen »ausspielen«).
- Fördern Sie Lachen.
- Legen Sie während des Spiels, sofern unabdingbar, eindeutige Sicherheitsgrenzen fest und stellen Sie klar, dass Ihr Kind diese Aktivitäten nicht bei anderen ausprobieren sollte, die möglicherweise kein Verständnis dafür aufbringen würden.

Leitlinien für Regressionsspiele
Vom Kind initiiert
- Ihr Kind gibt vor, ein Baby oder jünger zu sein, als es ist.
- Lassen Sie sich spielerisch darauf ein. Machen Sie Babyspiele mit ihm oder geben Sie den Anstoß für betreuungsintensive

Aktivitäten (zum Beispiel füttern, in die Arme nehmen, wiegen, etwas vorsingen).

Vom Erwachsenen initiiert
- Geben Sie den Anstoß zu Babyspielen (zum Beispiel »Das ist der Daumen«, »Backe, backe Kuchen« oder einfache Kontingenzspiele).
- Geben Sie den Anstoß für betreuungsintensive Aktivitäten (zum Beispiel füttern, in die Arme nehmen, wiegen, etwas vorsingen).

Leitlinien für Aktivitäten mit Körperkontakt
- Nehmen Sie Ihr Kind möglichst oft in die Arme und kuscheln Sie mit ihm.
- Fördern Sie spielerische Aktivitäten, die Berührung einschließen (zum Beispiel Huckepackritte, miteinander tanzen und so weiter).
- Halten Sie nach Möglichkeiten Ausschau, Körperkontakt in Sport, Spiel und andere Aktivitäten einzubringen.
- Schieben Sie Ihr Kind nicht weg, wenn es Körperkontakt sucht. Wenn es sich an Sie klammert, sollten Sie ein Spiel daraus machen (zum Beispiel so tun, als würden Sie aneinanderkleben).
- Respektieren Sie die Grenzen Ihres Kindes, wenn es nicht in die Arme genommen oder berührt werden möchte, aber suchen Sie nach spielerischen Möglichkeiten, die körperliche Verbindung herzustellen (zum Beispiel ein Abklatschspiel oder Spielsachen in Ihrem Ärmel verstecken).

Leitlinien für kooperative Spiele und Aktivitäten
- Spornen Sie Ihr Kind zu kooperativen Aktivitäten an (zum Beispiel singen, kochen, basteln und so weiter).
- Fördern Sie kooperative Spiele (zum Beispiel gemeinsam einen

Turm aus Bauklötzen errichten, im Wechsel eine Geschichte erzählen).
- Halten Sie nach kooperativen Brettspielen Ausschau oder wandeln Sie traditionelle (sprich kompetitive) Spiele entsprechend ab.
- Verleihen Sie herkömmlichen wettbewerbsorientierten Sportarten eine kooperative Note (zum Beispiel Tennis ohne Gewinner oder Verlierer).
- Betonen Sie Aspekte wie Spaß haben oder gemeinsam ein Ziel erreichen, statt Sieg oder Niederlage in den Vordergrund zu stellen.

Anhang B

Forschungsgrundlagen für Bindungsspiele

Eine kurze Übersicht über die Bindungstheorie

John Bowlby, ein britischer Psychiater und Psychoanalytiker, prägte den Begriff »Bindung« für die Mutter-Kind-Beziehung. Er betrachtete die sozialen Interaktionen zwischen Mutter und Kind als einen der wichtigsten Faktoren für die Entwicklung eines gesunden Bindungsverhaltens (Bowlby, 2010). Psychologen benutzen diesen Begriff inzwischen für die Beziehungen eines Kindes zu beiden Elternteilen und anderen Bezugspersonen, die ihm emotional nahestehen und eng in seine Betreuung eingebunden sind.

Die aus den USA stammende Entwicklungspsychologin Mary Ainsworth erforschte das Bindungsverhalten bei Säuglingen und Kleinkindern. Sie entdeckte einen klar umrissenen Zusammenhang zwischen der Qualität der Mutter-Kind-Interaktionen während des ersten Lebensjahres und dem Bindungsverhalten des einjährigen Kindes. Sie führte systematische Verhaltensbeobachtungen bei Müttern und ihren Babys im häuslichen Umfeld und unter Laborbedingungen bei den einjährigen Kindern durch. Dabei stellte sie fest, dass Kinder, deren Mütter während des ersten Lebensjahrs feinfühlig und verlässlich auf ihre Bedürfnisse und Signale reagierten, ein sicheres Bindungsverhalten entwickelten. Hatten die Mütter die Bedürfnisse des Kindes weitgehend ignoriert, zurückgewiesen oder unzuverlässig darauf reagiert, war eine unsichere Bindung die Folge (Ainsworth et al., 1971).

Eine stabile, sichere Bindung an einen liebevollen, feinfühligen Elternteil ist für eine optimale Entwicklung des Kindes von zentraler Bedeutung. Bowlby gelangte im Zuge seiner Forschungen und klinischen Arbeit zu der Erkenntnis, dass die mangelnde Verfügbarkeit oder Reaktionsbereitschaft der Mutter sowie längere Trennungsphasen von Mutter und Kind in einer frühen Lebensphase nicht nur den Bindungsprozess beeinträchtigen, sondern auch schwerwiegende negative Folgen für das spätere Leben haben können (Bowlby, 2006).

Eine Langzeitstudie über Kinder vom Säuglings- bis zum Erwachsenenalter bestätigte Bowlbys Beobachtungen. Bei Kindern, die in den ersten Lebensjahren keine sichere Bindung zur Mutter entwickeln konnten, machten sich später häufiger Verhaltens- und Angststörungen bemerkbar. Kinder mit einer sicheren Bindungsbiografie schnitten im Vergleich wesentlich besser ab. Sie waren weniger aggressiv oder ängstlich, besaßen mehr Selbstvertrauen, hatten später mehr Freunde und wurden von ihren Lehrern als (sozial) kompetenter eingestuft (Sroufe et al., 2005).

Allgemeine Forschungen über das therapeutische Spiel

Therapeuten haben schon vor Jahrzehnten die heilsame Wirkung des Spiels erkannt. Es wurden spezifische Formen der Spieltherapie für Kinder entwickelt, die unter Problemen auf emotionaler, neurologischer und Verhaltensebene leiden, zum Beispiel Bindungsstörungen, posttraumatische Störungen, Phobien und Ängste, Aggression, ADHS (Aufmerksamkeitsdefizit-Hyperaktivitätsstörung) und Autismus (Reddy et al., 2005). Spielbasierte Interventionen können auch in medizinischen Situationen hilfreich sein, beispielsweise bei der Vorbereitung eines Kindes auf einen chirurgischen Eingriff (Li und Lopez, 2008).

Wenn sich Eltern in die Spieltherapie einbringen, erhöht sich die Wahrscheinlichkeit eines erfolgreichen Ergebnisses. Eine Studie belegt, dass sich das Problemverhalten von Kindern im Vorschulalter, bei denen das Risiko bestand, im späteren Leben mentale Störungen zu entwickeln, durch ein achtwöchiges Spieltherapie-Training für Eltern und Erzieher merklich besserte. Bei traumatisierten Kindern stellten die Forscher fest, dass die aktive Teilnahme der Eltern an der Spieltherapie ebenfalls in hohem Maß zum Behandlungserfolg beitrug (Reddy et al., 2005).

Forschungen über die positiven Auswirkungen des Lachens

Forscher haben sowohl die physiologischen als auch die psychologischen Auswirkungen des Lachens auf Menschen aller Altersstufen ermittelt. Lachen kann das Immunsystem stärken, die Schmerztoleranz erhöhen, Stressreaktionen mindern, Ängste abbauen und somit das physiologische Gleichgewicht nach angsteinflößenden oder traumatischen Ereignissen wiederherstellen (Bennett und Lengacher, 2006a, 2006b, 2008, 2009; Wilkins und Eisenbraun, 2009).

Bei Kindern, die sich einer stationären Behandlung in einem Krankenhaus unterziehen mussten, trugen Aktivitäten, die sie zum Lachen brachten (beispielsweise der Besuch eines Clowns), nachweislich dazu bei, Ängste abzubauen, Schmerzen zu lindern und den Genesungsprozess zu beschleunigen (Fernandes und Arriaga, 2010). Abgesehen von der therapeutischen Wirkung des Lachens fördert der Sinn für Humor bei Kindern die soziale Kompetenz, Beliebtheit und Anpassungsfähigkeit (Semrud-Klikeman und Glass, 2010).

Forschungen über nicht-direktive, kindzentrierte Spiele

Nicht-direktive, kindzentrierte Spiele stützen sich auf das Spieltherapiemodell von Virginia Axline, das sich wiederum an die klientenzentrierte Therapie von Carl Rogers anlehnt (Axline, 2002; Rogers, 1951). Axline stellte die Theorie auf: Wenn wir Kindern das freie Spiel mit verschiedenen Materialien ermöglichen und ein Erwachsener ihnen dabei mit Interesse, Zuneigung, Einfühlsamkeit und Akzeptanz begegnet, nutzen sie die Gelegenheit, um verschüttete Emotionen freizusetzen und innere Konflikte abzubauen. Axline empfahl Materialien, die Kinder anregen, ihrer Fantasie freien Lauf zu lassen, kreativ und konstruktiv zu sein. Dazu gehören Bauklötze, Puppen, Puppenhaus, Hand- oder Fingerpuppen, Sand, Ton beziehungsweise Knetmasse, Sachen zum Verkleiden, Mal- und Bastelzubehör, kleine Spielfiguren, Tiere und Fahrzeuge. Bei den nicht-direktiven, kindzentrierten Spieltherapiesitzungen wählen Kinder Spielsachen aus und reinszenieren Situationen, die oft ihre Traumaerfahrungen symbolisieren.

Pädagogische Hilfskräfte mit einer entsprechenden Zusatzausbildung haben die nicht-direktive, kindzentrierte Spieltherapie erfolgreich bei Kindern im Schul- oder Vorschulalter eingesetzt, die emotionale Probleme oder Verhaltensprobleme erkennen ließen oder denen es schwerfiel, sich in ihr soziales Umfeld einzufügen. Kontrollierte Studien mit Kindern zwischen dem vierten und neunten Lebensjahr haben positive Ergebnisse erbracht. Nachdem ein halbes Jahr lang einmal wöchentlich kindzentrierte Spielsitzungen stattgefunden hatten, verhielten sie sich deutlich weniger aggressiv, hatten weniger Lernschwierigkeiten und ließen mehr soziale Kompetenz erkennen (Johnson et al., 2005).

Therapeuten haben die nicht-direktive kindzentrierte Spieltherapie erfolgreich bei Kindern eingesetzt, die Opfer häuslicher Gewalt wurden (Kot und Tyndall-Lind, 2005). Diese Spielform hat sich auch bei den Kindern bewährt, die durch den Terroranschlag in Oklahoma City traumatisiert waren; einige brauchten nur eine bis maximal drei Sitzungen für die vollständige Bewältigung der Erfahrung (Webb, 2001).

Die sogenannte Filialtherapie ist ein von Therapeuten entwickelter Ansatz, bei dem Eltern angeleitet werden, die nicht-direktive Spieltherapie bei ihren eigenen Kindern zu unterstützen. Wissenschaftliche Studien belegen, dass diese Art des Spiels zur Aufarbeitung traumatisch bedingter Gefühle und zur Bewältigung von Verhaltens- oder Beziehungsproblemen beitragen kann (Rye, 2008; Van Fleet et al., 2005).

Forschungen über Symbolspiele mit problembezogenen Requisiten oder Themen

Bei Symbolspielen mit problembezogenen Requisiten oder Themen gibt der Therapeut mehr Anleitungen als bei den zuvor beschriebenen freien, nicht-direktiven Spielen. Der Therapeut wählt die Spielsachen und Aktivitäten aus, die Probleme oder traumatische Ereignisse im Leben des Kindes versinnbildlichen (zum Beispiel Unfälle, Krankenhausaufenthalt, Missbrauch/Misshandlung oder Naturkatastrophen). Diese Spielform stützt sich auf zwei theoretische Grundannahmen: Die eine leitet sich aus der Verhaltenspsychologie, die andere aus der psychoanalytischen Theorie her.

Das verhaltenstherapeutische Modell geht davon aus, dass Kinder ein Trauma nur dann überwinden, wenn sie in einem sicheren Kontext daran erinnert und desensibilisiert werden. Traumatische Erinnerungen werden im limbischen System, aber nicht im gleichen Areal wie positive oder neutrale Erinnerungen gespeichert (Debiec und LeDoux, 2006; Tronel und Alberini, 2007). Im limbischen System sind die abgelegten traumatischen Erinnerungen direkt mit einem Mechanismus verknüpft, der den Kampf-oder-Flucht-Reflex auslöst. In grauer Vorzeit ermöglichte diese »Blitzreaktion« unseren Vorfahren die erfolgreiche Bewältigung lebensbedrohlicher Situationen.

Es' kann passieren, dass traumatische Erinnerungen auch im Lauf der Zeit nicht verblassen, obwohl sie keinem nützlichen Zweck mehr dienen, und den Körper in Alarmzustand versetzen, sobald das ursprüngliche Trauma durch irgendeine Begebenheit wiederauflebt. Wenn die Paniksymptome länger als einen Monat nach dem traumatischen Ereignis andauern, sprechen die Psychologen von einer posttraumatischen Belastungsstörung (PTBS). Therapeutische Maßnahmen, die Menschen gezielt den angstauslösenden Reizen beziehungsweise Situationen aussetzen, bezeichnet man als Konfrontationstherapie, bei der eine schrittweise Desensibilisierung durch wiederholte Auseinandersetzung mit der traumatischen Erfahrung erfolgt (Jacob und Pelham, 2005). Bei traumatisierten Kindern kann eine Spieltherapie mit Requisiten oder Themen, die in Zusammenhang mit dem Trauma stehen, eine Desensibilisierung bewirken (Gaensbauer und Siegel, 1995). Beispielsweise lassen sich nach einem Krankenhausaufenthalt traumatisierte Kinder desensibilisieren, wenn sie die Erfahrung immer wieder mit Requisiten wie Arztkoffer, Puppen und Puppenbett reinszenieren. Der Erfolg dieser Therapieform hängt davon ab, dass sich die Kinder sicher fühlen und begreifen, dass sich das traumatische Ereignis nicht wiederholt.

Das psychoanalytische Modell stützt sich auf eine anders geartete theoretische Begründung für die Wirksamkeit der Symbolspieltherapie. Statt den Desensibilisierungseffekt zu betonen, stellen die auf Traumata spezialisierten psychoanalytisch arbeitenden Spieltherapeuten die Bedeutung des emotionalen Ausdrucks in den Vordergrund (auch Katharsis genannt) (Astramovich, 1999). Zum Beispiel könnte ein Kind, das dem Therapeuten mit einer Spielzeugspritze eine Injektion verabreicht, seine Wut ausdrücken, die sich aus dem Gefühl der Hilflosigkeit ableitet und sich während des Krankenhausaufenthalts aufgestaut hat. Die Fähigkeit des Therapeuten, die Emotionen des Kindes zu reflektieren und zu akzeptieren, gilt als unerlässliche therapeutische Komponente.

Wahrscheinlich sind beide Theorien hinsichtlich der Wirksamkeit des Symbolspiels stichhaltig. Kinder können in der Tat durch die Konfrontation mit traumatischen Erinnerungen im Spielverlauf desensibilisiert werden, aber vielleicht nur dann und dauerhaft, wenn sie einen einfühlsamen Zuhörer finden, bei dem sie ihren Gefühlen Ausdruck verleihen können. Belege für diese Theorie leiten sich aus Beobachtungen her, dass posttraumatische Spiele, mit denen sich die Kinder allein beschäftigen, keinen therapeutischen Nutzen haben. Manche reinszenieren geradezu zwanghaft die traumatischen Ereignisse, doch diese Einzelaktivität trägt nicht zur Bewältigung des Geschehens bei (Terr, 1983).

Experten haben zahlreiche unterschiedliche therapeutische Ansätze speziell für traumatisierte Kinder entwickelt, die sowohl die Möglichkeit einer Desensibilisierung als auch des emotionalen Ausdrucks durch das Medium des Symbolspiels bieten. Eine Frühform des Symbolspiels in den USA war die sogenannte Release-Therapie (Levy, 1938). Der Therapeut wählte die Spielsachen oder Themen aus, die sich unmittelbar auf das traumatische Ereignis im Leben des Kindes bezogen. Später wurde eine ähnliche Methode eingeführt, die sogenannte strukturierte Spieltherapie (Hambridge, 1982).

Heute sind Begriffe wie »traumabezogener kognitiv-behavioraler Interventionsansatz« und »posttraumatische Spieltherapie« für Methoden mit vergleichbarem Schwerpunkt gebräuchlich (Reddy et al., 2005).

Violet Oaklander entwickelte einen weitgespannten Gestalttherapieansatz für Kinder, der sich die symbolische Komponente von Spielsachen und Handpuppen wie auch andere Aktivitäten zunutze macht, beispielsweise Geschichten erzählen, malen oder basteln und modellieren mit Ton. Sie ist der Ansicht, dass die Szenen, die Kinder im Spiel oder in kreativen Werken schaffen, ihre Gefühle widerspiegeln. Sie zielt darauf ab, diese Gefühle, die sich hinter den emotionalen und Verhaltensproblemen verbergen, bewusst zu machen und zum Ausdruck zu bringen (Oaklander, 2009, 2013).

Die Wirksamkeit dieser Therapieansätze ist weitgehend durch Fallstudien statt durch kontrollierte Experimente belegt. Therapeuten haben Symbolspielformen erfolgreich bei Kindern mit den verschiedensten traumatischen Erfahrungen angewandt, körperliche Misshandlung, sexueller Missbrauch, Naturkatastrophen, Scheidung oder Tod der Eltern, Terroranschläge, Krieg, Unfälle, Krankenhausaufenthalt und chirurgische Eingriffe eingeschlossen (Gaensbauer und Siegel, 1995; Oaklander, 2003; Saunders et al., 2003; Shelby und Felix, 2005; Terr, 1992).

Selbst wenn das Trauma in frühester Kindheit erfolgt, noch vor dem Erwerb der Sprache, können Kinder die Erinnerung reinszenieren. Ein knapp zweijähriges Mädchen stellte beispielsweise mit Spielzeugautos einen Unfall nach, den es im Alter von neun Monaten miterlebt hatte. Die Mutter war verblüfft über die genaue Wiedergabe des Geschehens, weil sie mit ihrer Tochter nie über die Einzelheiten gesprochen hatte (Gaensbauer, 1995). In einem anderen Fall stellte eine knapp Dreijährige spontan mit Puppen den sexuellen Missbrauch dar, den sie als Säugling erlitten hatte (Terr, 1988). Es wurde nachgewiesen, dass Kinder sich sogar an ihre eigene traumatische Geburt erinnerten und bestimmte Aspekte später nachspielten (Emerson, 1989).

Symbolspiele haben sich auch als Therapie bei einigen Ängsten unbekannten Ursprungs bewährt. Der Einsatz von Ton (als Symbol für Fäkalien) war beispielsweise bei der Behandlung von Kindern erfolgreich, die aus Angst vor dem Stuhlgang unter Verstopfung litten (Feldman et al., 1993).

Angeleitete Fantasiespiele (Geschichten erzählen, die beim Kind ein Gefühl der Macht und inneren Stärke fördern) sind besonders für Kinder mit schweren Erkrankungen von Vorteil. Da sie im Gegensatz zu den oben beschriebenen Symbolspielformen keine traumatischen Elemente enthalten (Themen wie Krankheit, Ärzte oder Kliniken), stellen sie keine Konfrontationstherapie dar. Sie zielen vielmehr darauf ab, die Aufmerksamkeit der Kinder von Schmerz und Stress abzulenken. Therapeuten, die mit angeleiteten Fantasiespielen arbeiten, haben festgestellt, dass die hilfreichsten Geschichten Elemente aus dem Leben des Kindes enthalten, die mit Humor, Abenteuer, Überraschungen und Magie angefüllt sind (Johnson und Kreimer, 2005).

Forschungen über Kontingenzspiele

Es besteht eine Wechselwirkung zwischen frühkindlichen Kontingenzspielen und späterer Bindungssicherheit. Vier Monate alte Kinder, deren Mütter unverzüglich auf ihre Lautäußerungen eingingen, entwickelten später eine sichere Bindung, im Gegensatz zu Gleichaltrigen, denen es an verlässlich wiederkehrenden Reaktionen mangelte (Bigelow et al., 2010). Bei misshandelten oder vernachlässigten Kindern können einfache Kontingenzspiele dazu beitragen, ein Gefühl des Vertrauens und der Kontrolle zurückzugewinnen (Gunsberg, 1989).

Imitationsspiele stellen eine Variante des Kontingenzspiels dar. Wenn Eltern spielerisch die Laute ihres Babys nachahmen, entsteht beim Kind ein Gefühl der Verbundenheit und des emotionalen Wohlbefindens, weil es sich dadurch gespiegelt und wertgeschätzt fühlt (Siegel und Hartzell, 2003). Die wechselseitige Nachahmung von Mimik, Lautäußerungen und Bewegungsmustern im Kleinkindalter spielt auch bei der Entwicklung der Intentionalität eine wichtige Rolle, der Fähigkeit, sich auf Ziele über die Wahrnehmung des »Hier und Jetzt« hinaus zu beziehen (Rochat, 2007).

Imitationsspiele können außerdem die Fähigkeit fördern, sich in andere hineinzuversetzen und ihre nonverbalen Signale zu deuten (Meltzoff, 2002). Neurowissenschaftler haben Spiegelneuronen im Gehirn entdeckt, die diesen Lernprozess erleichtern. Die Spiegelneuronen bewirken, dass Kinder die Gefühle nachempfinden können, die andere durch Lautäußerungen, Bewegungsmuster oder Mimik zum Ausdruck bringen. Dieser Mechanismus könnte eine wichtige Rolle bei der Entwicklung von Empathie und zwischenmenschlicher Sozialkompetenz spielen (Gallese, 2007).

Die spielerische Imitation von Säuglingen und Kleinkindern setzt eine Kette von Ereignissen in Gang: 1) Das Kind bringt Gefühle oder Bedürfnisse durch Lautäußerungen, Mimik oder Bewegungsmuster zum Ausdruck. 2) Die Eltern ahmen die Lautäußerungen, Mimik oder Bewegungsmuster nach. 3) Die Spiegelneuronen des Kindes bewirken, dass das ursprüngliche Gefühl durch diesen Reiz ausgelöst und verstärkt wird. 4) Das Kind nimmt die Übereinstimmung wahr und fühlt sich bestätigt, verstanden und auf emotionaler Ebene mit den Eltern verbunden. 5) Und das Kind lernt, diese Signale bei anderen richtig zu deuten.

Autistische Kinder können von diesen nachahmenden Kontingenzspielen in hohem Maß profitieren. Sie haben Probleme, soziale Beziehungen zu anderen Menschen einzugehen, deren Gefühle oder Absichten zu verstehen und sich in Symbolspiele einzubringen. Doch oft beweisen sie große manuelle Geschicklichkeit. Die Ursachen dieser Entwicklungsstörung sind unbekannt, aber eine Theorie macht eine Fehlfunktion des Spiegelneuronensystems dafür verantwortlich (Williams, 2008). Studien belegen, dass der Einsatz von nachahmenden Aktivitäten das Sozialverhalten autistischer Kinder merklich verbessern kann (Field et al., 2001; Heimann et al., 2006; Sanefuji und Ohgami, 2011).

Das Son-Rise-Therapieprogramm, das auf das Autismusspektrum ausgerichtet ist, kombiniert kindzentrierte Spiele mit der spielerischen Imitation der Lautäußerungen und Bewegungen des autistischen Kindes durch eine erwachsene Bezugsperson. Dieser Ansatz hat sich als besonders effektiv erwiesen, wenn es gilt, die Eltern-Kind-Bindung zu festigen und autistische Verhaltensmuster abzubauen (Kaufman, 1994). Der »Floortime-Ansatz« (»Bodenspielzeit«) für autistische Kinder, entwickelt von dem Psychiatrieprofessor und Kinderheilkundler Stanley Greenspan, ist eine weitere umfassende, spielbasierte Herangehensweise, die verschiedene Spielformen miteinander verbindet, zu denen auch kindzentrierte Spiele und Kontingenzspiele gehören (Greenspan und Wieder, 1997, 2006).

Forschungen über Nonsensspiele

Mehrere Therapeuten haben Nonsensspiele (die humorvoll auf maßloser Übertreibung, bewussten Fehlern oder allgemein auf Albernheit basieren) in ihr Instrumentarium für die Arbeit mit Kindern aufgenommen (Goodheart, 1994; Cohen, 2001; Shelby und Felix, 2005). Bei posttraumatischen Phobien beispielsweise schreiben oder zeichnen die Kinder ihre Ängste einzeln auf Karteikarten und weisen ihnen eine Rangordnung zu. Dann ergänzt der Therapeut die Rangliste durch einige aberwitzige »Angstauslöser«, beispielsweise den großen Zeh des Kindes, Babypuppen oder Pommes frites. Bei diesen Sitzungen lachen und geben sie gemeinsam vor, sich vor diesen Gegenständen unsinnigerweise zu fürchten (Shelby und Felix, 2005). In der Fallstudie eines fünfjährigen Kindes, das an Krebs erkrankt war und sich im Krankenhaus befand, trug das Nonsensspiel dazu bei, die Angst vor medizinischen Interventionen abzubauen (Frankenfield, 1996).

Forschungen über Trennungsspiele

Das Guck-guck-Spiel hat eine interessante Vorgeschichte. Die englische Bezeichnung peek-a-boo bedeutete ursprünglich »lebendig oder tot«. Wenn man mit einem Kleinkind Guck-guck spielt, ist das ähnlich, als würde man fragen: »Bin ich lebendig oder tot?« (Maurer, 1967). Dieses Spiel rührt an die tief verankerten emotionalen Themen der Trennung und des Verlusts. Die Kinderpsychoanalytikerin Selma Fraiberg gehörte zu den Ersten, die die psychologische Bedeutung dieses Spiels erkannten. Sie stellte die Theorie auf, dass Babys und Kleinkinder durch wiederholtes Verschwinden und Auftauchen der Bindungsperson ihre Trennungsangst überwinden (Fraiberg, 1998).

Interessanterweise sprechen nur Babys und Kleinkinder, die in der Familie aufgewachsen sind, auf das Guck-guck-Spiel an; Kinder, die in einer Institution untergebracht sind (Kinderheim, früher Waisenhaus genannt), lachen und reagieren überhaupt nicht darauf. Sie kennen keine Trennungsangst, weil sie zu niemandem eine stabile Bindung entwickelt haben (Provence und Lipton, 1962).

Trennungsspiele wie Guck-guck und Verstecken sind vor allem für Kinder empfehlenswert, die eine schwierige Trennung oder den Verlust eines Elternteils verkraften mussten. Nach solchen traumatischen Erfahrungen sind es oft die Kinder selbst, die diese Spiele initiieren. In einer Fallstudie spielte ein zweijähriges Mädchen, dessen Mutter Selbstmord begangen hatte, mehrere Monate lang mit dem Therapeuten Verstecken. Im Spiel agierte es seine Angst vor dem Verlassenwerden aus und fühlte sich jedes Mal merklich erleichtert, wenn es gefunden wurde (Ostler, 2011).

Forschungen über Machtumkehrspiele

Aktive Machtumkehrspiele (beispielsweise Kissenschlachten oder Herumtoben) werden der Kategorie Kampf- und Tobespiele zugeordnet. Forschungen belegen, dass Rattenjunge, die keine Gelegenheit hatten, in Kampf- und Tobespielen ihre Kräfte zu messen, als ausgewachsene Tiere zahlreiche Probleme im sozialen Bereich hatten (Brown, 2009). Bei Menschenkindern sind Kampf- und Tobespiele durch Lächeln und Lachen geprägt, während ernsthafte tätliche Auseinandersetzungen mit verbissenen Mienen und manchmal Tränen einhergehen (Pellegrini und Perlmutter, 1988). Die Wissenschaftler empfahlen tägliche Kampf- und Tobespiele mit aggressiven Kindern, damit sie lernen, zwischen echten und Scheinkämpfen zu unterscheiden, und darüber hinaus überschüssige Energie abbauen (Pellegrini und Perlmutter, 1988). Andere Experten sind zu der Ansicht gelangt, dass Kampf- und Tobespiele auch bei Kindern mit ADHS-Symptom (Aufmerksamkeitsdefizit-Hyperaktivitätsstörung) ein sinnvoller Teil der Behandlung sein könnten (Panksepp, 2007).

Die Arbeit des Psychologen und Familientherapeuten Lawrence Cohen mit Kindern schließt zahlreiche Beispiele für aktive Machtumkehrspiele ein (Cohen, 2001; DeBenedet und Cohen, 2010). Nach seinem Dafürhalten haben diese Spiele für Mädchen und Jungen unterschiedliche Vorteile. Jungen tun sich oft schwer, den kulturspezifischen Erwartungen zu entsprechen und stark, wettbewerbsorientiert und draufgängerisch zu sein, während Mädchen von der Gesellschaft die Botschaft erhalten, zum passiven, schwachen Geschlecht zu gehören. Machtumkehrspiele bieten Jungen die Möglichkeit, die Themen wie Aggression und Konkurrenzkampf im Kontext einer guten Beziehung zu einem Erwachsenen zu erkunden. Mädchen werden dadurch befähigt, sich vom stereotypen Bild der hilfsbedürftigen Frau zu emanzipieren (Cohen, 2001).

Es gibt auch weniger aktive Formen des Machtumkehrspiels im

Repertoire der Techniken, die Kinder stärken und dabei unterstützen sollen, ihre Wut- oder Angstgefühle zu bewältigen. Ein Therapeut tat so, als würde er sich fürchten, als sich ein misshandeltes vierjähriges Mädchen in einem großen Karton versteckte und wie ein Löwe brüllte (Gunsberg, 1989). Ein anderer Therapeut täuschte im Kontext einer Musiktherapiesitzung blankes Entsetzen vor, als ein siebenjähriger Junge, der in der Schule schikaniert worden war, mit den Zimbeln ein Mordsgetöse veranstaltete (Blend, 2009). Machtumkehrspiele wurden auch mit Handpuppen inszeniert. In einer Therapiesitzung wurde ein zehnjähriges Mädchen, das jahrelang sexuell missbraucht und misshandelt worden war, ermutigt, mit seiner Alligator-Handpuppe die Hai-Handpuppe der Therapeutin zu beißen, die dann unter Heulen und Wehklagen »starb«, zur großen Freude des Kindes (Oaklander, 2003). In diesen erfolgreichen Therapiesitzungen wiederholten die Kinder ihre Aktivitäten mehrmals und lachten aus vollem Halse.

Forschungen über Regressionsspiele

Der Kinderpsychologe Bruno Bettelheim beschrieb den Rückzug eines vierjährigen Mädchens auf eine frühere Entwicklungsstufe, als die Mutter schwanger wurde. Das Kind nässte plötzlich wieder ein, bewegte sich auf allen vieren fort und bestand darauf, wieder die Flasche zu bekommen. Das Regressionsverhalten dauerte mehrere Monate an, bevor es zu altersgemäßen Spielen zurückkehrte, insbesondere mit einer Babypuppe, die es liebevoll versorgte. Bettelheim erklärte, das Regressionsverhalten habe die Identifikation mit dem Baby und das Spiel mit der Puppe die Identifikation mit der Mutter erleichtert. Das Ausagieren beider Rollen sei eine Vorbereitung auf die bevorstehende Geburt des Geschwisterchens gewesen (Bettelheim, 1994).

Theraplay, ein therapeutisches Interventionsverfahren, macht ausgiebigen Gebrauch von Regressionsspielen (Booth und Jernberg, 2010). Dahinter steht die Idee, dass Eltern mithilfe von Spielformen, die aufeinander abgestimmte, empathische, feinfühlige und spielerische Interaktionen zwischen Eltern und Säugling aufgreifen, die Bindung zu ihren Kindern festigen und ihnen bei der Bewältigung emotionaler Probleme helfen können. Diese Therapiemethode ist eher auf die vorsprachliche, sozial-emotionale Intelligenz des Kindes als auf höher entwickelte Hirnfunktionen wie Sprache oder logisches Denken zugeschnitten.

Die Therapiesitzungen beschränken sich auf einfache Aktivitäten, zum Beispiel Backe, backe Kuchen spielen, das Kind auf den Schoß setzen und ihm die Flasche geben, es in den Armen wiegen und dabei singen, in einer Decke hin- und herschwingen, an den Zehen knabbern und liebevolle Berührung beim Eincremen. Sie können auch Kontingenz- und Machtumkehrspiele enthalten, die normalerweise im Säuglings- und Kleinkindalter verortet sind. Beispielsweise quietschen die Eltern jedes Mal vor Vergnügen, wenn das Kind Vater oder Mutter an der Nase packt (Kontingenzspiel), oder sie setzen sich auf den Boden und fordern das Kind auf, bis drei zu zählen und sie dann umzustoßen (Machtumkehrspiel).

Forschungen haben ergeben, dass diese Therapieform hochgradig wirksam bei Kindern ist, die an einer Bindungsstörung leiden (infolge von Misshandlung, Vernachlässigung oder Trennung) oder aggressiv, hyperaktiv, verschlossen, extrem ängstlich oder depressiv sind (Booth und Jernberg, 2010).

Forschungen über Aktivitäten mit Körperkontakt – die Bedeutung der Berührung

Studien belegen die physisch und psychisch heilsame Wirkung der Berührung. In einem interessanten Experiment wurde bei Babys, die während eines kurzen, belastenden Ereignisses in einem psychologischen Laboratorium von ihren Müttern berührt wurden, ein geringeres Stressniveau nachgewiesen als bei der Vergleichsgruppe, die keinen Körperkontakt mit der Mutter hatte (Tronick, 1995). Auch bei den Schulkindern, die den Hurrikan Andrew in Florida miterlebt hatten und im Rahmen einer Therapie Massagen erhielten, wurden weniger Ängste, Depressionen und physiologische Anzeichen von Stress festgestellt als in der Kontrollgruppe (Field et al., 1996). Andere Untersuchungen haben ergeben, dass die Berührung die Entwicklung der Sprache, der sozialen Kompetenz (Casler, 1965) und der Synapsen im Gehirn (Hart, 2008) fördert und das Körperbild des Kindes verbessert (Weiss, 1990). Selbst ältere Kinder profitieren von der Berührung. Die Massagetherapie hat nachweislich dazu beigetragen, das aggressive Verhalten von Heranwachsenden abzubauen (Diego et al., 2002).

Abgesehen von diesen Vorteilen ist die liebevolle menschliche Berührung ein zentraler Faktor in der Entwicklung einer sicheren Bindung bei Kindern (Duhn, 2010). Kinder, die den Kontakt zu anderen Menschen verweigern (aufgrund von Vernachlässigung, Misshandlung oder Missbrauch), akzeptieren die Berührung oft dann, wenn Therapeuten oder Eltern sie in einfache, spielerische Aktivitäten integrieren. Diese Spiele helfen Kindern, wieder Vertrauen zu fassen und die Bindung zu festigen (Booth und Jernberg, 2010).

Inzwischen gewinnen Forscher immer mehr Erkenntnisse über die neuralen Mechanismen, die bei der liebevollen Berührung in Gang gesetzt werden. Positive soziale Interaktionen, vor allem solche, bei denen Berührungen vorkommen, regen die Produktion von Oxytocin an. Dieses Hormon senkt sowohl den Blutdruck als auch den körpereigenen Cortisolspiegel und stimuliert gleichzeitig Wachstums- und Heilungsprozesse (Uvnäs-Moberg und Petersson, 2005).

Forschungen über kooperative Spiele

Bei kooperativen Spielen wird im Gegensatz zu kompetitiven Spielen ein bestimmter Teil des menschlichen Gehirns (der Orbitofrontalkortex) aktiviert (Decety et al., 2004). In diesem Bereich sind sozial bereichernde Aktivitäten, Entscheidungsfindung und Impulskontrolle verortet, beispielsweise die Steuerung aggressiven Verhaltens.

Kooperative Spiele können das Verhalten von Kindern positiv beeinflussen. Forscher stellten fest, dass sich durch kooperative Gruppenspiele mit aggressiven Kindern zwischen dem dritten und fünften Lebensjahr die kooperativen Verhaltensmuster mehrten (Bay-Hinitz und Wilson, 2005). In einer anderen Studie führten aktive Spiele bei Kindern mit ADHS-Symptomen, die Kooperation und Teilen betonten, zu mehr Heiterkeit, Respekt gegenüber anderen Kindern, weniger Aggressionen und Ängsten (Garaigordobil und Echebarria, 1995).

Literaturhinweise zu Anhang B

Ainsworth, M. D., S. M. Bell und D. J. Stayton, »Individual differences in strange-situation behavior of one-year-olds«, in: Schaffer, H. R. (Hrsg.), The Origins of Human Social Relations, Academic Press, London und New York, NY, 1971

Astramovich, R. L., »Play therapy theories: a comparison of three approaches«, Papier präsentiert bei der National Conference of the Association for Counselor Education and Supervision, New Orleans, LA, 27.–31. Oktober 1999

Axline, V. M., Kinderspieltherapie, Deutsche Verlagsanstalt, München 2002

Bay-Hinitz, A. K., und G. R. Wilson, »A cooperative games intervention for aggressive preschool children«, in: Ready, L. A., T. M. Files-Hall und C. E. Schaefer (Hrsg.), Empirically Based Play Interventions for Children, American Psychological Society, Washington, DC, 2005, S. 169–190

Bennett, M. P., und C. Lengacher, Humor and laughter may influence health (I), History and Background«, Evidence-Based Complementary and Alternative Medicine, 3 (1), 2006a, S. 61–63

– »Humor and laughter may influence health (II), Complementary therapies and humor in a clinical population«, Evidence-Based Complementary and Alternative Medicine 3 (2), 2006b, S. 187–190

– »Humor and laughter may influence health (III), Laughter and health outcomes«, Evidence-Based Complementary and Alternative Medicine 5 (1), 2008, S. 37–40

– »Humor and laughter may influence health (IV), Humor and immune function«, Evidence-Based Complementary and Alternative Medicine 6 (2), 2009, S. 159–164

Bettelheim, B., Ein Leben für Kinder, Deutsche Verlags-Anstalt, München 1994

Bigelow, A. E., K. MacLean, J. Proctor, T. Myatt, R. Gillis und M. Power, »Maternal sensitivity throughout infancy: continuity and relation to attachment security«, Infant Behavior and Development 33 (1), 2010, S. 50–60

Blend, J., »I got rhythm: music making with children and adolescents«, The International Gestalt Journal 32 (2), 2009

Booth, P. B., und A. M. Jernberg, Theraplay: Helping Parents and Children Build Better Relationships Through Attachment-Based Play, Josey-Bass, San Francisco, CA, 2010

Bowlby, J., Bindung, Reinhardt, München 2006

– Bindung als sichere Basis, Reinhardt, München 2010

Brown, S., Play: How it Shapes the Brain, Opens the Imagination and Invigorates the Soul, Avery, New York, NY, 2009

Casler, L., »The Study of the effects of extra tactile stimulation on the development of institutionalized infants«, Genetic Psychology Monographs 71, 1965, S. 137–175

Cohen, L. J., Playful Parenting, Ballantine Publishing Group, New York, NY, 2001

DeBenedet, A. T., und L. J. Cohen, The Art of Roughhousing: Good Old-Fashioned Horseplay and Why Every Kid Needs it, Quirk Books, Philadelphia, PA, 2010

Debiec, J., und J. E. LeDoux, »Noradrenergic signaling in the amygdala contributes to the reconsolidation of fear memory: Treatment implications for PTSD«, Annals of the New York Academy of Science 1071, 2006, S. 521–524

Decety, J., P. L. Jackson, J. A. Sommerville, T. Chaminade und A. N. Meltzoff, »The neural bases of cooperation and competition: an fMRI investigation«, NeuroImage 23, 2004, S. 744–751

Diego, M., T. Field, M. Hernandez-Rief, J. A. Shaw, E. M. Rothe, D. Castellanos und L. Mesner, »Aggressive adolescents benefit from massage therapy«, Adolescence 37, 2002, S. 597–607

Draper, K., C. Siegel, J. White, C. M. Solis und F. Mishna, »Preschoolers, parents, and teachers (PPT): a preventive intervention with an at risk population«, International Journal of Group Psychotherapy 59 (2), 2009, S. 221–242

Duhn, L., »The importance of touch in the development of attachment«, Advanced Neonatal Care 10 (6), 2010, S. 294–300

Emerson, W. R., »Psychotherapy with infants and children«, Pre- and Perinatal Psychology Journal 3 (3), 1989, S. 190–217

Feldman, P. C., S. Villanueva, V. Lanne und G. Devroede, »Use of play with clay to treat children with intractable encopresis«, Journal of Pediatrics 122 (3), 1993, S. 483–488

Fernandes, S. C., und P. Arriaga, »The effects of clown intervention on worries and emotional responses in children undergoing surgery«, Journal of Health Psychology 15 (3), 2010, S. 405–415

Field, T., S. Seligman, F. Scafidi und S. Schanberg, »Alleviating posttraumatic stress in children following Hurricane Andrew«, Journal of

Applied Developmental Psychology 17, 1996, S. 37–50

Field, T., C. Sanders und J. Nadel, »Children with autism display more social behaviors after repeated imitation sessions«, Autism 5, 2001, S. 317–323

Fraiberg, S. H., Die magischen Jahre: Familiäre Beziehungen in der frühen Kindheit, Hoffmann und Campe, Hamburg 1998

Frankenfield, P. K., »The power of humor and play as nursing interventions for a child with cancer: a case report«, Journal of Pediatric Oncology Nursing 13 (1), 1996, S. 15–20

Gaensbauer, R. J., »Trauma in the preverbal period«, Psychoanalytic Study of the Child 50, 1995, S. 122–149

Gaensbauer, R. J., und C. H. Siegel, »Therapeutic approaches to posttraumatic stress disorder in infants and toddlers«, Infant Mental Health Journal 16 (4), 1995, S. 292–305

Gallese, V., »Embodied simulation: from mirror neuron systems to interpersonal relations«, Novartis Foundation Symposium 278, 2007, S. 3–12

Garaigordobil, M., und A. Echebarria, »Assessment of a peer-helping program on children's development«, Journal of Research in Childhood Education 10, 1995, S. 63–70

Goodheart, A., Laughter Therapy, Less Stress Press, Santa Barbara, CA, 1994

Greenspan, S. I., und S. Wieder, »Developmental patterns and outcomes in infants and children with disorders in relating and communicating: A chart review of 200 cases of children with autistic spectrum disorders«, Journal of Developmental and Learning Disorders 1, 1997, S. 87–141

– Engaging Autism: Using the Floortime Approach to Help Children Relate, Communicate, and Think, Da Capo Press, Cambridge, MA, 2006

Gunsberg, A., »Empowering young abused and neglected children through contingency play«, Childhood Education, Herbst 1989, S. 8–10

Hambridge, G., »Structured play therapy«, in: Landreth, G. (Hrsg.), Play Therapy: Dynamics of the Process of Counseling with Children, Charles C. Thomas, Springfield, IL, 1982, S. 105–119

Hart, S., Brain, Attachment, Personality: An introduction to Neuroaffective Development, Karnac Books, London 2008

Heimann, M., K. E. Laberg und B. Nordoen, »Imitative interaction increases social interest and elicited imitation in non-verbal children with autism«, Infant and Child Development 15, 2006, S. 297–309

Jacob, R. G., und W. E. Pelham, »Behavior Therapy«, in: Sabock, B. J., und V. A. Sabock (Hrsg.), Comprehensive Textbook of Psychiatry, Lippincott, Williams and Wilkins, Philadelphia, PA, 2005, S. 2498–2548

Johnson, D. B., J. L. Pedro-Caroll und S. P. Demanchick, »The primary mental health project«, in: Reddy, L. A., T. M. Files-Hall und C. E. Schaefer (Hrsg.), Empirically Based Play Interventions for Children, American Psychological Association, Washington, DC, 2005, S. 13–30

Johnson, M. R., und J. L. Kreimer, »Guided fantasy play for chronically ill children: a critical review«, in: Reddy, L. A., T. M. Files-Hall und C. E. Schaefer (Hrsg.), Empirically Based Play Interventions for Children, American Psychological Association, Washington, DC, 2005, S. 105–122

Kaufman, B. N., Son Rise. The Miracle Continues, H. J. Kramer, Tiburon, CA, 1994

Kot, S., und A. Tyndall-Lind, »Intensive play therapy with child witnesses of domestic violence«, in: Reddy, L. A., T. M. Files-Hall und C. E. Schaefer (Hrsg.), Empirically Based Play Interventions for Children, American Psychological Association, Washington, DC, 2005, S. 31–49

Levy, D., »Release therapy in young children«, Psychiatry 1, 1938, S. 387–389

Li, H. C., und V. Lopez, »Effectiveness and appropriateness of therapeutic play intervention in preparing children for surgery: a randomized controlled trial study«, Journal for Specialists in Pediatric Nursing 13 (2), 2008, S. 63–73

Maurer, A., »The game of peek-a-boo«, Diseases of the Nervous System 28 (2), 1967, S. 118–121

Meltzoff, A. N., »Imitation as a mechanism of social cognition: origins of empathy, theory of mind, and the representation of action«, in: Goswami, U. (Hrsg.), Handbook of Childhood Cognitive Development, Blackwell Publishers, Oxford 2002, S. 6–25

Oaklander, V., »Gestalt Play Therapy«, in: Schaefer, C. E. (Hrsg.), Foundations of Play Therapy, John Wiley & Sons, Hoboken, NJ, 2003, S. 143–155

– Gestalttherapie mit Kindern und Jugendlichen, Cotta'sche Buchhandlung, Tübingen 2013

– Verborgene Schätze heben. Wege in die innere Welt von Kindern und Jugendlichen, Klett-Cotta, Stuttgart 2009

Ostler, T., »Potential space in therapy: helping a toddler come to terms with her mother's death«, Zero to Three 31 (6), 2011, S. 10–14

Panksepp, J., »Can play diminish ADHD and facilitate the construction of the social brain?«, Journal of the Canadian Academy of Child and Adolescent Psychiatry 16 (2), 2007, S. 57–66

Pellegrini, A. D., und J. C. Perlmutter,

»The diagnostic and therapeutic roles of children's rough-and-tumble play«, Journal of Child Health Care 16 (3), 1988, S. 162–168

Provence, S., und R. C. Lipton, Infants in Institutions, International Universities Press, New York, NY, 1962

Reddy, L. A., T. M. Files-Hall und C. E. Schaefer, Empirically Based Play Interventions for Children, American Psychological Association, Washington, DC, 2005

Rochat, P., »Intentional action arises from early reciprocal exchanges«, Acta Psychologica 124 (1), 2007, S. 8–25

Rogers, C. R., Die klientenzentrierte Gesprächstherapie, Fischer, Frankfurt 1951

Rye, N., »Filial therapy for enhancing relationships in families«, The Journal of Family Health Care, 18 (5), 2008, S. 179–181

Sanefuji, W., und H. Ohgami, »Imitative behaviors facilitate communicative gaze in children with autism«, Infant Mental Health Journal 32 (1), 2011, S. 134–142

Saunders, B. E., L. Berliner und R. F. Hanson (Hrsg.), Child Physical and Sexual Abuse; Guidelines for Treatment, National Crime Victims Research and Treatment Center, Charleston, SC, 2003

Semrud-Klikeman, M., und K. Glass, »The relation of humor and child development: social, adaptive, and emotional aspects«, Journal of Child Neurology 25 (10), 2010, S. 1248–1260

Shelby, J. S., und E. D. Felix, »Posttraumatic play therapy: the need for an integrated model of directive and nondirective approaches«, in: Reddy, L. A., T. M. Files-Hall und C. E. Schaefer (Hrsg.), Empirically Based Play Intervention for Children, American Psychological Association, Washington, DC, 2005, S. 79–103

Siegel, D. J., und M. Hartzell, Parenting from the Inside Out, Jeremy P. Tarcher / Putnam, New York, NY, 2003

Sroufe, L. A., B. Egeland, E. A. Carlson und W. A. Collins, The Development of the Person: The Minnesota Study of Risk and Adaption from Birth to Adulthood, Guilford Press, New York, NY, 2005

Terr, L., »Play therapy and psychic trauma: a preliminary report«, in: Schaefer, C. E., und K. J. O'Connor (Hrsg.), Handbook of Play Therapy, John Wiley & Sons, Hoboken, NJ, 1983

~ »What happens to early memories of trauma? A study of twenty children under age five at the time of documented traumatic events«, Journal of the American Academy of Child and Adolescent Psychiatry 27, 1988, S. 96–104

~ Too Scared to Cry: Psychic

Trauma in Childhood, Basic Books, New York, NY, 1992

Tronel, S., und C. M. Alberini, »Persistent disruption of a traumatic memory by postretrieval inactivation of glucocorticoid receptors in the amygdala«, Biological Psychiatry 62 (1), 2007, S. 33–39

Tronick, E. Z., »Touch in mother-infant interaction«, in: Field, T. (Hrsg.), Touch in Early Development, Erlbaum, Mahwah, NJ, 1995

Uvnäs-Moberg, K., und M. Petersson, »Oxytocin, a mediator of antistress, well-being, social interaction, growth and healing, Zeitschrift für Psychosomatische Medizin und Psychotherapie 51 (1), 2005, S. 57–80

Van Fleet, R., D. Scott und S. K. Smith, »Filial therapy: a critical review«, in: Reddy, L. A., T. M. Files-Hall und C. E. Schaefer (Hrsg.), Empirically Based Play Interventions for Children, American Psychological Association, Washington, DC, 2005, S. 241–264

Webb, P., »Play therapy with traumatized children«, in: Landreth, G. (Hrsg.), Innovations in Play Therapy: Issues, Processes, and Special Populations, Brunner-Routledge, Philadelphia, PA, 2001, S. 289–302

Weiss, S. J., »Parental touching: correlates of a child's body concept and body sentiment«, in: Barnard, K. E., und T. B. Brazelton (Hrsg.), Touch: The Foundation of Experience, International Universities Press, Madison, CT, 1990

Wilkins, J., und A. J. Eisenbrown, »Humor theories and the physiological benefits of laughter«, Holistic Nursing Practice 23 (6), 2009, S. 349–354

Williams, J. H., »Self-other relations in social development and autism: multiple roles for mirror neurons and other brain bases«, Autism Research, 2, 2008, S. 73–90

Empfohlene Literatur für Eltern

Aldort, N., Von der Erziehung zur Einfühlung, Arbor, Freiburg 2008

Aron, E. N., Das hochsensible Kind, mvg, München 2008

Gordon, T., Familienkonferenz: Die Lösung von Konflikten zwischen Eltern und Kind, Heyne, München 2012

Holt, J., Aus schlauen Kindern werden Schüler … Von dem, was in der Schule verlernt wird, Beltz, Weinheim und Basel 2004

Kohn, A., Liebe und Eigenständigkeit. Die Kunst bedingungsloser Elternschaft jenseits von Belohnung und Bestrafung, Arbor, Freiburg 2010

Orlick, T., Kooperative Spiele, Beltz, Weinheim und Basel 2001

Rosenberg, M., Kinder einführend ins Leben begleiten, Junfermann, Paderborn 2008

Samalin, N., und M. M. Jablow, Dein Kind braucht mehr als Liebe, CSA, Friedrichsdorf 1991

Solter, A., Wüten, toben, traurig sein. Starke Gefühle bei Kindern, Kösel, München 1994

– Auch kleine Kinder haben großen Kummer. Über Tränen, Wut und andere starke Gefühle, Kösel, München 2000

– Warum Babys weinen. Die Gefühle von Kleinkindern, Kösel, München 2009

Ude-Pestel, A., Betty: Protokoll einer Kindertherapie, Deutscher Taschenbuch Verlag, München 1998

Was ist Aware Parenting (Bewusstes Elternsein)?

Bewusstes Elternsein ist eine Erziehungsphilosophie, die auf wissenschaftlichen Forschungen im Bereich der kindlichen Entwicklung basiert. Sie stellt traditionelle Ansichten infrage und bietet einen neuen Ansatz, der die Beziehungen innerhalb der Familie signifikant verbessert. Eltern, die sich an diesen Leitlinien orientieren, wollen Kinder erziehen, die kooperativ, einfühlsam, kompetent, gewalt- und drogenfrei sind.

Diese Philosophie ist in den Büchern von Dr. Aletha Solter beschrieben. Weitere Informationen finden Sie auch unter der Website des Aware Parenting Institute: www.awareparenting.com.

Bewusstes Elternsein besteht aus den folgenden drei Elementen:

Bindungszentrierte Eltern-Kind-Interaktionen
- Natürliche Geburt und Förderung einer sicheren frühkindlichen Bindung.
- Viel körperlicher Kontakt.
- Langfristige Stillzeit.
- Unverzügliche Reaktion auf das Weinen des Kindes.
- Einfühlsame Einstimmung auf kindliche Bedürfnisse.

Straffreie Erziehung
- Keine Strafen, gleich, welcher Art (Schläge, Auszeit wie Zimmerarrest oder dergleichen, künstlich herbeigeführte Konsequenzen usw. eingeschlossen).
- Keine Belohnungen oder Bestechungen.
- Suche nach den zugrunde liegenden Bedürfnissen und Gefühlen.

- Wutmanagement für Eltern.
- Friedliche Konfliktlösungen (Familiensitzungen, Mediation und so weiter).

Bewältigung von Stress und Traumata
- Wahrnehmung von Stress und Trauma als primäre Ursachen von Verhaltens- und emotionalen Problemen.
- Betonung der Prävention von Stress und Traumata.
- Anerkennung der heilsamen Wirkung von Spiel, Lachen und Weinen im Kontext einer liebevollen Eltern-Kind-Beziehung.
- Bereitschaft, den kindlichen Emotionen mit Respekt und Empathie zu begegnen und sie anzunehmen.

Wichtiger Hinweis

Dieses Buch enthält Vorschläge für hilfreiche Spiele mit Ihrem Kind und ist als pädagogische Informationsquelle für Eltern gedacht. Für Kinder, die unter bestimmten physischen, emotionalen oder Verhaltensproblemen leiden, sind sie unter Umständen eine unzureichende Lösung. Das Buch stellt keinen Ersatz für eine professionelle Beratung, Psychotherapie oder medizinische Intervention durch kompetente Fachkräfte dar.

Die im Buch erwähnten Therapien dienen lediglich der Information und genießen nicht zwangsläufig die Unterstützung der Autorin. Einige Therapieformen können sogar äußerst bedenklich sein, wenn sie unsachgemäß durchgeführt werden. Falls Sie eine Therapie für sich selbst oder Ihr Kind in Erwägung ziehen, sollten Sie im Vorfeld eingehend die Empfehlungen und Referenzen des Therapeuten überprüfen.

Einige Traumata werden für die betroffenen Kinder und ihre Angehörigen zu einer seelischen Belastung, die sie überfordert. Die Vorschläge in diesem Buch können daher unzulänglich sein, um den Heilungsprozess voranzubringen, vor allem, wenn es um schwerwiegende Fälle wie Misshandlung, sexuellen Missbrauch, Vernachlässigung, medizinische Traumata, den Tod eines Familienmitglieds, Naturkatastrophen, Terrorismus oder Krieg geht.

Autorin und Verlag übernehmen keine Gewähr für die Wirksamkeit der Vorschläge in diesem Buch; sie sind weder haftbar noch verantwortlich für Schäden, die infolge der darin enthaltenen Informationen entstanden sein oder geltend gemacht werden könnten.

Die Autorin

Dr. Aletha J. Solter ist eine schweizerisch-amerikanische Entwicklungspsychologin, international erfolgreiche Buchautorin und Mutter von zwei erwachsenen Kindern. Sie hat in der Schweiz an der Universität von Genf bei Jean Piaget studiert und ihr Studium mit einem Magister in Humanbiologie abgeschlossen. Ihren Doktor in Psychologie machte sie an der University of California in Santa Barbara.

Dr. Solter arbeitet seit 1978 mit Eltern, Kindern und Menschen aus Erziehungsberufen und gründete im Jahr 1990 das Aware Parenting Institute (Institut für bewusstes Elternsein) in Goleta, Kalifornien. Sie bietet heute weltweit Seminare und Workshops für Eltern und Erzieher an, die Einblick in ihren straffreien, bindungsorientierten Erziehungsansatz gewähren.

Ihr Bücher »Warum Babys weinen« und »Auch kleine Kinder haben großen Kummer« sind seit vielen Jahren Bestseller. Sie helfen Eltern, ihre Kinder besser zu verstehen und sie in ihren natürlichen Bedürfnissen ernst zu nehmen.

Durch Fantasie Nähe schaffen

»Die besten Geschichten erzählen uns die Menschen, die uns ganz genau kennen. Und wem dazu das Selbstvertrauen fehlt, der findet hier jede Menge Hilfestellungen.«
Steve Biddulph, Bestsellerautor

Ein neuer Blick auf kleine Menschen

Der Blickwinkel der Evolution zeigt: Kinder haben gute Gründe für ihr Verhalten. Wenn wir wissen, wie Kinder sich von Natur aus entwickeln, können wir natürlicher mit ihnen umgehen.